Sayadaw U Tejaniya

Wie Gewahrsein selbstverständlich wird

Sayadaw U Tejaniya

Wie Gewahrsein selbstverständlich wird

Achtsamkeit im täglichen Leben entwickeln

Herausgegeben von Robert French
Aus dem amerikanischen Englisch übertragen von Christine Bendner
Mit einem Vorwort von Steven Armstrong

arbor
Arbor Verlag
Freiburg im Breisgau

Die Originalausgabe erschien unter dem Titel:
When Awareness Becomes Natural.
A Guide to Cultivating Mindfulness in Everyday Life

1. Auflage 2019
Titelbild: © Surachet99/istockphoto.com
Portraitfotografien: ©2016 Zack Hessler
Druck und Bindung: Kösel, Krugzell
Hergestellt von mediengenossen.de

Dieses Buch wurde auf 100 % Altpapier gedruckt und ist alterungsbeständig.
Weitere Informationen über unser Umweltengagement finden Sie unter
www.arbor-verlag.de/umwelt

www.arbor-verlag.de

ISBN 978-3-86781-215-3

Für meine Eltern und Lehrer

Wir meditieren, um zur rechten Einsicht zu gelangen.

Das kann nicht durch das Ego erreicht werden;
die Meditation muss sich natürlich weiterentwickeln,
indem man jede Erfahrung so, wie sie ist, beobachtet.

Das ist der Weg, rechte Einsicht zu entwickeln.

SHWE OO MIN SAYADAW

Inhalt

Vorwort

Dies ist ein praktischer Ratgeber für die heilsame Anwendung von Achtsamkeit im Alltag.

Es ist erfrischend, die befreienden Lehren Buddhas auf eine Weise vermittelt zu bekommen, die ebenso einfach wie undogmatisch und praktisch ist und in unsere Zeit, unser Lebensumfeld und unser Leben passt.

U Tejaniya ist ein Lehrer, dem dies gelingt. Er hält nichts von ehrgeiziger spiritueller »Akrobatik« und warnt uns davor, zu meditativen Technokraten zu werden. Er verwechselt Erfahrung nicht mit Weisheit und weist auf die Gefahr der Verführung durch Emotionen und das Festhalten an falschen Verheißungen »spiritueller Annehmlichkeiten« wie innere Ruhe, Konzentration, Klarheit und Freude, hin.

Stattdessen offeriert er eine Praxis der Beständigkeit und des achtsamen Gewahrseins in unserem täglichen Leben, bei der wir uns einfach entspannen und für alle Erfahrungen präsent sind – sie alle kommen und gehen zu lassen. Daraus erwächst Weisheit ganz von selbst.

Ich traf Sayadaw U Tejaniya zum ersten Mal im Jahre 2005 während eines sechswöchigen intensiven Retreats. In dieser Zeit gewährte er mir großzügig und auf ganz besondere Weise Zugang zu seiner Lehre. Während dieser erhellenden ersten Wochen und meines weiteren Übens bei ihm in den darauffolgenden zehn Jahren habe ich sehr von seiner Führung profitiert und seine Lehren ergänzend in andere meditative Praktiken, die ich anbiete, einfließen lassen. Viele westliche *Dhamma*-Schüler haben ihren Weg zu Sayadaws Lehren gefunden, und ich freue mich, Sie hier mit diesen vertraut machen zu können.

Untypisch für burmesische Mönche, teilt Sayadaw mit anderen großzügig und offenherzig die Weisheit, zu der er durch die Herausforderungen und Irrtümer seines Lebens gelangt ist. U Tejaniyas Weg zum Meditationslehrer war einzigartig. Seine *Dhamma*-Biografie beginnt mit den Jahren jugendlicher Torheit, mit Gesetzesübertretungen, dem Konsum und Missbrauch von Drogen. Als junger Erwachsener durchlitt er mehrere Phasen schwerer Depressionen. Und er musste sich mit den Herausforderungen eines Lebens als Familienvorstand mit allen dazugehörigen familiären und finanziellen Verpflichtungen auseinandersetzen. Heute stehen in seinem Leben monastische Verpflichtungen im Vordergrund sowie die Verantwortung, die damit einhergeht, wenn man andere auf ihrem Weg anleitet.

U Tejaniyas Reise ist für uns in jeder Phase seines Erwachens Inspiration. Anhand seiner Erfahrungen können wir deutlich sehen, dass uns die befreiende Weisheit Buddhas durch beharrliche und entschlossene Anwendung von Achtsamkeit ungeachtet unseres Lebensstils auch hier und heute noch zugänglich ist. Geführt und inspiriert durch seine lebenslange Beziehung zu seinem eigenen Lehrer, dem verstorbenen Shwe Oo Min Sayadaw (Lehrer der Gold Cave Hermitage), experimentierte U Tejaniya unermüdlich mit achtsamem Gewahrsein. Durch seine Praxis der Achtsamkeit, insbesondere dem achtsamen Wahrnehmen seiner Herausforderungen, reifte eine natürliche Weisheit heran, die zu einer unerschütterlichen Hingabe an ein Leben in achtsamem Gewahrsein führte.

Sayadaw versichert uns, dass wir die Flamme der Weisheit auch im Rahmen all unserer persönlichen, beruflichen und bürgerlichen Verpflichtungen anfachen können. Das zunehmende Verständnis von Gewahrsein und Weisheit verhalf ihm zu tiefen Einsichten im Hinblick auf Buddhas Lehren über die vier Grundlagen der Achtsamkeit.

Sayadaw macht Informationen zugänglich, die uns helfen, der Aktivitäten des Geistes in unserer Praxis bewusst zu sein. Er weist immer wieder darauf hin, welche Bedeutung dem Kennen und Verstehen unseres Geistes zukommt: in seinen einleitenden Erläuterungen über den *Dhamma*, beim Vermitteln der Achtsamkeitspraxis oder wenn er über die Herausforderungen schreibt, mit denen wir auf unserem Weg konfrontiert werden. Er erklärt, welche Geisteshaltungen für die Praxis der Achtsamkeit am effektivsten sind, und vermittelt eine realistische Einschätzung der Möglichkeit, sich durch Gewahrsein des Geistes vom Leiden zu befreien.

Sayadaw U Tejaniya lehrt mehr durch ein korrigierendes Verstehen unheilsamer Achtsamkeitspraxis als durch reines Vermitteln einer weiteren Technik zur Fokussierung der Aufmerksamkeit. Er sagt oft: »Lasst den Körper in angenehmer Haltung und den Geist entspannt sein. Achtet auf eure Geisteshaltung.«

Neben praktischen Informationen über das »Warum« und »Wie« der Praxis lenkt Sayadaw die Aufmerksamkeit auf heilsame Geisteshaltungen. Wir lernen, uns zu entspannen, zu öffnen, zuzulassen, empfänglich zu sein, anzuerkennen und interessiert zu beobachten, um die Erfahrung eines jeden Augenblicks immer tiefer zu verstehen.

Diese Anleitungen stammen aus *Dhamma*-Gesprächen, die Sayadaw mit kleinen Gruppen von Laien-Schülerinnen und -Schülern geführt hat. Sie sind daher besonders für Laien und Nichtordinierte geeignet, die ein Leben mit allen emotionalen Höhen und Tiefen leben, zu unabhängigem Denken ermutigt werden, Alltagsprobleme lösen müssen und die Verpflichtungen und Verantwortlichkeiten eines geschäftigen Lebens unter einen Hut bringen müssen. Inmitten dieser Anforderungen ist ein Training in Achtsamkeit und »Gewahrsein des Geistes« essenziell, wenn unsere Meditationspraxis zu einem Leben in kontinuierlicher geistiger Wachheit führen soll.

Sayadaw sagt: »Betrachtet Meditation und das Entwickeln von Weisheit eher als einen Marathon, keinen Sprint. Seid bereit, aus allem zu lernen. Diese Praxis ist für das Leben gedacht.«

Mögen sowohl Sayadaws Worte als auch sein Vorbild ein Ansporn für Sie sein.

STEVE ARMSTRONG

Einleitung

Die Inspiration zu diesem Buch entsprang meiner Neugier auf alles, was das Leben bringt, sowie den Erfahrungen, die ich in meiner Meditationspraxis machte. Seit meinem dreizehnten Lebensjahr, jenem Jahr, in welchem ich zum ersten Mal mit meinem Lehrer Shwe Oo Min Sayadaw meditierte und seine Meditationsanweisungen empfing, wechselten sich in meinem Leben unzählige Phasen des Leidens und der Freude ab, während ich mit unterschiedlichen Meditations- und Lebensstilen experimentierte, bevor ich schließlich den inneren Drang verspürte, Zuflucht in der *Vipassanā*-Praxis zu suchen, in die mich mein Lehrer ursprünglich eingeführt hatte und die ich bis heute praktiziere und lehre.

Als die Idee zu diesem Buch zum ersten Mal aufkam, wurde der Vorschlag gemacht, es in Form einer Biografie zu schreiben. Doch bald wurde offensichtlich – da meine Praxis, und natürlich mein Leben, ein Entwicklungsprozess ist –, dass ein Praxis-Buch, welches von meinen Fehlern und Erfolgen berichtet, von meinen Jahren der Depression und dem Verstehen und der Weisheit, die aus diesen Erfahrungen erwuchsen, nicht nur angemessener wäre, sondern auch inspirierender für Praktizierende sein könnte. Und weil es ein Praxis-Buch ist, werden wir uns nun hauptsächlich mit praktischen Dingen beschäftigen. *Dhamma*-Theorie und -Lehre werden natürlich ein wichtiger Teil unserer kontinuierlichen Praxis sein, aber für den Moment wollen wir uns hauptsächlich mit den grundlegenden Aspekten der Achtsamkeitspraxis beschäftigen. Nichts könnte natürlicher sein als diese Form der Meditationspraxis.

Als Lehrer ist es meine Aufgabe, Buddhas Lehren auf eine Weise zu vermitteln, die Praktizierende sowohl inspiriert als auch dazu motiviert, diesen Faden der schwer fassbaren Weisheit aufzunehmen, der uns überhaupt erst zur Meditation hinzieht, und darauf aufzubauen. Meine Lehren sind nichts Neues, sie beruhen auf den vier Säulen der Achtsamkeit: Gewahrsein des Körpers, Gewahrsein der Emotionen, Gewahrsein des Geistes und Verstehen des *Dhamma* oder der wahren Natur der Dinge (beispielsweise das Verstehen der Natur von Geist und Materie). Diese vier Grundprinzipien wurden in Buddhas Lehrrede über Achtsamkeit, dem *Satipatthāna-Sūtra* erläutert. Meine Art, diese Lehren zu vermitteln, spiegelt mein Leben und meine Praxis wider, und die Form, in der sie präsentiert werden, soll ihre Anpassung an die sich unaufhörlich verändernden Gegebenheiten des Lebens einer/eines modernen Praktizierenden ermöglichen.

In diesem Buch präsentiere ich dieselben Lehren wie in meinen anderen Büchern, allerdings mit einer stärkeren Betonung auf der Integration der Praxis ins Alltagsleben. Wir werden uns einige der Feinheiten der täglichen Praxis anhand jener Erfahrungen anschauen, die Praktizierende mit den zahlreichen verborgenen und subtilen Fallen gemacht haben, denen ein/e Praktizierende/r auf dem Weg begegnen kann. Der Schwerpunkt liegt auf »Weisheit«: der Intelligenz, die schon in uns existiert, und den Möglichkeiten, diese Geistesqualität anzuwenden und weiterzuentwickeln. Ich werde aufzeigen – und das ist sehr wichtig –, wie man die Fähigkeit entwickeln kann, selbst unter den schwierigsten Bedingungen diese Weisheit zu entdecken, die bereits in uns ist und uns hilft, unsere Praxis aufrechtzuerhalten und weiterzuentwickeln.

Die Fragen und Erfahrungen, mit denen Praktizierende in meine Einzelgespräche kommen, sind häufig mit einem gewissen Maß an Konflikten verbunden. Der damit verbundene emotionale und oft auch physische Schmerz führt oft zu einer Verwirrung über die nächsten Schritte. Wenn ich der oder dem Praktizierenden dann zu vermitteln versuche, wo sie oder er festhält, greife ich oft auf Geschichten über meine eigenen vergangenen Erfahrungen oder die anderer Praktizierender zurück, um etwas Klarheit in die Situation zu bringen. Auf solche Geschichten werden

Sie in diesem Buch immer wieder stoßen: Sie sollen den Praktizierenden Möglichkeiten aufzeigen, eine innere Haltung zu ändern oder eine falsche Sichtweise zu erkennen, wodurch eine Reaktion ausgelöst wird, die ihnen vielleicht verstehen hilft, was ihren Geist vernebelt und verwirrt.

Das erste Kapitel des Buches, »Beginnen«, und das Buch als Ganzes sind nicht nur für Praktizierende relevant, die zum ersten Mal meditieren, sondern auch zur Auffrischung für sehr fortgeschrittene Meditierende, die immer noch vergessen können, dass wir immer in jedem Moment »anfangen«. Wenn wir kontinuierlich in jeden Moment Gewahrsein und Weisheit hineinbringen können, ergibt sich alles wie von selbst. Das gibt uns die Energie und Schubkraft, mit unserer Praxis fortzufahren, wobei nichts weiter erforderlich ist, als das echte Interesse, sich anzuschauen, was die Meditation ans Licht und in unser Leben bringen kann. Also bitte: Seien Sie achtsam, entdecken Sie ein bisschen Weisheit und beginnen Sie mit Ihrer Praxis.

TEIL EINS

Weisheit entdecken

1

Der Anfang

Zuallererst müssen wir uns fragen: Welches Verhältnis haben wir zur Realität? Wie verstehen wir das Leben? Aus dieser Perspektive werden wir zu dem Schluss kommen, dass Meditation tatsächlich der einzig vernünftige Zugang zu unserer Realität und den Problemen ist, die sich aus unserem Leben ergeben können. Meditation kann uns als Flucht vor dem Leben, als Vermeidungsstrategie dienen, oder wir können sie als eine Praxis nutzen, die uns hilft, uns dem Leben zuzuwenden. Wenn wir unserer Art zu leben gewahr werden, wird schnell offensichtlich, dass wir uns selbst und unser Lebensumfeld nur sehr wenig verstehen: Wir befinden uns in einem ständigen Kampf, um in unserem Leben wenigstens ein kleines bisschen Glück aufrechtzuerhalten. Die Probleme, die wir aus Angst, Langeweile, Einsamkeit, Routine, Verzweiflung oder Wiederholungszwang schaffen (um nur ein paar Ursachen zu nennen), sind die Realität, mit der wir konfrontiert werden. Das Leben ist eine ernste Angelegenheit, also braucht es einen ernsthaften Geist, um zu erforschen und zu verstehen, was unser Leiden verursacht. Bevor eine Veränderung dieser Realität möglich wird, müssen wir zuerst anschauen, »was ist«, und es verstehen – wir müssen das Leben anschauen, wie es ist, und wirklich in Kontakt damit kommen. Es geht nicht darum, bloßes Wissen anzusammeln oder das Leben als etwas Abstraktes zu sehen, sondern vielmehr darum, schlicht und einfach zu verstehen, was es tatsächlich bedeutet, hier als Mensch zu leben.

Nur ein stiller, hingebungsvoller, meditativer Geist kann zu einem tieferen Verständnis dieser Schwierigkeiten vordringen, die wir in unserem Leben erschaffen und so die Verwirrung und das Chaos durchschauen, welche unseren Geist beherrschen können. Mit diesem Verstehen offenbart sich allmählich die Weisheit, die uns allen von Natur aus innewohnt. Die Freude, die mit dem Entdecken dieser Weisheit verbunden ist, führt zu Interesse und Verständnis, was uns wiederum motiviert, noch mehr freizulegen. So gewinnen wir einen tieferen Einblick in unsere Art, das Leben und unsere Beziehung zur Welt zu erfahren. Von dieser Warte der Weisheit aus bekommt das Leben mehr Sinn und Stabilität: Glück zu empfinden wird dann einfacher für uns.

WEISHEIT

Bei dieser Praxis geht es um Weisheit. Das ist die schwer fassbare und hart erarbeitete geistige Qualität, nach der wir so verzweifelt streben. Entdecken wir sie, wird sie zum Kompass, der uns den Weg weist, wenn wir versuchen, die drei zersetzenden Elemente Gier, Abneigung und Verblendung zu durchschauen. Das Heilmittel für Verblendung ist Weisheit und das Nebenprodukt von Weisheit ist Glück – nicht das sinnliche Vergnügen, dem wir die meiste Zeit unseres Lebens nachjagen, sondern echtes Weisheitsglück, das der Einsicht und dem Wissen entspringt, welches durch kontinuierliches Gewahrsein gewonnen wird. Das Basiswissen, das im meditierenden Geist vorhanden sein muss, sollten zunächst jene Informationen sein, die man durch das Lesen oder Hören *Dhamma*-bezogener Themen erhält (*Suttamayā paññā*). Auch das aus Neugier und Interesse erworbene Wissen muss da sein. Diese investigative Eigenschaft des Geistes (*Cintamayā paññā*, auch *Dhamma vicaya* genannt) ist notwendig, um tiefere Weisheit zu entwickeln. Auf Erfahrung beruhende Weisheit (*Bhāvanāmayā paññā*) entsteht aus einer Achtsamkeitspraxis, in der *Suttamayā paññā* und *Cintamayā paññā* ihren festen Platz haben. Wir können uns den Geist als einen Fluss mit vielen Strömungen und Zuflüssen vorstellen. Weisheit ist fließend oder vergänglich wie der Fluss und muss erneuert werden, sonst kann sie sich verringern. Diese Erneuerung kann nur durch *Sati* oder Gewahrsein zustande kommen. Ohne *Sati* kann keine *kusala* (»heilsame«) mentale Qualität (*cetasika*) im Geist vorherrschen. Weisheit in Verbindung mit Vertrauen und Energie oder Willenskraft (*Vīrya*) gibt unserer Praxis Schubkraft.

Wir müssen verstehen, was vor sich geht, wenn wir meditieren. Folgende fünf geistigen Fähigkeiten (*indriya*) spielen dabei eine Rolle: Achtsamkeit/Gewahrsein (*Sati*), Sammlung (*Samādhi*), rechtes Bemühen oder Energie (*Vīrya*), Vertrauen (*Sraddhā*) und Weisheit (*Paññā*). Bei der Achtsamkeitsmeditation arbeiten wir daran, diese spirituellen Fähigkeiten zu kultivieren und zu entwickeln, sodass sie harmonisch zusammenwirken. Wenn sie nicht im Gleichgewicht sind oder wenn eine aus dem einen oder anderen Grund hinter dem, was erforderlich ist, zurückbleibt, werden die anderen versuchen, den Geist im Gleichgewicht zu halten.

Wir beginnen immer mit der Achtsamkeit. Sie ist das, was uns erdet und dazu beiträgt, dass heilsame geistige Zustände entstehen (*kusala*). Alle *kusala* Zustände (*satisampayutta*) entstehen zusammen mit *Sati*. Wenn Gewahrsein da ist, haben wir auch Gelegenheit, zu lernen und den Weisheitsaspekt unseres Geistes aufblühen zu lassen. Weisheit sieht klar, und wenn Achtsamkeit hinzukommt, können wir das Vertrauen und den Ansporn haben, weiterzuforschen und in unbekannte und unerforschte Regionen unseres Geistes vorzudringen. Es genügt nicht, sich mit dem bereits erworbenen Wissen und der Weisheit, die wir bereits haben, zufriedenzugeben – wir müssen das Vertrauen und die Empfänglichkeit haben, die Weisheit zu entdecken, die wir noch nicht realisiert haben.

Wenn der Geist ausgeglichen und stark ist und Gewahrsein zu einem natürlichen Zustand wird, steht uns die Weisheit, die wir dann haben, immer zur Verfügung. Wir müssen uns nicht mehr darum bemühen, Zugang zu ihr zu bekommen. Wenn der beobachtende Geist stärker wird, kann die Weisheit leichter mit negativen geistigen Zuständen (Gier, Wut und Verblendung) fertigwerden. Indem sie zunimmt, wird der Geist reiner und ausgeglichener. Sie werden schließlich Phasen der Klarheit und Gelassenheit erfahren, in denen Sie anfangen, Ihren eigenen Geist und die Welt anders wahrzunehmen. Sie werden allmählich Einsicht entwickeln und so erkennen, dass es der Entdeckergeist ist, der Einsicht hervorbringt, und nicht die Ereignisse und Umstände, die dorthin führen. Für jemanden, der dies nicht erfahren hat, ist es sehr schwer, das wundersame Aufblühen dieses Verstehens anzuerkennen: Wenn es geschieht, ist keine Verwechslung möglich.

Wenn Einsicht da ist, wird sie Sie zu einem tiefen Verstehen führen, wo zuvor nur ein oberflächliches war. Einsicht entsteht spontan, Sie können sie nicht willentlich herbeiführen. Die Erfahrungen eines Menschen, die zur Einsicht führen, und die Einsicht an sich sind nicht dasselbe. Wenn zwei Menschen die gleiche Erfahrung machen, heißt das nicht, dass beide zur Einsicht gelangen. Wenn die Bedingungen stimmen, entsteht Einsicht. Sie werden Ihre eigenen, individuellen Erfahrungen machen und Ihre eigenen, individuellen Einsichten haben. Sie werden dann den großen Unterschied erkennen zwischen dem, was Sie über Einsicht gehört und gelesen haben, und der Einsicht als solcher. Sie können erklären, wie sich eine Einsicht auf Sie auswirkt und welche Erfahrungen für Sie damit verbunden sind, aber nicht die Tiefe des Verstehens, das Sie daraus gewinnen.

Wenn Sie die Wirklichkeit aus der Perspektive der Einsicht sehen, wird das einen enormen Einfluss auf Ihr Leben, Ihre Praxis und Ihr gesamtes Weltbild haben. Auf diese Weise erworbene Weisheit verändert unmittelbar Ihre Art, mit den Dingen umzugehen. Doch ich muss eine Warnung hinzufügen: Eine Einsicht ist nichts Permanentes, sie gilt nur für den Moment, in dem sie entsteht. Was bleibt, ist ihr Potenzial und ihre Qualität – der Eindruck, den sie in unserem Geist hinterlässt, ist ihr

Vermächtnis. Wenn wir diese Qualität nicht nähren, kann sie verkümmern. Nur kontinuierliche Sorgfalt, Vertrauen in die Praxis und stete Achtsamkeit werden sie lebendig halten. Indem Sie sich die Einsicht und das, was zu ihr geführt hat, ins Gedächtnis rufen, wird die Weisheit, die Sie dadurch erworben haben, weiterwirken und wachsen.

OFFEN FÜR WEISHEIT SEIN

Es ist sehr wichtig, sich dafür zu öffnen, dass Weisheit in jedem Augenblick möglich ist. Das ist weder ein künstliches Bemühen, noch eine blinde Akzeptanz des Geschehens in diesem Moment, sondern eher ein passives Untersuchen dessen, was in jenem Moment im Geist vor sich geht. Folglich haben wir einen Überblick aus einer Perspektive der Objektivität, die Einsicht ermöglicht: Wir haben Raum geschaffen, indem wir vom Objekt einen Schritt zurückgetreten sind. Jetzt sehen wir die Aktivitäten des Geistes und unsere Erfahrungen mit neuen Augen und bringen die Weisheit des Anfängergeistes hinein: Neugier sowie das Bestreben, unvoreingenommener zu sein und nicht davon auszugehen, dass die Erfahrung das ist, was wir schon immer angenommen haben (und all das ohne übermäßiges Grübeln oder Intellektualisieren).

Auch sollten wir keinesfalls vergessen, welche durchschlagende Wirkung dieses erworbene Wissen auf unsere Praxis haben wird. All diese Informationen wirken»im Hinterkopf« weiter und beeinflussen unsere Art zu denken und die Dinge zu betrachten. Stellen Sie sicher, dass Sie die Grundlagen wirklich verstehen, und stellen Sie außerdem sicher, dass Sie achtsam sind und wissen, was Sie tun. Immer wenn Sie unsicher sind und nicht wissen, wie Sie vorgehen sollen, sollten Sie versuchen, die Dinge mit Hilfe einer Lehrerin/eines Lehrers zu klären. Es ist wichtig, die richtigen Informationen, das richtige Motiv und das richtige Denken zu haben, um mit Weisheit zu praktizieren. Weisheit kann nur entstehen, wenn wir ausreichend informiert sind. Wie kommen wir an diese Informationen? Nur wenn die Achtsamkeit mit Interesse und Forschergeist verbunden ist. Wenn die Informationen vollständig sind, kommt die Einsicht.

Manche Menschen neigen von Natur aus eher dazu, Dinge zu untersuchen und zu erforschen. Wir sind alle auf unterschiedliche Art mit einer natürlichen Intelligenz ausgestattet. Sie werden feststellen, dass es, wenn Ihr Geist sehr an einer bestimmten Sache interessiert ist, kaum einer Anstrengung bedarf, achtsam zu sein und das Interesse aufrechtzuerhalten: Ihr Geist lässt sich etwas einfallen und entdeckt bessere und effizientere Wege, die Dinge zu erledigen. Das ist ein natürlicher geistiger Prozess, und das Gleiche passiert in der Meditation. Eines Tages fragte mich mein Lehrer: »Warum hebt und senkt sich der Bauch?« Ich wusste theoretisch und aus Erfahrung, dass das geschieht, weil ich atme. Dann fragte er mich: »Warum atmet man?« Das konnte ich nicht beantworten, weil das nicht in meinem Erfahrungsbereich lag; ich wusste es nicht. Ich gab Antworten, die aus meinem Kopf kamen: »Weil es natürlich ist und man leben will?« Aber das waren keine Antworten, die meiner Erfahrung entsprangen, und mein Lehrer akzeptierte sie nicht. Er sagte mir also, ich solle gehen und die Sache untersuchen. Es brauchte eine Woche des Beobachtens und Forschens, bis mir die Antwort spontan in den Sinn kam. Es war mir völlig klar und die Antwort war ganz einfach. Wenn ich atmete, konnte ich den Wunsch zu atmen, die Intention, erkennen. Das kann also erforderlich sein, um zum Verstehen zu gelangen: eine Woche des Beobachtens, um zu verstehen, dass das Atmen geschieht, weil der Drang zu atmen da ist.

Begrenzen Sie sich nicht. Lassen Sie stets die Tür für neue und tiefere Einsichten offen. Ganz gleich, wie erfahren Sie sind oder ob Sie viel mehr Wissen angesammelt haben als andere, geben Sie sich nie mit Ihren Erkenntnissen oder der Tiefe Ihrer Einsichten zufrieden. Weisheit ist grenzenlos, da ist immer Raum für mehr. Sobald Weisheit durch Erfahrung erworben wurde, muss man sich nicht mehr so sehr auf Wissen stützen, weil sie Teil der eigenen rechten Einsicht wurde. Weisheit wird dann konsolidiert und der Geist wechselt nicht mehr so schnell vom rechten Verstehen zum falschen Verstehen. Das ist aber nur dann der Fall, wenn die Weisheit durch kontinuierliche Praxis aufgefrischt wird. In Momenten, in denen man nicht acht gibt, und in verschiedenen Situationen kann sich immer noch eine falsche Anschauung manifestieren und uns leiden lassen. Es erfordert ein starkes, hingebungsvolles Engagement in der Achtsamkeitspraxis, um die Lektion wiederholt zu lernen, sodass sie sich in allen Bereichen unseres Lebens verankert. Manchmal kann Weisheit stark vom jeweiligen Kontext abhängig sein.

Gehen Sie mit der Weisheit wie mit Ihren Ersparnissen um: klug investieren und gute Erträge erwarten. Bei dieser Praxis geht es um den Erwerb von Reichtum und den weisen Umgang damit. Der Schlüssel ist, diesen Reichtum zu erhalten und wenn möglich zu mehren. Wenn wir realisieren, dass sich aufgrund der gewonnenen Weisheit und Einsicht das Leiden verringert, wird der Geist hoffentlich Interesse daran entwickeln und mehr wissen wollen. Das gibt uns die Motivation und Schubkraft, in unserer Praxis voranzukommen. Wenn Verwirrung und negative Zustände auch nur einen Fuß in die Tür bekommen, können sie Sie mit leeren Händen zurücklassen. Gehen Sie also bitte mit der Weisheit und dem Wissen, das Sie haben, sorgfältig um und kultivieren Sie sie.

EINFACH ENTSPANNEN

Die erste Anleitung, die ich Meditierenden gebe, die diese Praxis zum ersten Mal ausüben, ist, sich zu entspannen und aufmerksam zu sein, keine Erwartungen zu haben, die Erfahrung nicht zu kontrollieren und sich nicht zu fokussieren oder zu konzentrieren. Stattdessen fordere ich sie oder ihn auf, zu beobachten, genau hinzuschauen, achtsam und aufmerksam zu sein. Bei dieser Praxis ist es wichtig, Energie zu sparen, damit man kontinuierlich praktizieren kann. Wenn Geist und Körper müde und angespannt werden, ist das ein Hinweis darauf, dass Sie zu viel Energie auf die Praxis verwenden. Überprüfen Sie Ihre Körperhaltung; überprüfen Sie Ihre Art zu meditieren. Ist Ihre Haltung angenehm, sind Sie wach? Vielleicht haben Sie nicht die richtige Einstellung. Wollen Sie mit der Praxis etwas erreichen? Wenn Sie auf ein bestimmtes Ergebnis fixiert sind oder wollen, dass etwas Bestimmtes geschieht, erschöpfen Sie sich nur. Es ist so wichtig, bewusst wahrzunehmen, ob man sich angespannt oder entspannt fühlt. Überprüfen Sie das im Laufe des Tages immer wieder. Das gilt auch für die tägliche Praxis zu Hause oder in der Arbeit. Wenn Sie das nicht tun, nimmt die Anspannung zu. Ob Sie angespannt oder entspannt sind: Beobachten Sie, wie Sie sich fühlen, beobachten Sie die Reaktionen. Wenn Sie entspannt sind, ist es viel leichter, achtsam zu sein, es erfordert dann nicht so viel Bemühen und wird zu einer angenehmen, interessanten Erfahrung, die man genießen kann.

SATI (ACHTSAMKEIT)

Mit welcher Einstellung oder Geisteshaltung sollten wir an unsere Praxis herangehen? In Teil Eins dieses Buches definieren wir einige geistige Qualitäten, die am Werk sind, wenn wir meditieren. Wir müssen zunächst mit einer achtsamen Haltung *(Sati)* beginnen. Sie ist das Fundament der Praxis und bringt die anderen Qualitäten ins Gleichgewicht. Viele Praktizierende meinen, achtsam zu sein bedeute, sich auf ein Objekt zu fokussieren oder zu konzentrieren und eine Menge Energie aufzuwenden, um mit der Aufmerksamkeit dabeizubleiben. Aber in Wirklichkeit müssen wir gar nicht so viel Energie aufwenden. Das Gewahrsein, um das es uns geht, geschieht spontan, wir suchen nicht danach, wir verweilen einfach in der Ebbe und Flut der Natur selbst. Gewahrsein bedeutet, sich zu erinnern, nicht zu vergessen, was es heißt, wach und gewahr zu sein, einfach zu wissen, dass man gewahr ist.

Sie sitzen oder liegen beispielsweise da und lesen. Wissen Sie (ist Ihnen bewusst), dass Sie dasitzen oder liegen? Wissen Sie (ist Ihnen bewusst), dass Sie lesen? Ja? Gut! Das ist Gewahrsein. Wie viel Energie hat das gekostet? War es ermüdend oder schwierig? Nein? Also können Sie meditieren. Wenn wir morgens aufwachen und unsere Augen öffnen, fangen wir an zu sehen, aber uns ist nicht bewusst, dass wir sehen, weil kein Gewahrsein da ist.

Wenn ich über Gewahrsein spreche, verwende ich gerne Wörter wie »erkennen« und »wahrnehmen« anstatt »fokussieren« oder »konzentrieren« – letztere sind zu hart. *Sati* bedeutet, zu erinnern, zu erkennen, nicht zu vergessen. Was vergessen Sie? Was heilsam ist, was richtig ist. Die ursprüngliche Natur unseres Geistes ist Wachheit, wobei nichts erzeugt wird; da gibt es keine Bedingungen, einfach nur reines Gewahrsein. Darin können wir verweilen.

Welche Art von Gewahrsein braucht eine Meditierende? Nun, wenn Sie gewahr sind, dann ist das genug. Es ist nicht nötig, sich anzustrengen oder zu fokussieren oder nach Feinheiten der eigenen Erfahrungen Ausschau zu halten. Das Wichtigste ist, geistige Stabilität zu entwickeln, indem man kontinuierlich gewahr bleibt. Wenn der Geist stärker wird, wird er ganz von selbst seine Arbeit tun. Feinere Details erkennen zu können, ist eine Funktion der Weisheit; das geschieht ganz natürlich, wenn der Geist stärker wird.

Ihre Aufgabe ist es, die Achtsamkeit aufrechtzuerhalten. Achten Sie darauf, wie viel Energie Sie auf jeden Augenblick des Gewahrseins verwenden. Wenn Sie sich daran erinnern, achtsam zu sein oder daran denken, achtsam zu sein, ist automatisch Gewahrsein da. Wir werden achtsam, ohne eine Menge Energie darauf zu verwenden, einfach kraft des richtigen Denkens. Wenn die Absicht, achtsam zu sein, immer »im Hinterkopf« ist, dann kommen wir schließlich immer wieder darauf zurück.

Wessen müssen wir also gewahr sein? Was müssen wir untersuchen? Wir alle haben gute geistige Eigenschaften und weniger gute – letztere nennen wir »Verunreinigungen«. Bei der Meditationspraxis geht es darum, die guten Qualitäten, die wir bereits besitzen, zu kultivieren und zu stärken. Die Praxis der *Satipatthāna*-Meditation bedeutet, dass wir *Sati* (Achtsamkeit/Gewahrsein) nutzen, um diese positiven geistigen Eingenschaften zu fördern. Beim Meditieren sind zwei Dinge im Spiel: das Objekt, das man wahrnimmt und kennt, und der Geist, der für den Prozess des Erkennens zuständig ist – das Beobachtete und das Beobachtende.

Die Arbeit des Meditierens wird allein vom Geist geleistet: Das ist die Meditation – nicht die Dinge, die wahrgenommen oder beobachtet werden, bestimmen die Meditation.

Im *Satipatthāna-Sūtra* werden vier grundlegende Dinge erwähnt: der Körper, die Gefühle, der Geist und *Dhamma* (die Natur/die Welt). Diese Dinge (Objekte), die beobachtet werden können, sind immer da, immer präsent. Nicht immer präsent ist das Gewahrsein, die Achtsamkeit (*Sati*) oder der Geist, der diese Dinge wahrnimmt. Auch *Samādhi* (geistige Sammlung) ist nicht immer präsent. Vertrauen in die Praxis (*Sraddhā*), Weisheit (*Paññā*) und rechtes Bemühen (*Vīrya*) sind ebenfalls nicht immer vorhanden. Wenn kein Gewahrsein da ist, sind mit Sicherheit *Moha* (Selbsttäuschung), *Lobha* (Gier) und *Dosa* (Abneigung) präsent. Es ist, als sei nur ein Stuhl vorhanden und zwei Leute versuchten, ihn zu ergattern: Wenn er von *Sati* und *Samādhi* besetzt ist, können sich die Verunreinigungen nicht setzen – sie müssen stehen bleiben, denn der Stuhl ist bereits besetzt.

Gewahrsein kommt und geht, es ist nicht permanent. Ich höre oft, dass Meditierende ständig von ihren Lehrern aufgefordert werden, dieses Kommen und Gehen zu beobachten. Ein Praktizierender sagte zu mir: »Sayadaw, ich habe einen Punkt erreicht, an dem mein Gewahrsein immer da ist und nicht mehr weggeht.« Und ich erwiderte: »Lass es nicht gehen, du hast so hart dafür gearbeitet, dass es da ist; hab einfach Geduld, verweile im Gewahrsein, und wenn dann genügend Weisheit hinzukommt, wirst du verstehen, dass es dennoch kommt und geht.« Sie verstehen, dass es kein physisches Sehen ist (von etwas, das kommt und geht), es ist ein Erkennen, eine Einsicht. Wenn es nicht möglich ist, des Gewahrseins gewahr zu sein, brauchen wir eine kleine Hilfe, eine Art Anker, etwas im Körper oder den Atem, etwas, dessen gewahr zu sein Ihrem Geist leicht fällt – einfach um eine Kontinuität zu erzeugen.

Es kommt und geht also? Messen Sie dem nicht so viel Bedeutung bei. Die Einsicht kommt, wenn der Geist ins Gleichgewicht kommt und die Bedingungen stimmen.

Dieser Geist, der die Praxis ausführt … ist es nicht wichtiger, auf diesen Geist zu achten, als auf die Dinge, die beobachtet werden? Unser größter Fehler als Meditierende besteht darin, mit unseren geistigen Verunreinigungen zu meditieren. *Lobha* und *Dosa* (Gier/Verlangen und Abneigung) sind geistige Eigenschaften, und es sind eben diese Eigenschaften, die oft die Einstellung eines Praktizierenden zur Praxis bestimmen und somit unnötiges Leiden verursachen. Würde ich beispielsweise eine Brille mit rot getönten Gläsern tragen, wäre alles, was ich sehe, in Rot getaucht. So ist es auch, wenn man meditiert, während eine der Verunreinigungen im Geist vorherrscht; wie Sie das Leben sehen, wird immer von der geistigen Verunreinigung bestimmt, die gerade präsent ist.

Indem Sie achtsam sind, können Sie anfangen, sich dessen bewusst zu sein, dass Sie einen Geist haben. Wir können den Geist einfach seine Arbeit machen lassen. Sie können den Geist durch verschiedene Funktionen erkennen: Wissen, Denken, Erfahren, Fühlen, Wollen, Fokussieren und so weiter – und Gewahrsein an sich, wie ich bereits erklärt habe. Ist Ihnen bewusst, dass der Geist aufmerksam ist, dass Sie lesen? Und was tut der Geist, das Sie in die Lage versetzt, das zu wissen? Sie wissen es, weil der Geist wach ist und jetzt darauf achtet. Das ist nicht Denken; es ist einfach gewahr sein. Wenn Sie auf die Toilette gehen – was kommt zuerst, das kleine Geschäft oder das große? Schauen Sie, ob Sie beim nächsten Mal dessen gewahr sein können. Wenn Sie eine Tür öffnen und hindurchgehen, was gelangt zuerst in den Raum, Ihr Kopf oder Ihr Fuß? Falsch: Es ist Ihre Hand! Ich weiß, das ist eine unfaire Frage, weil ich die Hand nicht erwähnt hatte. Wir müssen daran arbeiten, aufmerksam zu sein, aufmerksam zu bleiben, aber wir sollen nicht versuchen, das Gewahrsein zu nutzen, um die Erfahrung zu verändern. Die diesbezüglichen Anweisungen meines Lehrers waren recht simpel: »Versuche nicht, etwas zu tun, versuche nicht, etwas zu verhindern, aber vergiss nicht, was gerade geschieht.«

Mein Bruder kam aus Amerika zu Besuch. Wir saßen im oberen Stockwerk meines Elternhauses zusammen, als ich bemerkte, dass er ziemlich unruhig war. Ich fragte ihn, was los sei, und er antwortete: »Ich habe meine Armbanduhr verloren. Ich habe sie abgenommen, weil ich geschwitzt habe. Es ist eine sehr teure Uhr, und ich habe überall danach gesucht, aber ich kann sie nicht finden.« Ich sagte ihm, er solle hinuntergehen und auf dem Esszimmertisch nachsehen. Dort würde er sie finden. Er ging hinunter und fand sie natürlich dort vor. Er sagte: »Woher hast du das gewusst? Hast du jetzt etwa hellseherische Fähigkeiten?« Nein, ich hatte keine besonderen Fähigkeiten entwickelt. Ich war einfach sehr aufmerksam, als ich das Haus betrat und bemerkte Dinge im Raum, die sonst nicht da waren. Alles, was ich sah, wurde unmittelbar in meinem Gedächtnis gespeichert, und als er seine Armbanduhr erwähnte, erinnerte ich mich daran, sie gesehen zu haben. Das ist Gewahrsein in Aktion. Der Geist kennt und nutzt ein Bild, einen Begriff, eine Erinnerung, sodass wir in jedem beliebigen Augenblick funktionieren können. Funktionelle Konzepte sind für unser Wohlergehen notwendig, und indem wir ihrer gewahr sind, kann der Geist seine Fähigkeiten erweitern.

EINFACH UNANGESTRENGT GEWAHR SEIN

Wir praktizieren dieses unangestrengte, beiläufige Gewahrsein, weil wir es den ganzen Tag über tun werden – in jedem Augenblick. Denn die Essenz der Achtsamkeitspraxis ist, kontinuierlich achtsam zu sein; es gibt in unserem Leben keinen Raum dafür, nicht achtsam zu sein. Wenn wir nun angestrengt versuchen, achtsam zu sein und eine Menge Energie darauf verwenden, ist schon bald »die Luft raus«, und am Abend sind wir erschöpft und müde und wollen nur noch ins Bett fallen. Sie müssen also wissen, wie Sie Ihre Energie bewahren können, indem Sie nur so viel verbrauchen, wie nötig. Der Geist kann angespannt und erschöpft werden, wenn er zu viel Energie darauf verwendet, Dinge zu beobachten. Wenn

Sie Ihres Gewahrseins gewahr sind, fokussiert sich der Geist nicht auf die Objekte, sondern streift sie nur. Natürlich gibt es Zeiten, in denen wir uns aktiver um Gewahrsein bemühen müssen, mehr Energie darauf verwenden müssen, achtsam zu sein, das heißt, uns daran zu erinnern, das richtige Objekt (die Emotion/das Gefühl) zu beobachten, anstatt uns in der jeweiligen Geschichte zu verlieren. Wenn wir beispielsweise innerlich aufgewühlt sind und Chaos im Geist herrscht (zum Beispiel Wut), geht es nicht nur um passives Gewahrsein. Dann müssen wir aktiver sein, beobachten, beobachten, beobachten, die richtige Sichtweise hineinbringen, uns dafür interessieren, was in Geist und Körper vor sich geht – Gedanken, Gefühle, Körperempfindungen. Beobachten, wie der Geist aktiv wird und seine Arbeit tut: Das ist heilsame Praxis.

Die älteren Praktizierenden unter Ihnen kennen das vielleicht. Sind Sie je morgens aufgestanden und haben Ihre Blutdrucktablette genommen, nur um sich zehn Minuten später zu fragen: »Habe ich eigentlich heute Morgen meine Tablette genommen?« Sie haben die Tablette gewohnheitsmäßig genommen, ohne dessen gewahr zu sein. Der Vorgang wurde nicht in Ihrem Gedächtnis abgespeichert, weil Ihr bewusstes Gedächtnis sich nicht erinnert: Sie waren mit den Gedanken woanders, waren geistesabwesend. Gewahrsein kontinuierlich aufrechtzuerhalten ist nicht etwas, das zufällig geschieht, es gibt Ursachen und Bedingungen dafür. Wenn Sie feststellen, dass die Dynamik des Gewahrseins nicht mehr da ist, dann akzeptieren Sie das einfach; Gewahrsein ist eben jetzt nicht das, was für Sie passiert, das liegt in der Natur der Sache. Erforschen Sie den Geist, untersuchen Sie die Ursachen, und Sie werden allmählich Bedingungen oder Prozesse im Geist erkennen, die dazu führen, dass das Gewahrsein kontinuierlicher ist, sowie solche, die die Dynamik stoppen. Achtsamkeit legt das Fundament für Vertrauen und Weisheit: Blindes Vertrauen kann dazu führen, dass wir dogmatisch oder übertrieben enthusiastisch werden. Bei einem Mangel an Weisheit können die negativen geistigen Zustände Oberhand gewinnen. Gewahrsein ist der Angelpunkt, der Gleichgewichtspunkt, wie bei einer Wippe. Ihre

Aufgabe besteht darin, aus Ihrer Erfahrung zu lernen und zu verstehen, was den Geist aus dem Gleichgewicht bringt.

Wir können vergesslich werden, wie die älteren Praktizierenden, die ihre Pillen vergessen. Also müssen wir unser Gewahrsein schärfen. Das bedeutet nicht, dass wir es forcieren sollten, aber dass wir ein wenig mehr Interesse für jede Aktivität aufbringen. Achten Sie zum Beispiel beim Anziehen oder Ausziehen Ihres T-Shirts darauf: Welchen Arm stecke ich zuerst in den Ärmel? Den rechten oder den linken? Ziehe ich das Hemd zuerst über den Kopf oder über die Arme? Nehmen Sie bewusst wahr, dass Sie sich anziehen, seien Sie der Umgebung gewahr, in der Sie ein Kleidungsstück anziehen. Das ist ganz einfach und kostet nicht viel Mühe. Wenn Sie Ihre Schuhe irgendwo abstellen, dann achten Sie darauf, wie Sie sie ausziehen: Welchen ziehe ich zuerst aus? Seien Sie der Bewegungen gewahr, die mit diesen Aktivitäten verbunden sind. So werden Sie später nicht umhergehen und sich fragen: »Wo habe ich meine Schuhe gelassen?« Bemühen Sie sich eine Weile und es wird bald zu einer Gewohnheit werden, es passiert dann automatisch. So nimmt Ihre Achtsamkeit zu und Sie haben weniger Probleme mit Vergesslichkeit.

Viele sagen zu Beginn ihrer Praxis: »Oh, ich brauche eine Pause von der Achtsamkeit.« Für sie ist es einfach zu hart. Mit ihrer Praxis geht es voran. Sie bemerken, dass ihr Leben härter wird, schwieriger wird, es scheint mehr Chaos im Geist zu herrschen. Weil sie der Dinge zunehmend gewahr sind, bemerken sie das Chaos, das schon immer da war. Wenn unsere Praxis anfangs noch nicht sehr stabil ist, sind die geistigen Verunreinigungen sehr offensichtlich – überall Verunreinigungen: Hier ist Habgier, dort ist Abneigung und so weiter. Wenn das Gewahrsein zunimmt, werden die Verunreinigungen raffinierter. Sie können nicht mehr frontal angreifen, also verwandeln sie sich, verkleiden sich und versuchen, sich durch die Hintertür in Ihr Bewusstsein zu schleichen. Sie sind da, und Sie bemerken es nicht einmal. Indem Sie tiefere Einsicht entwickeln, sind Sie mehr in der Lage, diese subtilen geistigen Verunreinigungen zu erkennen und das Gewahrsein wird müheloser.

Gewahrsein und Weisheit sind eine Partnerschaft eingegangen und funktionieren wie ein Tandem.

Das Hauptproblem, das Meditierende mit der Praxis unangestrengten Gewahrseins haben, ist mangelnde Geduld: Sie vertrauen einfach nicht darauf. Dann fangen sie wieder an, sich anzustrengen, was normalerweise aber nicht lange dauert. Sie stellen fest, dass sie nicht so funktionieren, wie sie sich das vorstellen, und fragen sich, wie sie ihren Alltag leben können, wenn Gewahrsein sie so viel Energie und Mühe kostet. Doch mit unangestrengtem, beiläufigem Gewahrsein können sie weiterhin wunderbar funktionieren, sie können alles tun, was getan werden muss, und müssen alles die ganze Zeit über nur »im Hinterkopf« haben.

Als ich jung war und irgendwann unter Depressionen zu leiden begann, praktizierte ich diese sanfte Form des Gewahrseins nicht deshalb, weil ich überzeugt war, dass sie funktionieren würde, sondern weil ich damals einfach so hilflos war. Ich war so depressiv, dass ich nur auf diese Art praktizieren konnte: Mein Geist war so müde und erschöpft, dass er zu mehr einfach nicht fähig war. Ein Grund, warum wir es schwierig finden, im Alltag zu praktizieren, ist, dass wir so viel Energie für die Praxis aufwenden, dass wir diese Anstrengung auf Dauer nicht aufrechterhalten können. Dieses persönliche Bemühen fühlt sich an, als könnten Sie bei der Arbeit, die Sie zu tun versuchen, entweder nur bewusst sein oder sich verlieren. Aber mit sanftem, unangestrengtem Gewahrsein, auch wenn es anfangs nicht kontinuierlich ist, kommt bald eine Dynamik hinein, die es immer natürlicher und kontinuierlicher werden lässt. Es fühlt sich wirklich an, als sei man bei allem, was man tut, bewusst, man lebt tatsächlich in diesem Zustand des Gewahrseins. Damals begann ich das wahre Wesen der *Vipassanā*-Meditation zu verstehen und allmählich zu glauben, dass es möglich ist, im Alltag erleuchtet zu werden.

In der Meditation – wenn wir den Geist erforschen – ist es nur wichtig, zu erkennen, wann eine Identifikation mit einem Objekt stattfindet und wann nicht. Es ist die Aufgabe des Meditierenden, beim Gewahrsein zu bleiben und sich nicht so sehr mit dem Objekt an sich zu beschäftigen oder sich darin zu verlieren – erinnern Sie sich einfach daran, aufmerksam zu sein. Nur mit Gewahrsein und Empfänglichkeit können wir mehr erkennen. Wenn wir meditieren, arbeiten die fünf geistigen Qualitäten ja zusammen, und *Sati* ist diejenige, die dem Geist hilft, den gegenwärtigen Moment zu erinnern. Diese geistigen Qualitäten sind, wie schon erwähnt, Vertrauen, Energie, Achtsamkeit, Konzentration und Weisheit, für die ich normalerweise die Begriffe Zuversicht, rechtes Bemühen, Gewahrsein, Sammlung und Weisheit vorziehe. Wir können *Sati-sampajañña* (klares Verstehen), das heißt, Gewahrsein plus Weisheit nutzen, um zu wissen oder zu erkennen, wenn diese fünf Qualitäten nicht in Harmonie sind, und mit dieser Weisheit die anderen drei Qualitäten ins Gleichgewicht bringen. Buddha riet, sich die fünf Fähigkeiten oder Qualitäten wie fein abgestimmte Saiten eines Musikinstruments vorzustellen. Wir müssen jede Saite ständig anpassen, um das Beste aus dem Instrument herauszuholen. Dieser Prozess beginnt erst einmal mit *Sati*. *Sati* nimmt wahr, was wieder und wieder geschieht, und sammelt Informationen. Dann entwickelt sich allmählich die Weisheit, die die Natur der Dinge, die Muster, die Ursachen und Wirkungen, die zugrunde liegenden Prinzipien und den gesamten Vorgang versteht. Dadurch erkennen und wissen wir, wann der Geist aus dem Gleichgewicht geraten ist und wann er im Gleichgewicht ist: wie es sich anfühlt … die Hinweise (sofern es welche gibt) auf Bedingungen, die entweder zum Zustand des Gleichgewichts oder Ungleichgewichts führen. So entwickeln wir Akzeptanz und die Fähigkeit, mit beiden Zuständen zuerst in geringerem und dann in allmählich zunehmendem Maße zu arbeiten – je nachdem. Es wird immer ein gewisses Maß an Fluktuation geben, denn die Zusammenhänge und Bedingungen oder Umstände ändern sich, und es müssen neue Lektionen über ähnliche Prinzipien gelernt werden. Machen Sie sich aber bitte keine allzu großen Sorgen, falls Ihr Gewahrsein verloren geht, es genügt die Absicht, bewusst und gewahr zu sein. Der Geist wird immer wieder zum Gewahrsein zurückkehren und so das Momentum aufrechterhalten.

OBJEKTE

Ich habe vier Kategorien von Objekten erwähnt. Unter Objekten kann man unterschiedliche Dinge verstehen. Man kann nur dessen gewahr sein, was man durch die sechs Sinnespforten erfährt. Und der Geist kann nur erfahren, was an diesen sechs Sinnespforten ankommt. Es gibt keinen siebten Sinn. Ob auf einem Retreat oder zu Hause: Sie haben nur sechs Sinnespforten. Wenn Sie also diese sechs Sinnesobjekte – Sehvermögen, Gehör, Geruch, Berührung, Geschmack und die mentalen Objekte sowie die Emotionen und Körperempfindungen, die mit diesen Sinnesobjekten assoziiert sind (beispielsweise Denken, Fühlen, Habgier, Abneigung, Selbsttäuschung, Weisheit, Achtsamkeit etc.), als Dinge nutzen, derer Sie gewahr sein wollen, dann meditieren Sie. Fünf dieser Objekte sind physisch, eines ist mental, wenn Sie also bewusst wahrnehmen, dass Sie (physisch oder mental) etwas sehen, hören, fühlen, denken, dann wissen Sie in all diesen Momenten, dass Sie achtsam sind. Sie müssen es einfach nur wahrnehmen, es ist nicht nötig, viel Energie aufzuwenden; beobachten Sie es einfach beiläufig und registrieren Sie, wenn Gewahrsein da ist. Der einzige Unterschied zwischen denjenigen, die versuchen, achtsam zu sein, und denen, die es nicht tun, besteht darin, dass Ersteren bewusst ist, dass sie ihrer selbst gewahr sind, dass sie ihre eigene Erfahrung bewusst wahrnehmen. Was unterscheidet beispielsweise einen Meditierenden von einem Nicht-Meditierenden, wenn ein Auto vorbeifährt? Der Meditierende nimmt sowohl das Vorbeifahren des Autos wahr als auch seine Erfahrung des Sehens, Hörens, Fühlens und seine Interpretation der Erfahrung, seine Gedanken oder seinen denkenden Verstand und so weiter (einiges davon oder alles, je nachdem). Der Nicht-Meditierende weiß nur, dass ein Auto vorbeifuhr. Sie werden also nun auf Ihre sechs Sinnespforten achten, und Sie wissen, wie viel Energie Sie für Achtsamkeit aufwenden müssen. Bitte tun Sie nichts, was Sie physisch oder mental ermüdet. Wenn wir müde oder erschöpft sind und nicht auf uns selbst achten, ist unsere Aufmerksamkeit zu 100 % auf äußere Dinge gerichtet.

Wir haben kurz über die sechs Sinnesobjekte gesprochen, und nun wollen wir ein bisschen genauer anschauen, was im Kontext der *Vipassanā*-Meditation mit dem Begriff Objekt eigentlich gemeint ist. Das Objekt ist das, was vom Geist wahrgenommen, gesehen wird (beispielsweise vom beobachtenden Geist gesehen wird). Die Rolle des Objekts besteht einfach darin, das zu sein, was erkannt oder wahrgenommen wird. Da es einfach nur ein Objekt ist, das wahrgenommen wird, kann es nicht als gut oder schlecht beurteilt werden – es ist einfach nur ein Objekt. Es ist. Wenn also Stille herrscht, registrieren Sie Stille, wenn es laut ist, registrieren Sie Lärm. Es wird einfach nur wahrgenommen, es ist weder gut noch schlecht. Zu keiner Zeit herrscht ein Mangel an Objekten, die an die sechs Sinnespforten klopfen und die der Geist beobachten und wahrnehmen kann. Deshalb ist es wichtig, zu wissen, dass nicht die Objekte die Meditation ausmachen – es ist der Geist, der meditiert. Wenn Sie glauben, dass die Verunreinigungen oder Objekte die Meditation ausmachen, wird das dazu führen, dass Sie nach einigen Objekten verlangen und andere ablehnen. Daraus entsteht Verwirrung, was ein Ungleichgewicht im Geist hervorruft. Wir müssen der Einstellung oder inneren Haltung gewahr sein, mit der wir meditieren. Wenn der Geist die richtige Einstellung hat, wird er das richtige Objekt wählen. Es gibt einen Spruch, der das Gewahrsein von Objekten auf einen Nenner bringt: »Was ich sehe, kann ich nicht sein.« Mit anderen Worten: »Entweder hast du Gefühle oder sie haben dich.«

Der einzige Sinn einer Meditationspraxis besteht darin, heilsame geistige Zustände zu fördern, und wir dürfen nicht vergessen, dass eben jene Qualitäten, die eine Voraussetzung für die Meditation sind und diese unterstützen, ebenfalls heilsame geistige Qualitäten sind – zumindest sie werden also kultiviert. Wenn wir die richtige Einstellung haben, wird unsere ganze Praxis heilsam sein. Wenn wir auf heilsame Weise praktizieren und uns heilsame geistige Zustände zunutze machen, nennt man das heilsame Meditation (*skillful meditation*). Bringen wir unbewusst andere Absichten hinein oder haben wir nicht die richtige Sichtweise oder Einstellung, werden wir anfangen, auf eine Weise zu praktizieren, die weder heilsam ist, noch Weisheit fördert. An diesem Punkt kommt es vor allem darauf an, zunächst einmal die falsche Einstellung oder Haltung zu erkennen. Indem wir sie erkennen, beginnen wir sowohl die Ursachen als auch die Auswirkungen einer falschen Haltung zu sehen. Das sind wirklich notwendige und wichtige grundlegende Informationen und Erkenntnisse, die man hinsichtlich der Praxis erwerben sollte.

In den Schriften wird die Praxis der Achtsamkeit als *atapi* (was sich auf das Bemühen bezieht), *sampajaña* (was sich auf Weisheit bezieht) und *satima* (was sich auf Gewahrsein bezieht) beschrieben. Wir sprechen hier also von den geistigen Qualitäten, die in die Praxis einfließen. Sie verstehen, was mit Gewahrsein gemeint ist: der eigenen Erfahrung gewahr zu sein, aller Sinneswahrnehmungen und der physischen und mentalen Objekte, die wahrgenommen werden. Objekte sind da, um Gewahrsein zu unterstützen.

Sollten wir beim Meditieren ein Objekt auswählen? Wir können das tun, aber es ist eine Frage des heilsamen Weges (*Upāya*). Wenn der Geist nicht in der Lage ist, selbst und ganz natürlich sein Objekt zu wählen, muss man ihn dazu bringen, ein Objekt zu wählen, wie beispielsweise das Gewahrsein des Atems. Manche Meditierende gehen so vor: Sie benutzen ein Hauptobjekt, um mit seiner Hilfe Gewahrsein und Klarheit zu kultivieren, und wenn sie dann innerlich sehr klar und bewusst sind, lassen sie das Hauptobjekt allmählich los und dehnen ihre Aufmerksamkeit auf andere vorhandene Objekte aus. Man ist bis zu einem gewissen Grad immer noch des primären Objekts gewahr, aber dann werden allmählich auch andere Objekte klar wahrgenommen.

Bei einem Retreat in Tschechien beobachtete ein Meditierender ein bestimmtes Objekt und wurde dann eines Gedankens gewahr. Als er mich dann fragte, ob er den Gedanken betrachten solle, sagte ich: »Nein, betrachte den Gedanken nicht, denn er ist dir bereits bewusst.« Wenn Sie anfangen, den Gedanken zu betrachten, wenden Sie etwas mehr Energie auf und der Gedanke stoppt. Sie kennen den Gedanken bereits, sind sich seiner bereits bewusst; lassen Sie ihn einfach da sein und Sie sind im Gleichgewicht. Wenn man im Gleichgewicht ist, betrachtet man vielleicht etwas, aber man ist sich auch anderer Dinge bewusst, sie dringen ins Gewahrsein. Das Hauptobjekt hält die geistige Energie aufrecht, und diese Energie hilft Ihnen, alle anderen Sinneseindrücke zu empfangen. Das ist mit heilsamem Weg gemeint.

SAMĀDHI (VIPASSANĀ/SAMATHA)

Die zweite Qualität, die am Werk ist, wenn wir meditieren, ist *Samādhi*: Stabilität oder Sammlung des Geistes. Es gibt zwei Arten von *Samādhi*: eine, die aus der Konzentration auf ausschließlich ein Objekt resultiert, und eine, die aus rechter Sichtweise, rechter Haltung und rechter Erkenntnis hervorgeht. Und es gibt zwei entsprechende Praktiken für diese beiden Arten von *Samādhi*: *Samatha* und *Vipassanā*. Wir praktizieren *Vipassanā* mit der Achtsamkeitsmeditation. In den Schriften ist der edle Achtfache Pfad in drei Aspekte gegliedert: *Sīla*, *Samādhi*, *Paññā*. Wenn wir diese genauer definieren, sehen wir, dass sich der *Samādhi*-Aspekt aus *Samma Sati* (»rechtes Gewahrsein«), *samma vayama* (»rechtes Bemühen«) und *Samma Samādhi* (»rechte Sammlung des Geistes«) zusammensetzt. Es ist wichtig, zu verstehen, dass sich das Wort Konzentration, wie es im Westen gebraucht wird, auf eine Aktivität bezieht, die die Summe dieser drei Qualitäten darstellt (rechtes Gewahrsein, rechtes Bemühen und rechte Sammlung). Das ist der *Samādhi*-Aspekt des edlen Achtfachen Pfades. Aber auf einer praktischen Ebene beziehen wir uns, wenn wir von *Samādhi* in der Meditation sprechen, auf *Samma Samādhi*, womit ein geistiger Zustand bezeichnet wird, das heißt, ein steter geistiger Zustand.

Wir müssen eine Kontinuität dieses Geisteszustands herstellen, sodass wir den inneren Raum haben, der uns ermöglicht, objektiv die verschiedenen Qualitäten unseres Geistes zu beobachten. Manche bezeichnen *Samādhi* als »Konzentration« oder »aus Konzentration resultierend«, aber ich verwende den Begriff »Konzentration« nicht so gerne, weil das Wort *Samādhi* so viel mehr bedeutet. Werden wir, wenn wir uns konzentrieren, immer konzentriert sein? Nein. Deshalb ziehe ich es vor, dieses Wort nicht zu verwenden. Gemäß der Schriften ist mit *Samādhi* ein heilsamer geistiger Zustand gemeint. Die unmittelbare Ursache von *Samādhi* ist *yoniso manisikāra*, was so viel bedeutet wie »weise Aufmerksamkeit« oder »rechtes Denken« (das heißt, die richtige Einstellung oder Einsicht zu haben). Der unmittelbare Effekt von *Samādhi* ist *Sukka* oder Freude, Glück und »Wohlbefinden von Körper und Geist«.

Da *Samādhi* diese angenehmen Gefühle in Körper und Geist bewirken kann, können wir leicht von diesen Empfindungen und von *Samādhi* als Mittel zum Erreichen dieser angenehmen Zustände abhängig werden. Als ich dreizehn war, erhielt ich zusammen mit einer Gruppe von Freunden meine ersten Meditationsanleitungen. Die erste Meditationsmethode, die ich erlernte, war *ānāpānasati* (*ānāpāna*) »Achtsames Atmen«. Als typische gelangweilte dreizehnjährige Schuljungen waren wir stets zu Experimenten bereit. Wir hatten von einer Meditationsmethode gehört, bei der man energisch und kraftvoll durch die Nase atmet. Ich atmete so heftig, dass das Geräusch des durch meine Nasenlöcher ein- und ausströmenden Atems sehr laut war. Diese Praxis brachte mich sehr schnell in einen Zustand der inneren Sammlung. Das Ergebnis war ein Gefühl von tiefer Ruhe und *Samādhi*. Eine der Nebenwirkungen bestand jedoch darin, dass der Körper sich ziemlich schmerzhaft zu verrenken begann, während der Geist sich in einem Zustand der Glückseligkeit befand. Mein Lehrer war wie ein freundlicher, wohlwollender Vater für mich. Er hörte sich alle meine Geschichten aufmerksam an und machte nie eine negative Bemerkung über meine Abenteuer. Ich erzählte ihm von dieser Technik und der seltsamen Wirkung, die sie auf mich ausübte. Er bat mich, sie ihm zu demonstrieren, und so setzte ich mich vor ihn hin, schloss meine Augen und legte los: heftiges Ein- und Ausatmen. Nach etwa zehn Minuten kam ich in den *Samādhi*-Zustand, aber mein Körper begann sich zu verbiegen und ich bekam Schmerzen. Ich hörte, wie

Sayadawgyi (»ehrwürdiger Lehrer oder Freund«) rief: »Stopp!« Also hörte ich auf. Ich konnte all diese feinen, subtilen Empfindungen spüren, die in meinem ganzen Körper vibrierten, aber ich wollte sie gar nicht haben oder wahrnehmen. Ich wollte einfach nur mein *Samādhi* zurück.

Ich hörte nicht auf meinen Lehrer und fuhr mit dieser Praxis noch eine ganze Weile fort. Sayadawgyi sagte nichts dazu, obwohl er wusste, dass ich weitermachte. Einige Zeit später, während einer Sitzung am frühen Morgen, kam mein Lehrer in die *Dhamma*-Halle, um zu sprechen. Und ich hörte, wie er sagte: »Versucht weder, Erfahrungen zu erzeugen, noch Erfahrungen zu unterdrücken, denn Erfahrungen kommen und gehen. Erinnert euch einfach nur daran, der Erfahrung gewahr zu sein.« Als ich diese Worte hörte, musste ich an die heftige, geräuschvolle Atmung denken, die ich praktizierte, und mir wurde sehr schnell klar, dass ich versuchte, für mich eine Erfahrung zu erzeugen. Ich war sehr abhängig geworden von dieser Technik und von dem, was sie mit sich brachte. Das geduldige Verständnis meines Lehrers, der mich ohne zu urteilen anleitete, bewirkte, dass ich diese Praxis mit den speziellen Zielen rasch aufgab. Doch diese Lektion genügte nicht, um mich in Zukunft von dem Versuch abzuhalten, bestimmte eigene Erfahrungen auf unterschiedliche Arten zu erzeugen.

Die Art von *Samādhi*, für die ich bei Ihnen ein Verständnis wecken und die ich Ihnen als Erfahrung näherbringen möchte, ist genau das, was dieses Wort bedeutet, nämlich »Beständigkeit des Geistes« – eine »geistige Stabilität«, die bereits existiert und die sich offenbart, weil ein umfassenderes Gewahrsein und die rechte Sichtweise vorhanden sind. Gewahrsein von Objekten an allen Sinnespforten, Gewahrsein und Nichtbeurteilen aller Erfahrungen: das ist rechtes/weises *Samādhi* (*Samma Samādhi*). *Samādhi* ist stets das Resultat von rechter Sichtweise, rechter Einstellung und rechtem Denken. Besteht unser Ziel in der Meditation aber allein darin, *Samādhi* zu erreichen, dann werden – auch wenn das zu sehr friedvollen inneren Zuständen führen kann – andere geistige Qualitäten (wie zum Beispiel die forschende Qualität des Geistes) wahrscheinlich nicht genutzt, weil man die Aufmerksamkeit bei dem Versuch, den *Samādhi*-Zustand zu erreichen, ausschließlich auf ein Objekt richtet. Das bedeutet dann, dass möglicherweise kein umfassenderes Gewahrsein der geistigen und körperlichen Prozesse vorhanden ist und somit die Gelegenheit, Weisheit zu entwickeln, ungenutzt bleibt.

Der *Samādhi*-Zustand kann ziemlich fragil sein, wenn er das ausschließliche Ziel darstellt. Ich habe kein Problem mit Leuten, die die *Samatha* praktizieren, da es ein sehr wichtiger Aspekt von Buddhas Lehre über *Samma Samādhi* oder rechte Sammlung, ist. Es kann jedoch auch falsch praktiziert werden, wie ich zunehmend bei den Praktizierenden beobachte, die von Zeit zu Zeit in unserem Zentrum auftauchen. Diese Menschen kommen teilweise mit ernsthaften Problemen zu uns: Sie sind verwirrt, leiden unter starken Kopfschmerzen und verhalten sich wie Zombies. In solchen Situationen sehe ich die Notwendigkeit, den Sachverhalt über das Praktizieren von *Samma Samādhi* im Gegensatz zur Konzentrationspraxis richtigzustellen. Wird Letztere auf die richtige Art und Weise ausgeübt, kann man sehr davon profitieren, aber falsch praktiziert kann Konzentration zu allen möglichen Problemen führen.

Bei *Vipassanā* lernt der Geist, weder von irgendeinem Objekt abhängig zu sein noch eine Abneigung dagegen zu hegen. Weises/rechtes *Samādhi* beginnt mit Weisheit und setzt auf Weisheit. Weil dann rechte Sichtweise, rechte Einstellung und rechtes Denken vorhanden sind, reagiert der Geist weder mit Verlangen/Gier noch mit Abneigung. Das Objekt übt keine Anziehung aus. Der Geist ist in einem natürlichen Zustand der Ruhe und Sammlung und fühlt sich gleichzeitig leicht, wach und frisch. Diese Art von *Samādhi* ist ein integraler Bestandteil von Weisheit und schafft die Voraussetzung dafür, dass die Weisheit weiter wachsen kann. Die Philosophie hinter *Vipassanā* ist, sich ohne Anhaftung auf etwas zu beziehen und bestimmter oder aller auftauchenden Objekte gewahr zu sein, ohne zu versuchen, ein bestimmtes Ergebnis zu erzielen oder eine bestimmte Erfahrung zu erzeugen. Bei dieser Praxis geht es darum, die Dinge zu sehen und zu verstehen, wie sie sind, und Weisheit ist das

Ergebnis – aber nicht, weil man sie sich wünscht, sondern weil man korrekt praktiziert. Rechtes Gewahrsein sammelt Informationen, und wenn sie vollständig sind, resultiert daraus Weisheit. Das hilft uns, das Ursache-Wirkung-Prinzip und die verschiedenen Wege zu verstehen, auf denen sich Weisheit zeigen kann.

Bei der *Vipassanā*-Praxis richten wir unsere Aufmerksamkeit nicht nur auf ein Objekt, sondern auch auf den Geist, insbesondere den beobachtenden/meditierenden Geist. Wir überprüfen den Geist auf Reaktionen und Verwirrungen und auch darauf, ob Weisheit vorhanden ist. Beim Praktizieren von *Vipassanā* ist es also sehr wichtig, dass im meditierenden Geist Weisheit präsent ist – sowie die Fähigkeit, diese zu erkennen und zu nutzen.

Ein Beispiel: Zwei Leute meditieren. Eine fühlt sich von einem Geräusch gestört, während die andere das Geräusch als ein Objekt oder natürliches Phänomen betrachtet. Welche von beiden wird *Samādhi* erfahren? Die Praktizierende, die eine Abneigung gegen den Lärm empfindet, wird noch unruhiger werden, wobei die Abneigung jedes Mal zunimmt, wenn das Geräusch zu hören ist. Dagegen wird die andere, die das Geräusch weder mag noch ablehnt, ruhig und friedvoll bleiben. Diese Meditierende praktiziert mit Weisheit/Verstehen/rechter Sichtweise/rechter Einstellung/rechtem Denken.

Ein Besucher unseres Zentrums hatte hier schon ungefähr einen Monat lang meditiert, ohne dass sich irgendetwas tat. Er praktizierte einfach kontinuierlich weiter und beobachtete seinen Geist. Als er dann eines Tages in der Schlange vor der Essensausgabe stand und darauf wartete, dass der Gong ertönte, wurde er ganz plötzlich der Stille in seinem Geist gewahr. Er nahm auf einmal viele Dinge gleichzeitig wahr, die er vorher überhaupt nicht wahrgenommen hatte: die große Jackfrucht am Baum neben dem Gebäude, die Insekten an der Wand, viele subtile Geräusche und Gefühle. Er verstand, dass nichts anderes existiert, dieser Moment war seine einzige Realität, nicht mehr und nicht weniger, und er realisierte, dass er diesem Moment weder etwas hinzufügen noch etwas wegnehmen konnte. Er ging total in der Gegenwart auf. Da war ein tiefes Verstehen. Indem er im Laufe des Retreats sein stetes Bemühen aufrechterhielt, hatte seine Praxis an Schubkraft gewonnen. Er hatte einen tiefen, umfassenden und stabilen *Samādhi*-Zustand erreicht, der ihm diese Einsicht ermöglichte. Wenn uns eine solche Einsicht zuteil wird, können wir sie immer nutzen oder darauf zurückzugreifen, wenn wir anfangen, uns in Verwirrungen und Illusionen zu verlieren. Man könnte es mit einem Download auf dem Computer vergleichen, an den man sich erinnern und den man nutzen kann. Das Gewahrsein aufrechtzuerhalten, es mit dem vorhandenen Wissen und mit Weisheit lebendig zu halten, ist äußerst wichtig, denn dann bleibt die Einsicht immer frisch.

Ein stiller Geist ist ebenfalls etwas, dessen wir gewahr sein können; er ist ein Objekt. Auch ein unruhiger Geist ist ein Objekt. Vom Standpunkt der Meditation aus betrachtet, sind sie als Objekte gleich. Falls wir der Meinung sind, es sei besser, zu praktizieren, wenn der Geist ruhig ist, werden wir es immer schwierig finden, zu praktizieren, wenn er nicht ruhig ist. Dann sind wir im Nachteil, weil dann Anhaftung im Spiel ist. Wenn rechte Einsicht da ist und kontinuierlich praktiziert wird, bleibt der Geist immer im Gleichgewicht. Ich möchte, dass Sie diese Kontinuität in Ihre Praxis bringen. Es ist wie ein brennender Heuhaufen; es beginnt mit ein wenig Glut, dann greift das Feuer langsam um sich, gewinnt an Kraft und wird schließlich zu einer lodernden Flamme. Es erhält sich selbst und verlischt sehr, sehr langsam. Wenn Sie auf diese Weise praktizieren, werden Sie, falls Sie aus irgendeinem Grund *Samādhi* verlieren, sehr langsam aus dem *Samādhi*-Zustand herauskommen. Wenn es im Alltag nicht wie gewünscht läuft und Sie unruhig werden, dann schauen Sie, warum das so ist und versuchen Sie, Ihre Haltung dazu zu ändern. So können Sie sich unmittelbar besser fühlen. Der Geist ist wieder in einen stabilen Zustand zurückgekehrt. *Samma Samādhi* ist immer da.

VĪRYA (RECHTES BEMÜHEN)

Die dritte geistige Qualität, die beim Meditieren eine Rolle spielt, ist rechtes Bemühen. *Vīrya* steht für die spirituelle Qualität der Geduld und Beharrlichkeit oder Ausdauer und die Erwartungslosigkeit im Hinblick auf die Praxis. Das für die Meditationspraxis erforderliche Bemühen sollte richtig »dosiert« sein: gerade genug, um so kontinuierlich wie möglich ein unangestrengtes Gewahrsein der sechs Sinnesobjekte aufrechtzuerhalten. Manchmal bin ich nicht sehr glücklich mit dem Wort »Bemühen«, denn sehr oft bemühen sich Meditierende auf eine ungute, unheilsame Weise, um etwas zu erreichen. Dahinter steckt normalerweise Habgier: Wir verwenden zu viel Energie darauf, ein bestimmtes Ergebnis zu erzielen. Wir erwarten ein Resultat, das wir geistig vorweggenommen haben. Was wir auch denken, sagen oder tun – das Motiv dahinter ist Habgier. Es ist uns zur Gewohnheit geworden. Wir nehmen beispielsweise an einem Retreat teil, und dann kommt diese geistige Gewohnheit ins Spiel: Wir wollen etwas herausholen. Warum sind wir achtsam? Weil wir inneren Frieden erleben wollen, weil wir eine großartige »Meditationserfahrung« haben wollen, weil unser Lehrer uns die Anweisung gegeben hat, achtsam zu sein. Wenn wir begreifen, dass achtsam zu sein auf die eine oder andere Weise von Vorteil ist, wollen wir achtsam sein. Das kann auch Habgier sein. Das Ziel der Achtsamkeitspraxis besteht darin, Weisheit zu entwickeln. Aber wir wollen nicht habgierig danach streben. Wir müssen es einfach nur genießen, in Achtsamkeit zu verweilen – wohl wissend, welche Vorteile sie mit sich bringt.

Bei Praktizierenden, die bereits bestimmte Resultate erfahren haben, kann der Wunsch nach mehr aufkommen. Häufig ist das gerade dann der Fall, wenn die Praxis auf der Strecke geblieben ist. Der Neuanfang kann von dem Wunsch beherrscht werden, den früheren Zustand erneut zu erleben. Das kann zu Frustration in der Praxis und manchmal zu einem Mangel an Zuversicht führen. Man nimmt die Sache persönlich, anstatt sie als einen natürlichen Prozess zu sehen. Die einzige Lösung besteht darin, ihn zu akzeptieren und damit zu arbeiten (indem man beispielsweise wieder zur Einfachheit und Achtsamkeit zurückkehrt). Habgier ist im Spiel, wenn wir meditieren, weil wir glücklich werden wollen. Wahres Glück, das wir dabei vielleicht erfahren, kann nur als Nebenprodukt von Weisheit zustande kommen. Wenn Weisheit da ist, findet alles seinen Platz.

Es war von jeher mein Wunsch, dass Meditierende vor allem verstehen, wie man richtig meditiert. Manchmal finde ich die Bemühungen von Praktizierenden beunruhigend. Nachdem ich über einen langen Zeitraum mit sehr vielen Meditierenden gesprochen habe, ist mir klar, dass die meisten ihrer Bemühungen falsches Bemühen sind. Sie wollen ihrer Habgier folgen, also ist jede ihrer Bemühungen verkehrt. Wie oft ich auch erkläre, was richtig und was falsch ist, sie machen einfach so weiter. Für eine Weile scheinen sie es zu verstehen und dann vergessen sie es wieder. Das nennt man Gewohnheit. Wenn Sie allmählich erkennen, dass das, was Sie tun, verkehrt ist, lassen Sie die Gewohnheit nach und nach los und praktizieren korrekt. Rechtes Bemühen ist also eigentlich kein Bemühen. Es ist ganz leicht: Erwarte einfach nichts von der Praxis. Verweile im Gewahrsein und schau, was sich ergibt. Bleib bei deiner Erfahrung, so wie sie ist, und erlaube den Dingen, sich zu entfalten, ohne zu versuchen, sie zu kontrollieren. Manche Menschen praktizieren jahrelang aus einer Haltung des Verlangens heraus und machen wenig Fortschritte. Das ist nicht die richtige Art zu praktizieren. Die richtige Art ist: den Geist im natürlichen Fluss sein zu lassen, ausgeglichen, unbeeinflusst von Kontrollsucht, Habgier, Anziehung oder Abneigung.

Wir können unsere Meditationspraxis mit besten Absichten und großem Engagement beginnen. Aber was geschieht, nachdem man ungefähr zwei Stunden lang ununterbrochen gesessen hat? Häufig ist dann vom rechten Bemühen nichts mehr übrig, ganz zu schweigen von Weisheit. Da ist zu viel Ruhe, der Geist versinkt in der Stille. Das passiert, wenn der Geist allzu lange still ist; eine gewisse Dumpfheit stellt sich ein, weil das Bemühen erlahmt und die Weisheit schwindet. Wir schauen auf die Wirkung der Erfahrung, das heißt, die Stille; wir schauen nicht auf den

Geist, der arbeitet, also das Gewahrsein. Im Gewahrsein ist der Geist zu Hause, also müssen wir zu Hause bleiben. Wenn Ihnen bewusst ist, dass der Geist arbeitet, wird der nicht in das Objekt hineingezogen. Aber wenn das Gewahrsein allmählich nachlässt, bemerken wir es nicht, weil wir vom Objekt absorbiert werden. Denken wir einmal logisch darüber nach: Wenn wir sitzen und wach sind, warum wird der Geist dann zunehmend dumpf? Weil wir nicht darauf achten, ob der Geist noch wach und bewusst ist. Wenn es beim Meditieren darum geht, die positiven Eigenschaften des Geistes zu kultivieren, dann sollte der Geist umso energiegeladener werden, je mehr gute Eigenschaften vorhanden sind. Manche Leute fühlen sich am Morgen sehr frisch und strengen sich dann zu sehr an. Aber sie erkennen das nicht, weil sie nicht beobachten, wie der Geist arbeitet. Bis zum Nachmittag haben sie ihre ganze Energie eingebüßt. Wenn jemand korrekt praktiziert (das heißt, kontinuierlich und mit der richtigen Einstellung und rechtem Bemühen), dann wird er sich am Ende des Tages ganz frisch und wach fühlen. Wachheit ist die Qualität des Gewahrseins, und wenn wir richtig praktizieren, nimmt diese Qualität zu. Wenn die Praxis gut läuft, werden wir, abgesehen davon, dass wir uns morgens frisch fühlen, am Abend noch viel mehr Energie haben. Das kommt durch richtiges Praktizieren und rechtes Bemühen.

Wir können nur an Ursachen arbeiten, nicht an Wirkungen. Wir können der Wirkungen gewahr sein, aber wir müssen die Umstände oder Bedingungen kennen, welche die jeweilige Wirkung hervorgebracht haben. Was wir erreichen wollen (beispielsweise den Geist kennen und *Samādhi* entwickeln), kommt nicht einfach dadurch zustande, dass wir dieses Ziel anstreben. Wir können den Zustand der Konzentration nicht einfach herstellen, indem wir versuchen, uns zu konzentrieren. Wir müssen wissen, wie man Konzentration entwickelt. Übt man Achtsamkeit mit der richtigen Haltung aus, stellt sich Konzentration ein. Wir können uns eigentlich nur daran erinnern, achtsam zu sein und und überprüfen, ob wir es mit der richtigen Haltung angehen. Wenn rechtes Bemühen und rechte Achtsamkeit da sind, wird sich *Samādhi* ganz natürlich einstellen.

Wenn wir die Zusammenhänge zwischen Ursachen und Wirkungen verstehen können, wissen wir, wie wir mit jeder Situation umzugehen haben. Wir müssen uns immer fragen, ob wir die Ursachen und Bedingungen kennen, die ein bestimmtes Ergebnis hervorbringen. Das ist die richtige Haltung, das ist rechtes Bemühen.

Die meisten Meditierenden setzen *Samādhi* mit Stille und Fokussiertheit gleich, und in gewissem Sinne haben sie recht. Aber wenn es jemand geschafft hat, 30 Minuten oder länger auf einem Kissen zu sitzen und eine Menge Unbehagen in Körper und Geist beobachtet, wäre das dann, selbst wenn es sich während der ganzen Sitzung wie Chaos anfühlte, nicht ein Hinweis darauf, dass *Samādhi* präsent war? Es fühlt sich bloß nicht so an, wie sich die Erfahrung von *Samādhi* normalerweise gemäß unserer Vorstellung anfühlen sollte. Wenn wir die Rolle des Beobachters einnehmen und ohne zu reagieren beobachten, was in Geist und Körper vor sich geht, wird der Geist automatisch still und ausgeglichen. Wenn wir verkehrt praktizieren (das heißt, mit Verlangen oder Unzufriedenheit), meditieren wir gar nicht wirklich. Wenn der Geist die richtige Einstellung hat, wird er das richtige Objekt wählen. Dann haben wir Gelegenheit, die Natur oder den *Dhamma*-Aspekt aller Phänomene zu erkennen; das ist rechte Sichtweise und rechtes Bemühen. Wir meditieren dann wirklich.

Wir können mit Weisheit praktizieren oder mit Bemühen. Im *Satipatthāna-Sūtra* gibt Buddha uns den Rat, Weisheit und Bemühen zu verbinden. Worin besteht der Unterschied? Bemühen bedeutet, dass wir den Geist kontinuierlich beobachten müssen; jedes Mal, wenn Verunreinigungen auftauchen, muss man unmittelbar präsent sein. Sind Sie in der Lage, immer präsent zu sein, wenn eine geistige Verunreinigung auftaucht? Wenn Sie dazu fähig sind – wenn Sie in jedem Augenblick wach und präsent sein können – werden Sie verhindern, dass die Verunreinigungen weiterwuchern. Sie müssen jeden Moment mit Gewahrsein füllen, und das setzt eine Menge Bemühen voraus. Sie müssten ein/eine sehr hingebungsvolle/r Praktizierende/r sein. Können Sie so viel Energie aufbringen? Eine andere Möglichkeit besteht darin, heilsame geistige

Qualitäten zu entwickeln: Wenn stets heilsame Qualitäten präsent sind, werden die unheilsamen automatisch verdrängt. Konzentrieren Sie Ihre Bemühungen also auf das Entwickeln dieser heilsamen geistigen Qualitäten: rechte Rede, rechtes Handeln und rechtes Denken. Wenn der Geist von positiven Qualitäten erfüllt ist, können die Verunreinigungen keinen Raum einnehmen. Das ist ein Vollzeit-Job: neben dem Gewahrsein gute Qualitäten entwickeln.

Der Buddha hat viele Formen der Praxis gelehrt, weil wir alle unterschiedliche Persönlichkeiten haben. Zu Menschen, für die das Bemühen im Vordergrund steht, passt es, sich um rechtes Denken und rechte Rede zu bemühen und so viel Gutes zu tun, wie sie können. Für sie ist diese Form des Praktizierens sehr effektiv, weil sie gerne arbeiten. Menschen, deren Geist sehr scharf, sehr wach ist, sollten mehr Zeit darauf verwenden, Gewahrsein zu praktizieren. Diejenigen, für die die Weisheit im Fokus steht, können rechtes Verstehen und rechtes Denken üben. Menschen, die sich sehr gut konzentrieren können, können anfangen, *Samatha* zu praktizieren und dann zu *Vipassanā* übergehen. Glaubensorientierte Menschen können ihre Praxis damit beginnen, über den Buddha, den *Dhamma* und den *Sangha* zu meditieren. Sie können Ihre Praxis ganz individuell gestalten, indem Sie aus all diesen Formen des Praktizierens die Elemente übernehmen, die am besten zu Ihrer Persönlichkeit passen. Aber worauf Sie Ihre Bemühungen auch richten, Sie können nichts von alldem tun, ohne Ihren Geist zu kennen.

Bei dieser Praxis ist es sehr wichtig, dass wir kontinuierlich dabeibleiben. Wenn wir das tun, wird es so natürlich, dass es sich dann von selbst aufrechterhält. Wenn Sie Weisheit entwickeln, ist Gewahrsein automatisch da. Wenn Sie Fahrrad fahren und kräftig in die Pedale treten, bekommen Sie nach einer Weile so viel Schubkraft, dass Sie nicht mehr so viel Mühe aufwenden müssen, Sie fahren dann im Freilauf und müssen nur noch ein Minimum an Energie aufbringen, um sich fortzubewegen. Das ist mit rechtem Bemühen gemeint: gerade so viel Energie aufzuwenden, dass unsere Praxis an Schubkraft gewinnt. Anstatt von Verunreinigungen abgelenkt zu werden, »fliegen« wir darüber hinweg, und sie bleiben in unserer Staubwolke zurück. Wenn diese Kontinuität des Gewahrseins fehlt, schaffen wir nicht die Voraussetzung, zum Verstehen zu gelangen, und erlauben so den Verunreinigungen, sich im Geist auszubreiten.

ES IN DIE PRAXIS UMSETZEN

Versuchen Sie zu vermeiden, in der Praxis zu weit nach vorne zu schauen. Wichtig ist, was jetzt geschieht – das ist alles. Wir können dem, was jetzt, in diesem Moment, geschieht, weder etwas hinzufügen noch etwas wegnehmen. Was wir tun können: achtsam sein. Geduld und die Fähigkeit, ein unangestrengtes Gewahrsein aufrechtzuerhalten, sollten kein großes Bemühen und keinen allzu großen Energieaufwand erfordern. Manchmal missverstehen wir einfach den Geist der Praxis. Und das kann uns in die falsche Richtung lenken. Wenn wir nicht die richtigen Informationen über die geistigen Eigenschaften haben, die am Werk sind, tun wir oft Dinge, die uns nicht bewusst sind. Hier unterliegen wir der Selbsttäuschung. Weisheit vertreibt die Illusion. Weisheit zeigt sich auch in Form von Information. Wenn wir die richtigen Informationen haben, können wir darüber nachdenken, und dann haben wir viele Gelegenheiten, diese Informationen in unserer Praxis auf die richtige Weise zu nutzen.

Durch Informiertheit kann Weisheit entstehen, und durch Weisheit werden die Verunreinigungen automatisch abnehmen. Was immer im Geist auch vor sich geht, lassen Sie es einfach da sein. Die Objekte haben nichts mit Ihnen zu tun, sie sind nichts Persönliches. Die Dinge, die Sie sehen – sie passieren einfach. Alles, was im Moment geschieht, ist einfach ein Resultat vergangener Ursachen und Bedingungen. Denn was Sie jetzt gerade erfahren, ist nur ein Ergebnis, und das bedeutet auch, dass Sie es nicht ändern können, weil Sie die Vergangenheit nicht ändern können. Sie können allerdings im gegenwärtigen Moment handeln, und Ihr Handeln sollte achtsam sein und rechtes Verstehen einbringen, denn das beeinflusst zukünftige Ereignisse. Das ist also die Aufgabe eines Praktizierenden: zuerst rechtes Verstehen hineinbringen und dann das Gewahrsein aufrechterhalten. Oft kommen Praktizierende zu mir und sagen: »Ich stecke fest in meiner Praxis. Was soll ich tun? Wie soll ich weitermachen? Und ich brauche nichts weiter zu sagen als ›Hab die rechte Sichtweise und sei achtsam. Lass jede Erfahrung zu; es ist einfach der natürliche Fluss der Dinge. Nimm es nicht persönlich.‹ Wir müssen objektiv beobachten, daraus lernen wir. Es kommt ein Lernprozess in Gang.

Das ist die ganze Arbeit, um die es bei *Vipassanā* oder Einsichtsmeditation geht: ein Lernprozess. Sie versuchen nicht, Ihre Erfahrung zu kontrollieren oder zum Verschwinden zu bringen. Sie versuchen nicht, eine gute Erfahrung zu machen oder eine schlechte zu vermeiden. Sie sehen einfach, was jetzt passiert, und schauen, ob Sie dabeibleiben können. Ihre einzige Aufgabe besteht darin, kontinuierlich geistig wach zu sein. Wenn Sie kontinuierlich wach und aufmerksam sind, erkennen Sie, was kontinuierlich geschieht. Rechtes Bemühen setzt sich aus Geduld und Beharrlichkeit zusammen: nicht aufgeben und nicht eine Menge Energie aufwenden, sondern von Augenblick zu Augenblick schauen. Einfach weitermachen! Das ist rechtes Bemühen.

Wenn wir über die Praxis urteilen und unzufrieden mit ihrem Verlauf werden, wenn wir Fortschritte erzielen und Erfahrungen machen wollen, über die wir vielleicht gelesen haben oder von denen andere Praktizierende berichtet haben, dann haben wir die falsche Einstellung. Unzufriedenheit entspringt der Vorstellung, dass die Dinge nicht so sind, wie sie sein sollten, dem Wunsch, sie mögen anders sein oder der Unwissenheit oder falschen Vorstellung darüber, was rechte Praxis ist. Rechte Praxis bedeutet, zu sehen, was jetzt, in diesem Moment, geschieht und nicht darauf zu reagieren oder darüber zu urteilen. Unsere Aufgabe besteht darin, es zu beobachten und einfach da sein zu lassen. Wir alle haben falsche Einstellungen oder Sichtweisen; das können wir nicht vermeiden. Anstatt also zu versuchen, zur richtigen Einstellung zu gelangen, sollten Sie versuchen, zu erkennen, ob Sie die verkehrte oder richtige Einstellung haben. Es ist wichtig, der richtigen Einstellung gewahr zu sein, aber es ist noch wichtiger, dass Sie Ihre falschen Einstellungen erkennen und genauer anschauen. Versuchen Sie sie zu verstehen; finden Sie heraus, warum der Geist gerade diese Einstellung hat: was der Geist denkt, wird er mit dieser Einstellung hervorrufen; wie beeinflusst er Ihre Praxis und welche Gefühle sind damit verbunden?

Nun wissen Sie, wie man achtsam ist, wie man *Samādhi* entwickelt und Sie wissen, wie man das rechte Maß an Bemühen einsetzt. Ob Sie gerade mit Ihrer Meditationspraxis begonnen haben oder bereits eine weit fortgeschrittene Meditierende sind, der Energieaufwand ist der gleiche. Alle grundlegenden Prinzipien der Meditation sind die gleichen. Sie wissen, wie man Weisheit erkennt. Also wissen Sie, wie man meditiert. Sie sind auf Ihrem Weg. Sie haben begonnen.

SAMMĀ-DIṬṬHI
(RECHTES VERSTEHEN, RECHTE ANSICHT/SICHTWEISE)

Bevor wir die Achtsamkeitsmeditation effektiv praktizieren können, müssen wir verstehen, was »rechte Ansicht« oder »rechte Sichtweise« bedeutet. Der Buddha legte großen Wert auf rechte Ansicht, und deshalb setzte er sie an den Anfang des Edlen Achtfachen Pfades, um eine Richtung vorzugeben und das Verständnis der anderen sieben Faktoren zu erleichtern. Auf einer konzeptuellen oder intellektuellen Ebene können wir zu einem gewissen Verständnis gelangen, indem wir über die Lehren des Buddha über rechte Ansicht lesen oder Vorträge hören, aber echtes Verstehen geschieht auf der Erfahrungsebene, wir müssen die Lehre durchdringen, indem wir erforschen, was in unserem eigenen Geist vor sich geht. Durch simples Beobachten mit einem ruhigen und wachen Geist werden wir den Geist bald als Natur erkennen – nicht »Ich«, nicht Selbst, nicht persönlich, niemand ist da, der Geist ist ein natürliches Phänomen. Nur wenn Sie diese rechte Sichtweise haben, können Sie wirklich gewahr sein und

Vipassanā-Meditation praktizieren. Sie praktizieren Gewahrsein, um diese Natur zu entdecken. Es mag eine Weile dauern, bis Sie in der Lage sind, Ihre Erfahrung mit dieser rechten Ansicht in Einklang zu bringen, aber indem Sie aufmerksam sind und untersuchen, was in Ihrem Geist vor sich geht, werden Sie allmählich die Natur jeglicher Erfahrungen erkennen.

Manche Praktizierende sagen, sie fänden es einfacher, falsches Verstehen zu erkennen als rechtes Verstehen. Natürlich! Denn wenn Sie rechtes Verstehen oder die rechte Sichtweise haben, ist falsches Verstehen abwesend, und dann kann man es leicht erkennen, wenn es sich bemerkbar macht – das heißt, wenn man daran interessiert und achtsam genug ist. Erforderlich ist hier die Fähigkeit, Gewahrsein und geistige Sammlung über längere Zeiträume aufrechtzuerhalten. Wenn wir dazu in der Lage sind, wenn wir unsere Erfahrungen untersuchen und die harten Fragen stellen können, werden wir Antworten bekommen. Indem wir auf diese Weise praktizieren, sehen wir die Dinge, wie sie wirklich sind. Das ist rechtes Verstehen, und wenn wir das haben, ergeben die anderen Aspekte unserer Praxis einen Sinn.

Bei einem Einzelgespräch während eines Retreats in Tschechien stellte mir ein Praktizierender eine sehr interessante Frage. Er fragte: »Wir haben rechtes Verständnis und falsches Verständnis; was ist der Sinn und Zweck von falschem Verständnis?« So hatte ich die Sache noch nie betrachtet, und deshalb regte mich seine Frage dazu an, zu untersuchen, warum wir eine falsche Sicht haben. Mir dämmerte, dass das einzige Ziel von falschem Verständnis die schiere Existenz oder das Überleben ist. Weisheit und rechtes Verstehen haben nichts mit *Samsāra* zu tun (dem endlosen Kreislauf von Geburt, Leben und Tod), wohingegen falsches Verständnis oder falsche Sicht auf *Samsāra* abzielen und ein Teil davon sind: Es ist der Wunsch zu werden; das Selbst will sowohl Dauerhaftigkeit als auch Existenz, es will überleben. Deshalb ist Kontinuität bei der Praxis so wichtig: Sie erlaubt uns, eine falsche Sicht der Dinge zu identifizieren, daran zu arbeiten und sie zu verstehen. Wenn kein Gewahrsein da ist, mangelt es auch an Verstehen, und dann ist automatisch eine falsche Sicht da.

Denken Sie immer daran, dass die Achtsamkeitsmeditation ein Lernprozess ist, im Laufe dessen Sie die Beziehung zwischen Körper und Geist kennenlernen werden. Der Geist kann angespannt und müde werden, wenn er Objekte beobachtet. Bleiben Sie natürlich und einfach; entspannen Sie sich. Es ist nicht notwendig, sich künstlich »runterzubringen«. Sie wollen die Dinge einfach sehen, wie sie sind. Wenn Sie wirklich achtsam sind, konzentrieren Sie sich nicht und sind dennoch der Objekte gewahr. Wenn man auf diese Weise praktiziert, bleibt der Geist frisch. Sie müssen nicht jedes Detail Ihrer Erfahrung kennen, seien Sie einfach achtsam und dessen bewusst, was Sie wahrnehmen. Fragen Sie sich oft: »Wessen bin ich gewahr?« »Was ist meine Ebene des Gewahrseins?« Das trägt zu einem kontinuierlichen Gewahrsein bei. Denken Sie daran: Objekte sind einfach Objekte, nicht persönlich, einfach Natur. Das ist rechte Sichtweise.

Ich habe bereits kurz über die Grundpfeiler guter Meditation gesprochen sowie darüber, was nötig ist, um irgendwann damit zu beginnen. Alles, was ich gesagt habe, ist vergleichbar mit Informationen, die in das Softwareprogramm eines Computers eingespeist werden. Ich gebe Ihnen die ganzen Informationen, Ihr Geist nimmt diese auf, dann denken Sie darüber nach und passen sie irgendwie an Ihre Praxis an, in der sie weiterwirken und in der Sie darauf aufbauen. Wenn wir zum ersten Mal praktizieren, haben wir nicht viel Klarheit im Hinblick auf die Anleitungen und das, was wir tun sollen. Das kann zu innerer Anspannung und Verwirrung führen. Wir probieren verschiedene Dinge aus, ohne wirklich zu wissen, ob sie funktionieren. Manchmal ist das nicht hilfreich. Also wird wahrscheinlich der erste Input von Weisheit – sei es durch eine Lehrerin oder durch das Lesen eines Buches wie diesem – zusammen mit Ihrem gesunden Menschenverstand die wichtigste Information sein, die Sie in Ihrer Praxis bekommen. Deshalb ist es wesentlich, dass Sie auf dem richtigen Fuß beginnen – mit der rechten Ansicht.

In Buddhas »Edlem Achtfachen Pfad« sind die ersten beiden Elemente rechtes Verstehen, auch als rechte Ansicht bezeichnet (*Sammā-Ditthi*), und rechtes Denken (*Sammā-Sankappa*). Die nächsten drei Elemente beziehen sich auf Ethik oder *Sīla*. Das sind rechte Rede (*Sammā-Vāchā*), rechtes Handeln (*Sammā-Kammanta*) und rechter Broterwerb oder Lebensunterhalt (*Sammā-Ājīva*). Rechtes Bemühen (*Sammā-Vāyāma*), rechte Achtsamkeit (*Sammā-Sati*) und rechte Sammlung (*Sammā-Samādhi*) repräsentieren die letzten drei Elemente. Wenn das erste Element – rechtes Verstehen oder rechte Ansicht – auf kluge und heilsame Weise genutzt wird, kann man vernünftigerweise davon ausgehen, dass alles andere auf dem Edlen Achtfachen Pfad weise und heilsam wird.

Wenn wir *Vipassanā*-Meditation praktizieren, ist es von entscheidender Bedeutung, die rechte Sichtweise oder Ansicht zu haben – das kann ich nicht oft genug wiederholen. Es ist wahrscheinlich der wichtigste Aspekt der Praxis, denn wenn wir kein rechtes Verständnis haben, herrscht automatisch eine falsche Ansicht vor. Falsches Verständnis ist Selbsttäuschung. Falsches Verständnis zieht uns zu Erfahrungen hin. Wenn wir es so sehen, dass wir die Dinge als persönlich oder als »Ich« erfahren, dann ist das falsches Verständnis. Wie betrachten wir unsere Erfahrungen also richtig? Der Geist muss sich auf alle Erfahrungen auf dieselbe Weise beziehen. Betrachten Sie Erfahrungen als Natur. Natur ist nicht persönlich. Natur ist lediglich ein Prozess von Ursache und Wirkung. Natur »will uns nichts Böses«. Alles, was wir erfahren, ist ein natürlicher Prozess; es geschieht einfach. Der Geist, der wach ist und auf all das, was natürlich ist, reagiert, ist ebenfalls nur Natur.

Ein ausländischer Praktizierender kam, um in unserem Zentrum zu praktizieren. Es war kurz vor Beginn der Regenzeit, etwa Ende März/Anfang April. Es war sehr heiß, die Temperaturen stiegen bis auf 40 Grad Celsius. Am Tag seiner Ankunft ging er nachmittags in die *Dhamma*-Halle, um zu meditieren. Die *Dhamma*-Halle für Männer ist im zweiten Stock, so dass es dort noch heißer war. Als er sich zum Meditieren hinsetzte, sagte ihm sein Verstand: »Ich kann das nicht tun. Ich werde in den Boden schmelzen. Ich werde sterben.« Noch bevor er diesen Gedanken zu Ende gedacht hatte, realisierte er, dass sein Geist kühl war – nur sein Körper war heiß. In seinem Geist war eine Spaltung entstanden. Er wusste, dass er kein Problem haben würde, solange sein Körper ausreichend mit Flüssigkeit versorgt wäre. Er betrachtete die Hitze als ein Objekt, als Natur, nicht persönlich. Er verstand Ursache und Wirkung. Die Bedingungen waren so, dass diese Einsicht entstehen konnte. Dieser Praktizierende hatte die rechte Sichtweise und so kam in seinem Geist rechtes Denken zustande.

Als weiteres Beispiel möchte ich eine Frage stellen. Was ist besser: Wenn es leise ist oder wenn es laut ist? Wenn der Geist urteilt oder eine bestimmte Sache bevorzugt und als besser betrachtet, wird er automatisch eine Reaktion entwickeln, wenn das Gegenteil geschieht. Rechte Sichtweise bedeutet also, keine Präferenz zu haben: Geräusche sind einfach Geräusche – Natur. Wenn wir das Geräusch rationalisieren, kommen entweder Abneigung oder Anziehung und Anhaftung ins Spiel. Klang ist weder angenehm noch unangenehm aber das Gefühl, die Reaktion im Geist, ist angenehm oder unangenehm. Wenn Sie verstehen, dass ein Geräusch einfach ein Geräusch ist, ob laut oder leise, wird es kein Problem mehr für Sie darstellen. Wenn noch eine Reaktion auf das Geräusch erfolgt, ist die Einsicht nicht vollständig. Wir können aus unserer Reaktion auf das Geräusch lernen, können wahrnehmen, wie der Geist Widerstand leistet. Wir können die rechte Sichtweise haben aber der Geist reagiert dennoch, weil das Verständnis nur oberflächlich ist. Rechtes Bemühen bedeutet, das Gewahrsein der Objekte aufrecht zu erhalten – sowohl des Geräuschs als auch der Reaktion darauf. Daraus kann man wichtige Informationen für zukünftiges Verstehen sammeln.

Die Begriffe und die Sprache, die wir benutzen, um uns an die rechte Sichtweise zu erinnern, können sehr wichtig sein. Durch kontinuierliche Praxis können wir unsere Erfahrungen als Natur erkennen. Manchmal ist es jedoch nicht hilfreich, zu sagen, »Das bin ich nicht« oder »Das ist nicht meins«, weil es dem Geist sehr schwer fällt, das zu akzeptieren. Es ist viel leichter zu akzeptieren, wenn wir sagen »Das ist ein natürlicher Prozess.« Der Geist ist viel eher bereit, das zu akzeptieren, als sich mit dem Konzept des »Nicht-Selbst« herumzuschlagen. Und vor allem ist es ebenfalls rechte Ansicht, zu erkennen, welch starke Assoziation mit dem Selbst existiert. Ein Schmerz im Knie kann beispielsweise kommen und gehen, aber das Knie bleibt. Man kann den Schmerz einfach als einen natürlichen Prozess betrachten, aber wir assoziieren das Knie mit dem Selbst: »mein Knie«. Rechtes Verständnis bedeutet, Ihre Assoziation des Knies mit dem Selbst (»Das ist mein Knie«) zu erkennen.

Mein Lehrer kam jeden Morgen während einer der Meditationssitzungen einmal in die *Dhamma*-Halle. Er gab kurze, prägnante Kommentare ab, die ich liebte und für meine Praxis sehr hilfreich fand. Als er eines Morgens hereinkam und zu sprechen begann, strengte ich mich an, seinen Worten zu folgen, da seine Stimme sehr sanft und leise war. Ich befand mich auf der rechten Seite der *Dhamma*-Halle und mein Lehrer stand vorne links von mir. Zu meiner Rechten war außerhalb der *Dhamma*-Halle ein Weg, den die Dorfbewohner als Abkürzung durch das Kloster benutzten. Während wir alle still dasaßen und Sayadawgyi lauschten, drang plötzlich Lärm von diesem Weg außerhalb der Halle zu uns herein. Ich spürte, wie mir heiß wurde und in meinem Brustkorb Wut aufstieg. »Wer macht diesen verdammten Lärm?«, dachte ich. Ich strengte mich an, um meinen Lehrer zu hören und seine Worte zu verstehen, aber es war vergebens. Meine Wut kochte hoch und ich war kurz davor, zu explodieren. Und inmitten dieses inneren Aufruhrs und Chaos, kam mir eine Frage in den Sinn: »Was geschieht hier?«

Einen Augenblick zuvor war ich so friedvoll und meditativ gewesen und plötzlich war da nur noch Chaos. Das machte mich neugierig und ich begann zu beobachten. Ich sah, wie mein Geist nach links raste, um Sayadawgyi zu lauschen und dann wieder nach rechts, um die Idioten zu verfluchen, die draußen Krawall machten, dann raste er wieder nach links, weil ich unbedingt die Worte meines Lehrers hören wollte – aber ich konnte sie nicht hören. Ich war so wütend. Wo war die Stille und innere Ruhe, die noch vor wenigen Augenblicken da gewesen war? Was ging in mir vor?

Dieses Wissen-wollen und das Erforschen dessen, was in meinem Geist passierte, war rechtes Denken (*Sammā-Sankappa*). Und dann ging mir ein Licht auf: es war Anhaftung an die Klänge, die von der linken Seite kamen, und die ungeheure Abneigung gegen die Geräusche zu meiner Rechten und die Idioten da draußen. Nachdem mir das bewusst geworden war, realisierte ich, dass Geräusche einfach nur Geräusche sind. Und als ich das verstanden hatte, wurde mein Geist wieder ruhig und zentriert und war dieser beiden und aller anderen Dinge gewahr. Diese Episode offenbarte mir eine »Formel«, der ich einen Namen gab: die »Pendel-Formel«. Wenn der Geist nur im Geringsten an irgendeiner Erfahrung (A) anhaftet und eine andere Erfahrung die Erfahrung von (A) durchkreuzt oder unterbricht, entsteht Abneigung, deren Intensität der Intensität der Anhaftung entspricht. Besteht also eine 65-prozentige Anhaftung an (A), wird die Unmöglichkeit, (A) zu erfahren, unmittelbar eine 65-prozentige Abneigung gegen diese Störung auslösen.

So geschieht Meditation: mit Neugier und Forschergeist. Wenn Verunreinigungen auftauchen, wird sich, wenn Sie dafür bereit sind, die Lektion offenbaren und Sie werden die Sache vollkommen verstehen. Die Rolle des Gewahrseins besteht im Sammeln von Informationen. Beim oben beschriebenen Vorfall kam plötzlich der Wunsch auf, die Dinge zu verstehen. Das Gewahrsein war dafür zuständig, alles zu registrieren, was vor sich ging. Es registrierte den inneren Aufruhr, das Hin- und Herspringen des Verstandes, alle Gefühle und Aktivitäten in Körper und Geist. Wenn wir genügend Informationen über das vorliegende Problem gesammelt haben, wird sich die Lösung ausnahmslos zeigen. Ist keine Achtsamkeit da, können wir nur der Objekte auf der groben Ebene gewahr sein. Jetzt sind wir vielleicht achtsam und innerlich ruhig und gesammelt, aber ist das eine grobe oder subtile Ebene des Gewahrseins?

Vollkommen klares Gewahrsein kann die inneren Mechanismen des Geistes erkennen, aber partielles Gewahrsein wird nie die Hintergründe oder Ursachen sehen können. Wenn wir uns von der groben auf eine subtile Ebene begeben, können wir sagen, dass die Bedingungen stimmen. Dann können wir die Natur unseres Geistes verstehen.

Wenn ich also von »erforschen« oder »untersuchen« spreche, meine ich damit nicht, dass man aktiv darüber nachdenken sollte, was im Geist passiert. Gewöhnlich kommt mit der Einsicht, wenn wir anfangen, die Dinge zu untersuchen, der Gedanke, der das Rad des Verstehens in Gang setzt, von selbst, völlig ungefragt in den Sinn. Er kann aus einer bestimmten Reaktion des Geistes hervorgehen, wie beispielsweise meiner Reaktion auf die Geräusche von innerhalb und außerhalb der *Dhamma*-Halle, oder er kann in einem vollkommen stillen Geist auftauchen – einfach aus dem Nichts. Wenn es Ihnen schwerfällt und sich Ihr Geist unklar anfühlt, können Sie die Untersuchung beginnen, indem Sie ein Wort oder einen kurzen, einfachen Satz in den Geist »hineinfallen lassen« – ohne irgendeine Antwort zu erwarten, während Sie das Gewahrsein die ganze Zeit über aufrechterhalten. Es ist wichtig, zu verstehen, was mit Untersuchung gemeint ist und was nicht. Es bedeutet nicht, den Geist zu »entwirren«, indem man intensiv über bestimmte Probleme nachdenkt, es geht vielmehr ums Beobachten und darum, aus den eigenen Reaktionen sowie den Beziehungen, die der Geist zu den Objekten hat, zu lernen.

SCHMERZ

Schmerz, ob physisch oder emotional, kann als Objekt eingestuft werden, einfach als Empfindung, als natürlicher Prozess, der kommt und geht. Jedes Objekt hat seine eigenen Merkmale und Eigenschaften, so wie alle anderen Objekte. Einmal litt ich an einer Knieverletzung, und die Schmerzen kamen und gingen in raschem Wechsel: manchmal waren sie intensiv und im nächsten Augenblick war gar kein Schmerz zu spüren. Ich realisierte schnell, dass es überhaupt keinen Unterschied zwischen Schmerz und »Nicht-Schmerz« gab; es war einfach das eine Objekt, Empfindung oder keine Empfindung, einfach ein natürlicher Prozess, der einzige Unterschied war die geistige Reaktion auf den Schmerz. Wir können entweder in die Abwehrhaltung (Abneigung) gehen oder die Empfindung objektiv beobachten.

Rechte Sichtweise bedeutet, dass wir die Reaktion des Geistes auf den Schmerz oder die Emotion prüfen und wahrnehmen. Das Resultat dieser Reaktion ist vielleicht Anspannung oder noch mehr Schmerz irgendwo im Körper (meistens im Brustkorb, Nacken, den Schultern oder im Gesicht) oder es kommt sogar Wut hoch. Wenn Sie den geistigen Zustand untersuchen, werden Sie feststellen, dass es da eine Reaktion auf diesen Schmerz gibt. Der Schmerz ist reine Empfindung, ein Objekt, Natur. An diesem Punkt ist es notwendig, einfach die Abfolge der Ereignisse zu beobachten, um zu versuchen, die falsche Ansicht zu identifizieren, welche die Reaktion ins Spiel brachte. So wie in einer Meditationssitzung eine geringfügige Veränderung der Sitzhaltung eine Befreiung vom Schmerz bewirken kann, so kann auch eine Veränderung der inneren Einstellung zu einer Erleichterung in der Geist/Körper-Dynamik führen. Indem wir diese geistige Fähigkeit nutzen (*Cintamayā paññā*), können wir die Dynamiken oder Mechanismen untersuchen, die zwischen Körper und Geist am Werk sind und so zum Verständnis der Natur des Schmerzes gelangen. Es ist nicht wichtig, ob die Schmerzen und das Unwohlsein verschwinden, wichtig ist, die geistigen und körperlichen Prozesse zu beobachten, die bei Schmerzen und Unwohlsein interagieren. Ist Gleichmut da, werden wir auch erleben können, dass all diese körperlichen und geistigen Prozesse und die Schmerzen und das Unwohlsein auf bloße Empfindungen reduziert werden – ohne Abneigung. Es sind einfach natürliche Prozesse, die kommen und gehen.

Niemand (außer sehr sonderbaren Ausnahmen) genießt Schmerz. Wie können wir also mit dem Schmerz sein? In den vorhergehenden Abschnitten habe ich ein paar Strategien erwähnt, die wir im Umgang mit Schmerzen in unserem Leben anwenden können, aber was sollten wir als Erstes tun, um bereit für den Schmerz zu sein, wenn er uns ereilt? Sie müssen die richtige Haltung einnehmen. Was ist besser: Schmerz oder kein Schmerz? Wenn wir denken, kein Schmerz sei besser, dann haben wir natürlich jedes Mal, wenn wir Schmerz verspüren, eine Abneigung dagegen, wir regen uns auf und geistige Verunreinigungen gewinnen die

Oberhand. Und warum gewinnen sie die Oberhand? Weil wir eine falsche Sicht auf die Dinge hatten. Erkennen Sie Schmerz als ein natürliches Phänomen oder einfach als Natur an. Wenn Sie etwas über die Gedanken, Gefühle und körperlichen Empfindungen lernen, und verstehen, wie sie miteinander in Beziehung stehen, werden Sie auf den Schmerz vorbereitet sein, wenn er tatsächlich kommt – und das wird er. Bei Ihrer Praxis geht es um das Beobachten und Verstehenlernen dieser Zusammenhänge. Es gibt keine Notwendigkeit, Objekte zum Verschwinden zu bringen, und es ist unerheblich, ob sie verschwinden oder nicht. Sie beobachten, weil Sie die Natur aller Phänomene kennenlernen und verstehen wollen. Das ist rechte Ansicht und rechte Einstellung. Wir haben die richtige Einstellung, wenn wir die richtige Sichtweise haben.

RECHTE HALTUNG

Rechte Haltung bedeutet, die richtige geistige Grundhaltung zu haben, um meditieren zu können. Wir nehmen die Praxis wirklich ernst. Die rechte Haltung ermöglicht es Ihnen, alles, was an den sechs Sinnespforten in jedem beliebigen Moment ankommt, auf entspannte, aufmerksame Weise zu beobachten, zu akzeptieren und anzuerkennen. Es ist unwesentlich, ob das, was geschieht, als gut oder schlecht beurteilt wird. Mit der richtigen Einstellung betrachtet, wird es zu einer Lernerfahrung, bei der Sie feststellen können, ob der Geist das Geschehen als gut oder schlecht beurteilt, und bei der Sie die mit diesen Urteilen einhergehenden Reaktionen wahrnehmen können.

Sie versuchen nicht, den Ausgang des Geschehens nach Ihren Wünschen zu beeinflussen. Sie versuchen einfach nur, das Geschehen bewusst wahrzunehmen – so, wie es ist. Wenn Sie Erwartungen haben und denken, dies oder jenes möge passieren, entsteht nur Anspannung und schließlich Abneigung. Verlangen und Abneigung entstehen aus Unwissenheit. Was ist Unwissenheit? Sie sehen einfach nicht, was wirklich im Geist vorgeht. Unwissenheit oder Selbsttäuschung ist ebenfalls eine Verunreinigung, versuchen Sie also nicht irgendetwas zu produzieren. Etwas zu produzieren ist Habgier. Lehnen Sie nicht ab, was geschieht; abzulehnen, was geschieht, ist Abneigung. Nicht zu wissen, dass etwas geschieht oder geendet hat, ist Verblendung.

Wir müssen unsere innere Haltung kontinuierlich überprüfen. Nachdem wir eine Weile praktiziert haben, wird es uns fast zur zweiten Natur. Es ist wie der kleine Autopilot in einem Flugzeug, in dem sich der Pilot zurücklehnt und einfach nur die Instrumente beobachtet und checkt. Alle Daten und Informationen sind im Computer gespeichert und das Flugzeug steuert sich selbst. Wir erzeugen eine Dynamik, die sich selbst aufrechterhält. Wenn unsere Achtsamkeit dieses Niveau erreicht, wird der Geist befreit, sodass er weise agieren kann, da man nicht mehr so viel Energie aufbringen muss, um Achtsamkeit in etwas hineinzubringen. Man muss sich nicht anstrengen, um sich zu konzentrieren. Die Konzentration erhöht sich bei kontinuierlicher Praxis ganz von selbst. Unser Ziel besteht darin, immer achtsamer zu werden. Je kontinuierlicher Ihre Achtsamkeit, desto empfänglicher und wacher wird Ihr Geist. Dann trägt Sie die Dynamik.

Manchmal werden Praktizierende in unserem Zentrum krank. Gewöhnlich ist es nichts Ernstes, vielleicht eine Erkältung oder Verdauungsbeschwerden. Ein Praktizierender erkrankte an einer »Kopfgrippe«, die bald in eine Bronchitis überging. Während eines Einzelgesprächs berichtete er, dass er seinen Geist dabei beobachten konnte, wie der bestimmte Vorstellungen hineinbrachte. Er dachte beispielsweise: »Was ist, wenn aus dieser Erkältung eine Lungenentzündung wird?« Aufgrund seiner kontinuierlichen Praxis war er jedoch weise genug, diese Gedanken als bloße mentale Konzepte zu erkennen und seine Aufmerksamkeit wieder auf das zu richten, was in seinem Körper vor sich ging. Er erwähnte, dies geschähe tatsächlich automatisch, ohne größere Anstrengung. Wenn er beobachtete, dass sich sein Geist auf diese Vorstellung fokussierte, stellte er bei sich einen Energieabfall fest, führte ihn seine

Weisheit aber zu den realen Gefühlen und Körperempfindungen zurück, stieg sein Energiepegel wieder an. Anstatt es also als doppelt *Dukkha* (durch die unangenehmen körperlichen Empfindungen und die Fixierung auf vorgestellte zukünftige Ereignisse) zu erfahren, half ihm seine Weisheit, wieder zu den rein körperlichen Empfindungen zurückzukehren und sie einfach als natürliche Prozesse zu beobachten. Dieser Meditierende praktizierte mit rechter Ansicht und rechter Haltung. Er hatte in Bezug auf seine Gesundheit wenig Verlangen und wenig Abneigung. Er ließ den Körper seinen »Job« machen, um mit der Krankheit fertigzuwerden, und versorgte ihn mit Medikamenten, wenn es nötig war, um die Genesung zu fördern.

Lassen Sie jede Erfahrung zu. Geistige Verunreinigungen sind ebenfalls nur Objekte. Weil wir uns ihrer bewusst werden, brauchen wir sie nicht zu fürchten. Nehmen Sie einfach wahr, dass sie da sind; sie können Ihnen als Werkzeug für Ihre weitere geistige Entwicklung dienen. Je mehr Weisheit da ist, desto weniger Verunreinigungen werden da sein. Was sich auch zeigt, wenn Sie meditieren – lassen Sie es einfach da sein. Die Objekte haben nichts mit Ihnen zu tun. Die Dinge, die Sie wahrnehmen: sie passieren einfach. Alles, was im gegenwärtigen Augenblick auftaucht, ist lediglich das Resultat oder die Auswirkung vergangener Bedingungen und Ursachen. Wenn Sie eine starke Emotion fühlen, dann achten Sie auf Ihre Einstellung; überprüfen Sie, ob Sie die Emotion akzeptieren oder darauf reagieren. Jede unbewusste Identifikation mit der Emotion wird diese nähren, wuchern lassen – es ist ein Schneeballeffekt. Unser Ziel ist es, der gesamten Erfahrung gewahr zu sein, der Gedanken und Gefühle und Empfindungen, die mit ihr einhergehen, ihre ureigene Natur und wie sich der Geist in Bezug auf sie verhält. Wenn Sie Ihre Erfahrung auf diese Weise sehen, ist es rechte Ansicht. Und daraus ergibt sich die rechte Haltung oder Einstellung.

Einmal kam eine Praktizierende in unser Zentrum, um zu meditieren und war ziemlich frustriert, weil sie nicht verstand, was gemeint war, als ich fragte: »Wo ist Ihre Haltung?« Sie benötigte drei Wochen intensiven Forschens, bis ihr klar wurde, was »Haltung« in Bezug auf ihre Praxis bedeutete. Dann ging ihr ziemlich plötzlich ein Licht auf. Sie hatte Atembeobachtung und ein bisschen *ānāpāna* praktiziert und und sich nach Kräften bemüht, ihre Gedanken zu beobachten, aber sie konnte einfach nicht verstehen, was mit »Haltung« gemeint war. Wo war sie? Und dann wurde es ihr klar. Sie erklärte: »Es war die Brille, durch die ich die Dinge wahrnahm. Einmal durch diesen Filter gefärbt, veränderte sich das Objekt, um meine Persönlichkeitsstruktur zu verstärken, im Grunde wurden die Objekte zu Werkzeugen, um das Selbst zu formen.« Das war eine tiefe Einsicht für sie. Es half ihr, zu verstehen, warum das Leben sie so verunsicherte. Sie hatte die Brille der Verunsicherung getragen. Dieses Muster hatte ihr Leben lang Einstellungen verstärkt, die dazu dienten, das »Selbst« zu schützen, als keine Fähigkeit zu Mitgefühl oder liebender Güte da gewesen war, um die Herausforderungen, vor die das Leben sie stellte, abzumildern. Es ist ihr offensichtlich gelungen, diese Einsicht im täglichen Leben lebendig zu halten, sodass sie den Herausforderungen begegnen kann, die mit einer verbindlichen Beziehung und der Abwesenheit einer Fluchtmöglichkeit als Mutter verbunden sind.

MOTIVATION

Das ist eine Frage, die ich allen Praktizierenden stelle: »Was motiviert dich, zu praktizieren?« Die Antworten fallen ganz unterschiedlich aus und sind immer interessant. Manche sind einfach nur neugierig und wollen wissen, wie der Geist funktioniert, bei anderen entspringt die Motivation einer traumatischen oder schmerzlichen Erfahrung. Für diese Praktizierenden ist die Option, zu meditieren, gewöhnlich die einzige Option. Man sieht keinen anderen Weg, nichts anderes funktioniert in ihrem Leben und sie suchen nach Antworten. Gewöhnlich kommt der Wunsch, zu meditieren, von einer Ebene der Weisheit. Die ist vielleicht latent vorhanden und offenbart sich nur, wenn wir mit dem Rücken zur

Wand stehen. Dann geht es darum, diese Weisheit zu erkennen und sich zunutze machen. Um sie aufrechterhalten und darauf aufbauen zu können, braucht es Achtsamkeit. Achtsamkeit in Verbindung mit Weisheit befähigt uns, zu verstehen, was uns Probleme bereitet.

Auf einer oberflächlichen Ebene kann unsere Motivation, zu meditieren, scheinbar gesunden Absichten entspringen, doch darunter können sich viele tief verwurzelte Absichten und Ziele verbergen, die weniger gesund sind. Der Geist kann eine bestimmte Vorstellung haben, die wir nicht erkennen, wenn wir mit unseren Meditationsversuchen beginnen und damit fortfahren. Es ist so wichtig, die eigene Haltung und Motivation regelmäßig zu überprüfen, denn sie kann schnell in Vergessenheit geraten. »Will ich, dass mir meine Praxis ein bestimmtes Ergebnis, bestimmte Erfahrungen beschert?« Dann ist Gier oder Verlangen am Werk. Aber auch bei einer zu häufigen Überprüfung der eigenen Motivation gibt es Fallstricke, denn das kann zu einer Unruhe führen, die ebenfalls dem Verlangen entspringt. Es erfordert Übung, hier ein Gleichgewicht zu finden. Einmal sah ich eine Praktizierende Richtung *Dhamma*-Halle eilen und fragte sie: »Wohin gehst du?« »Zur *Dhamma*-Halle«. »Warum?«, fragte ich. »Weil die Glocke geläutet hat.« Ihre Motivation beruhte auf Gewohnheit, sie ging nicht hin, weil sie die Absicht hatte, zu meditieren, sondern weil der Gong ertönte. Bitte gehen Sie nicht zur Meditation, nur weil der Gong ertönt; schauen Sie sich Ihre Motive und Einstellungen an und fragen Sie sich: »Warum mache ich das?« Seien Sie wach und aufmerksam gegenüber sich selbst, gegenüber Ihrer eigenen Erfahrung.

Als eine Praktizierende gefragt wurde, warum sie zu meditieren begonnen habe, erzählte sie, dass sie von Natur aus ein introvertierter Typ und als junge Frau sehr schüchtern gewesen sei. Deshalb habe ihr früher kaum jemand Beachtung geschenkt. Später hatte sie angefangen zu meditieren, um Aufmerksamkeit zu bekommen, weil die Meditation sich von dem abhob, was alle anderen machten. Nachdem sie zu meditieren begonnen hatte, entdeckte sie viele positive Nebeneffekte und fuhr mit der Praxis fort. Sie hatte ihre latente Weisheit »angezapft«, die ihr Interesse an der

Meditation weckte und dazu führte, dass sie anfing, *Dhamma* zu genießen. Das zog sie hinein und motivierte sie, mit der Meditationspraxis fortzufahren. In ihrem Fall kann man also sagen, dass sie mit zweifelhaften Absichten begann, aber dann ihre Ziele veränderte, als sich ihre Praxis vertiefte.

SĪLA (ETHIK)

Ein niedriger moralischer Standard wird immer Probleme mit sich bringen. Er kann eine wesentliche Ursache von Leiden sein und uns daher zum Meditieren motivieren, um zur Einsicht zu gelangen und unser Leiden zu lindern. Als der wunderbare thailändische Meditationsmeister Ajahn Chah einmal gefragt wurde, wie westliche Praktizierende sich an eine buddhistische Meditationspraxis anpassen könnten, wenn doch die fünf Ethik- oder Tugendregeln schwer mit einem modernen westlichen Lebensstil vereinbar seien, sagte er: »Sie werden schnell lernen, dass sie mit ihrer Praxis nirgendwohin gelangen, wenn sie sich nicht an die Grundregeln halten können.« Ich mache mir jetzt nicht die Mühe, die Regeln an dieser Stelle noch einmal aufzuzählen, Sie sind erwachsen und ich gehe einfach davon aus, dass Sie, da Sie sich zur Meditation hingezogen fühlen, in der Lage sind, einem moralischen und ethischen Kodex zu folgen. Falls Sie die Ethikregeln nicht kennen, würde ich Ihnen empfehlen, sie zu studieren, wenn Sie in Ihrer Praxis Fortschritte machen wollen. Wenn ich ein Retreat leite, fordere ich die Praktizierenden nicht auf, sich an die Regeln zu halten. Sie sind selbst für Ihre Praxis und Moral verantwortlich. Ich kann Sie nur anleiten. Moral kann nur einem weisen Geist entspringen. Wenn Sie alle Informationen haben und die Bedingungen stimmen, werden Sie die Einsicht haben – Sie werden dann erkennen, welches Leid ein Mangel an *Sīla* in Ihrem Leben verursacht.

Ethik ist die Basis unserer Praxis. Wenn wir uns verpflichten, auf eine moralische, ethische Weise zu leben, wird das zum Fundament unserer

Lebensweise. *Sīla* kann einerseits der Weisheit entspringen, das heißt, von innen kommen, aber es gibt andererseits auch *Sīla* auf der Basis kultureller und religiöser Konditionierung, das heißt, wir enthalten uns unheilsamer Aktivitäten, weil es von uns erwartet wird. Wir müssen auf ein *Sīla* hinarbeiten, das einem weisen Geist entspringt; es wird Teil von uns, weil wir erkennen, welchen Wert es in Bezug auf unsere Fähigkeit hat, ein heilsames Leben zu führen. Es ist also sehr wichtig, dass wir versuchen, als Teil von und parallel zu unserer Achtsamkeitspraxis einen guten moralischen Standard zu etablieren. Sie können versuchen, Weisheit zu entwickeln, aber wenn die moralischen Pfeiler schwach sind, wird sie sich einfach in Nichts auflösen. Dann beginnen Sie von vorne und erleben immer wieder dasselbe. Warum tun wir das? Wir sind auf der Suche nach Erfahrungen jenseits dessen, was jetzt, in diesem Moment geschieht: Wir lehnen die Gegenwart ab und wollen, dass die Umstände besser sind. Um einen ethischen Standard in Ihrem Leben aufrechterhalten zu können, muss zunächst Weisheit da sein. Moral und Weisheit gehen Hand in Hand. Eines geht aus dem anderen hervor. Weisheit/innere Moral kann erst entstehen, wenn Gewahrsein da ist und man die geistigen Verunreinigungen sowie den Schaden erkennt, den sie anrichten können.

Als Jugendlicher führte ich nichts Gutes im Schilde und war immer in Schwierigkeiten. Ich machte meinen Eltern ununterbrochen Probleme. Nachdem ich mit 13 Jahren zu meinem Lehrer gegangen war, um meditieren zu lernen, fand ich heraus, dass ich mithilfe der verschiedenen Methoden, die er mich gelehrt hatte, ziemlich einfach in den *Samādhi*-Zustand gelangen konnte. Aber meine Freunde und ich fanden einen noch schnelleren Weg zu *Samādhi*: Drogen! Wir lungerten mitten in Rangun in den dunklen Hauseingängen Chinatowns am Flussufer herum. Hier konnte man praktisch alles kaufen – was immer man wollte, es wurde angeboten. Oft kauften wir ein paar Flaschen Hustensaft, Comethazine genannt, eine Mischung aus einem Opium-Derivat und Ephedrin in Form eines Sirups. Die normale Dosis war ein Teelöffel, aber wir tranken die ganze Flasche auf einmal aus. Ich liebte wirklich das Gefühl, das es mir gab: Es war eine *Samādhi*-Erfahrung ohne die ganze Arbeit, das stundenlange Sitzen auf einem Meditationskissen. Ich stellte fest, dass ich mich dann sehr gut fokussieren konnte, mit dieser Droge fiel mir die Konzentration sehr leicht. Weil ich so konzentriert war, konnte ich stundenlang lesen, ohne müde zu werden. Ich lungerte mit meinen Freunden herum, und alle beschäftigten sich mit irgendwelchen künstlerischen oder kunsthandwerklichen Projekten, die eine Menge Konzentration erforderten. So verbrachten wir oft viele Stunden zusammen.

Wenn die Wirkung der Droge nachließ, schliefen wir in Autos am Flussufer, und manchmal gerieten wir in Auseinandersetzungen mit anderen Gangs. Wie Sie sich vielleicht denken konnen, entwickelte sich diese Neigung in eine Richtung, die weniger angenehme Nebenwirkungen mit sich brachte. Mein Großvater war ebenfalls dem Opium zugeneigt gewesen, vielleicht hatte ich also seine Vorliebe für die Droge geerbt. Immer wenn ich durch diese Droge oder die anderen Aktivitäten, denen ich mich zusammen mit meinen Freunden hingab, in Schwierigkeiten geriet, fuhren mich meine Eltern zum Kloster meines Lehrers, um wieder auf den rechten Weg gebracht zu werden. Manchmal schlüpfte ich ins Mönchsgewand und blieb für sechs bis acht Monate dort. Vor allem, weil mein Lehrer mein Interesse geweckt hatte, stieg meine Motivation, meine Praxis voranzutreiben und mein Leben in den Griff zu bekommen. Doch die Weisheit, die ich während dieser Zeiten mit Sayadawgyi entwickelte, war nicht stark genug, um die Verunreinigungen in Schach zu halten, die stets zurückkamen, wenn ich wieder mit meinen Freunden zusammen war. Meine moralischen Werte waren in diesen ersten Jahren meiner Praxis sehr instabil.

Wie können wir das Leben kennenlernen, ohne Fehler zu machen? Wir werden oft frustriert sein und uns schlecht fühlen, weil wir sie gemacht haben, aber es ist unmöglich, durchs Leben zu gehen, ohne gelegentlich zu stolpern. Es bringt nichts, sich schlecht zu fühlen, es bringt nichts, sich schuldig zu fühlen, Schuld hat mit der Vergangenheit zu tun, sie ist ein gedankliches Konzept. Das mit der Schuld einhergehende Gefühl ist jetzt da, also ist es ein Objekt und unser Gewahrsein sollte darauf gerichtet sein, wie unser Geist auf dieses Objekt reagiert. An Schuldgefühlen festzuhalten ist eine unheilsame Haltung – schämen Sie sich höchstens ein bisschen, seien Sie der Situation gewahr und lernen Sie daraus. Das ist eine heilsamere Art, damit umzugehen. Diese Fehler sind Meilensteine auf dem Weg zur Weisheit und ein Indikator für unseren Fortschritt. Genau hinzuschauen und aus unseren Fehlern zu lernen: das ist Weisheit in Aktion.

Indem wir in unserer Praxis tiefer gehen, fließt der Fluss der Weisheit und des Gewahrseins ganz natürlich; beides steht dann automatisch zur Verfügung, sozusagen auf »Autopilot«. Wenn wir achtsamer werden, haben wir zum bis dahin erworbenen Wissen und Verstehen viel schneller Zugang. Weisheit und Achtsamkeit beginnen als Team zusammenzuarbeiten. Sowohl unsere Fehler als auch unsere Weisheit motivieren uns, unsere Meditationspraxis fortzusetzen und damit gute moralische Werte in unser Leben zu bringen.

Kontemplation über *Sīla* ist ein sehr wirkungsvolles Werkzeug in unserer Meditationspraxis. Wir können damit den Geist trainieren, sich gegen die alles durchdringenden geistigen Verunreinigungen zu wappnen und außerdem unsere Energie anheben, Freude erfahren und mehr Vertrauen in die Praxis entwickeln. Wir lernen aus unseren eventuellen moralischen Unzulänglichkeiten und werden weiser, was uns wiederum hilft, bei unserem zukünftigen Umgang mit den Verunreinigungen Zurückhaltung zu üben. Indem wir über den Buddha, den *Dhamma* und den *Sangha* meditieren, können wir uns wieder mit etwas verbinden, das größer ist als wir selbst, und wieder zu unserer Großzügigkeit und Güte finden, die das Herz dieser Praxis darstellt. Wir können auch über *Sati* meditieren – die Qualität des Gewahrseins in jedem Augenblick. Alle diese Qualitäten und Kontemplationen unterstützen unsere Bemühungen, den Geist zu reinigen und mit Energie und Weisheit voranzugehen.

Wenn Gewahrsein ein ganz natürlicher Zustand wird, ist der Geist stark und die hinzugewonnene Weisheit ist jederzeit zugänglich. Man muss sich nicht darum bemühen, sie wachzurufen. Indem der beobachtende Aspekt des Geistes stärker wird, kann diese Weisheit besser und einfacher mit den Verunreinigungen fertigwerden: Die Tür zu ihnen wird sozusagen zugeschlagen, geistige Klarheit überwiegt und wir werden gelassener. Schließlich werden Sie Momente oder sogar längere Phasen des Gleichmuts und der Klarheit erleben, in denen Sie die Dinge in einem neuen Licht sehen. Mit anderen Worten: Sie gelangen allmählich zur Einsicht. Wenn wir zur Einsicht gelangen, tritt genau jene geistige Verunreinigung in den Hintergrund, über die Einsicht gewonnen wurde. Die Tiefe der Einsicht entspricht dem Maß, in welchem die Verunreinigung schwindet, und uns ist gleichzeitig bewusst, über welche Verunreinigung wir Einsicht erlangt haben. Das ist eine reale Erfahrung und die höchste und stärkste Motivation, zu praktizieren.

GEWOHNHEIT

Unsere Motivation, zu praktizieren, kann zu einer Gewohnheit werden. Wir praktizieren, weil wir denken, wir sollten es tun, nicht, weil unser Interesse oder unsere Neugier geweckt wurden. Das ist keine heilsame Einstellung zur Meditation. Der Geist kann sich in Gewohnheitsmustern verlieren. Die Motivation, zu praktizieren, sollte auf Verstehen und Interesse beruhen. Wir können aus ganz unterschiedlichen Motiven mit einer Meditationspraxis beginnen, aber wenn wir sie fortsetzen, erkennen wir allmählich die positiven Auswirkungen und dann entspringt unsere Motivation eher der Weisheit. Wenn sich Weisheit konsolidiert, können wir Gewahrsein in diese alten Gewohnheitsmuster hineinbringen und mit der Weisheit, die wir dann haben, anfangen, die klugen Entscheidungen zu treffen, die für unser Wohlergehen nötig sind.

Gewohnheiten dominieren praktisch jeden Aspekt unseres Lebens. Ich fordere Sie nicht auf, diese Muster zu ändern. Seien Sie einfach aufmerksam und beobachten Sie sie. Möglicherweise sind einige oder sogar die meisten dieser Gewohnheiten heilsam und vorteilhaft für Ihr Leben. Beispielsweise das morgendliche Zähneputzen zur selben Zeit oder ein regelmäßiges gesundes Frühstück, bevor Sie sich auf den Weg zur Arbeit machen. Das sind Gewohnheiten, über die wir gar nicht nachdenken oder nachdenken müssen. Mit diesen gesunden Gewohnheiten sind allerdings am Rande oft Verunreinigungen verwoben, ein Festhalten an etwas oder eine Abneigung, insbesondere in Bezug auf Nahrungsmittel und Essen. Kennen Sie Ihre Gewohnheiten und erkennen Sie, was heilsam ist und was nicht. Wir müssen also beobachten und wach sein. Seien Sie sich der Verunreinigungen bewusst, aber halten Sie sich nicht allzu lange damit auf.

In unserem Zentrum gibt es um vier Uhr nachmittags eine »Saftpause«. Manche nennen das »Happy Hour« oder »Cocktail-Zeit«. Der Saft-Stand befindet sich jeweils beim Eingang und Ausgang der *Dhamma*-Halle. Ein Praktizierender, der zum ersten Mal in unserem Zentrum war, wusste nichts von der Saft-Pause, also absolvierte er seine Sitzung von drei bis vier und fuhr dann mit einer dreißigminütigen Geh-Meditation fort, wobei er im Gang der *Dhamma*-Halle auf und ab ging. Nach ein paar Tagen fand er heraus, dass es um vier Uhr Saft gibt, also stand er von seiner Sitzung auf, sobald er das erste Klirren der Gläser vernahm, was gewöhnlich zehn Minuten vor vier der Fall ist. Er kam dann zum Saft-Stand und nahm achtsam sein Getränk zu sich. Ich fragte ihn, warum er um diese Zeit seine Sitzung beende und er sagte: »Weil ich das Klirren der Gläser hörte.« Dann dämmerte es ihm: Gewohnheit! Das war sehr lustig und ist ein Beispiel dafür, dass Praktizierende manchmal ihrer selbst gar nicht gewahr sind, dass sie ihre eigene Erfahrung und das, was in ihrem Geist vorgeht und wer sie sind, gar nicht bewusst wahrnehmen. Es ist, als hätten sie ihren Geist so programmiert, dass er bestimmten Vorgaben folgt.

Wir müssen wachsam sein in Bezug auf die Tatsache, dass wir uns tief in alles verstricken können, was wir beobachten und tun. Wir halten das, was wir beobachten, für das »Ding«, für Meditation und vergessen, dass das Gewahrsein die Meditation ist. »Bin ich jetzt gewahr? Ja, ich meditiere.« Wir verlieren uns also sehr in der Erfahrung. Wir vergessen zu überprüfen, ob und wie wir gewahr sind. »Bin ich wach? Wie bin ich wach?« Diese tief verwurzelten Gewohnheiten, die dazu führen können, dass wir vergessen, achtsam zu sein, können dazu beitragen, dass wir unsere Motivation verlieren oder dass Verunreinigungen zum Motiv werden. Was vergessen wir denn? Wenn wir nicht weise genug sind, unsere eigene Achtsamkeit zu überprüfen und zu erkennen, ob sie heilsam ist oder nicht, ist es schwierig, die Praxis zu festigen und voranzugehen. Rechtes Bemühen und rechte Praxis werden Ergebnisse bringen. Eine stete, beharrliche und entspannte Herangehensweise an das Kultivieren von Gewahrsein und das Erkennen des praktizierenden Geistes wird uns Schubkraft geben und unsere Weisheit vertiefen. Mehr Motivation braucht es nicht.

Es ist wunderbar, wenn alte Gewohnheiten auftauchen, denn das gibt uns Gelegenheit, sie zu erkennen, unmittelbar daraus zu lernen und zu realisieren, dass sie nicht hilfreich sind. Das sind keine Fehler, sondern Lektionen. Wenn Sie bemerken, dass ein Aspekt Ihrer Praxis von einem unheilsamen Wollen beherrscht wird, nehmen Sie es einfach wahr. Es gibt keinen Grund, Schuldgefühle oder Bedauern zu empfinden; versuchen Sie einfach zu verstehen, was Sie in diese Lage gebracht hat. Wo Weisheit ist, offenbart sie sich ganz von selbst, Sie brauchen sich noch nicht einmal darum zu bemühen, sie zeigt sich spontan und im Moment. Nehmen Sie sie wahr, wenn sie da ist – und wenn nicht. Ich muss hier an Isaak Newton denken und den Apfel, der ihm auf den Kopf fiel: Jeder andere hätte ihn aufgehoben und gegessen. Nein, er war neugierig, er wollte wissen, warum ihm der Apfel auf den Kopf fiel – das ist Weisheit. Buddha wollte wissen, warum es Alter, Krankheit und Tod gibt. Wenn wir neugierig sind, stellt sich der Geist ständig Fragen. Es wird zur Gewohnheit: Warum, warum, warum? Wenn Weisheit das fragt, ist es immer gut. Das ist Ursache und Wirkung; die Ursache ist das »Warum«, die Frage.

Abgesehen von den festen Essenszeiten, der Saft-Pause und der Weckzeit funktioniert unser Zentrum ohne formellen Stundenplan. Es gibt einen strukturierten Meditationsplan, aber es ist jeder Praktizierenden selbst überlassen, ob sie ihn nutzt oder nicht. Ohne verbindlichen Stundenplan oder Instruktionen müssen die Praktizierenden selbst entscheiden. »Soll ich dies oder jenes machen?« Warum tue ich dies oder das?« Wenn wir eine Entscheidung treffen müssen, kommt Weisheit ins Spiel; sie muss aus uns selbst kommen. Das gehört zum Kultivieren des weisen Denkens. »Warum sitze ich für diese Zeitspanne? Soll ich gehen?« Wir können unsere Gewohnheiten und Motive erkennen, indem wir uns solche Fragen stellen. Wenn wir nicht auf unsere Motive achten, können wir uns leicht in einer Gewohnheit einrichten, die auf Verlangen oder Abneigung basiert. Mit Weisheit zu praktizieren bedeutet, eine innere Balance zu finden, welche aus dem Gewahrsein, dem Interesse und der Freude kommt, die wir im echten Verstehen der *Dhamma*-Natur finden.

2

Den eigenen Geist kennen

Wann praktiziert der Geist gut? Wann oder warum praktiziert er nicht gut? Das müssen wir für uns selbst herausfinden. Zumindest ist das die Art von Weisheit, die wir uns wünschen: zu wissen, wie wir richtig praktizieren. Wie können wir also motiviert sein, gut zu praktizieren, wenn wir unseren eigenen Geist nicht kennen? Es ist vielleicht ein bisschen knifflig, den Geist kennenzulernen, weil man ihn nicht lokalisieren kann. Er hat keine Form und keine Farbe, da gibt es nichts Festes, er ist abstrakt. Wie können wir ihn also aufmerksam wahrnehmen, wenn da anscheinend nichts ist? Wem oder was schenken wir Aufmerksamkeit, wenn wir vom Geist sprechen? Wie erkennen wir ihn? Wo suchen Sie nach ihm? In Ihrem Kopf? Im Herzen? Wir können den Geist nicht sehen wie all die anderen Dinge um uns herum, aber wir können ihn durch seine Aktivität kennenlernen und erfahren. Wir wissen es, wenn der Geist handelt, und wir wissen, wenn etwas in unserem Geist vor sich geht.

Sie wissen, dass Sie einen Geist besitzen, nicht wahr? Was erfahren Sie, das Sie veranlasst, zu sagen, dass Sie einen Geist haben? Weil er denkt? Ja, zum Teil schon, aber ihm sind auch Dinge bewusst und er fühlt. Wollen Sie je pinkeln gehen oder etwas essen? Da ist die körperliche Empfindung, pinkeln zu wollen, aber die Absicht, aufzustehen und zur Toilette zu gehen, entsteht im Kopf. Wenn es nicht so wäre, würden

Sie sich einnässen. Der Wunsch, zu essen, entsteht im Geist, und Hunger wird im Körper empfunden. Sie wissen, wann Sie nur ein wenig und wann Sie viel essen wollen. Das können Sie wissen. Sie können wissen, wie stark Ihr Verlangen oder Ihr Drang, zu essen, ist. Die Intention kann uns bewusst sein. Den Geist kennenzulernen, ist ein bisschen wie das Kennenlernen eines neuen Nachbarn oder einer neuen Nachbarin: Je öfter wir ihn oder sie treffen, desto besser lernen wir diesen Menschen kennen. Jeden Tag, an dem wir ihm begegnen, erfahren wir ein bisschen mehr. Es wird zu einem Lernprozess.

In den Schriften finden wir eine Definition des Geistes. Er wird definiert, als »das, was weiß«, »das, was denkt« und »das, was acht gibt«. Weil er als das, »was weiß« und das, »was acht gibt« definiert wird, brauchen wir uns nicht allzu sehr anzustrengen, um zu »wissen« und »acht zu geben«. Der Geist tut diese Arbeit ohnehin, weil das seine Aufgabe ist – es ist seine Natur. Wir müssen nichts weiter tun, als wach und präsent zu sein, sodass wir erkennen können, wie der Geist seine Arbeit tut. Die Arbeit, die wir hier tun, hilft uns, uns daran zu erinnern, dass der Geist seinen Job erledigen wird, wenn wir nur die Bedingungen herstellen können, die ihm das erlauben. Wenn wir den Geist kennen, kennen wir den *Dhamma*.

Ein Mönch erwähnte in einem Einzelgespräch, dass er während der Meditation Verunreinigungen in seinem Geist beobachtete und wahrnahm, wie der beobachtende Geist unruhig wurde. Was ging hier vor? Er berichtete, dass er dreier Aspekte in seinem Geist gewahr war: der Verunreinigung, des beobachtenden Geistes und des Beobachters, der den beobachtenden Geist beobachtete. Es gibt viele Geisteszustände oder Ebenen. Wie ich bereits erwähnte, ist der Geist wie ein Fluss mit verschiedenen Strömungen und Strudeln und Zuflüssen. Der Geist des Mönchs war sehr still und konnte die subtilen Strömungen wahrnehmen: die Verunreinigung, den beobachtenden Geist, der von der Verunreinigung gefärbt wurde, und dann, wie der beobachtende Geist losließ und eine Distanz schuf, um besser beobachten zu können. In jedem Moment ist der Geist in der Lage, selbst ein Objekt oder viele Objekte zu erkennen. Wie die Objekte wahrgenommen werden, hängt vom Grad unserer Weisheit ab. Wenn wir unserer Erfahrungen im gegenwärtigen Moment gewahr sind, werden wir offen dafür sein, zu wissen, dass der Geist im gegenwärtigen Moment etwas weiß. Wenn wir dessen, dass wir nicht wissen, nicht gewahr sind, werden wir wie gewohnt weitermachen. Der Geist weiß, aber wir wissen nicht, dass der Geist weiß.

DER DENKENDE GEIST

Eine weitere Definition von Geist ist »der Geist, der denkt«, weil das eben das ist, was er tut. Sie können den Geist nicht dazu bringen, nicht zu denken. Wenn Sie versuchen, den Geist vom Denken abzuhalten, versuchen Sie das Unmögliche. Das ist der Punkt, an dem Sie sehr viel Energie verlieren. Viele Leute verwenden eine Menge Energie darauf, weil sie Angst vor ihren Gedanken haben. Wenn wir uns in unseren Gedanken verlieren, werden wir hineingezogen, und wenn wir dem dann zu viel Aufmerksamkeit geben oder uns zu sehr konzentrieren, verbrauchen wir viel zu viel Energie und werden wie Zombies. Wir sollten nicht automatisch davon ausgehen, dass der Geist unruhig wird, wenn Gedanken auftauchen. Da ist Gewahrsein, weil der Geist ein gewisses Maß an Stille erreicht hat. Nur wenn kein Gewahrsein da ist, können wir sagen, dass der Geist nicht still ist. Solange der Geist des Denkens gewahr ist, können wir sagen, dass eine gewisse Stabilität da ist.

Wir müssen mit dem denkenden Geist praktizieren. Wie? Immer wenn der Geist denkt, registrieren wir es. Versuchen Sie, immer wieder des Denkens gewahr zu sein, dann wird der Geist allmählich erfassen, was Objekt bedeutet. Wenn der denkende Geist zum Objekt wird, können Sie nicht in das Denken involviert sein. Gedanken kommen und gehen, aber Gewahrsein ist bereits da, Gewahrsein ist präsent. Aber immer wenn Sie ins Denken involviert sind, verschwindet das Gewahrsein. Wenn wir nicht besonders gut im Wahrnehmen des Denkens sind, können wir zu den körperlichen Empfindungen zurückkehren. Hin und her, hin und her. Wenn wir später in der Lage sind, Denken als solches zu erkennen, werden wir auch registrieren, dass Gewahrsein aufkommt, weil der Geist erkennt, dass das Denken ein Objekt ist. Wir verstehen allmählich, dass der Geist oder das Bewusstsein nicht in den Denkprozess involviert ist – er ist jenseits davon. Um also mit dem denkenden Geist zu praktizieren, seien Sie des Denkens und des physischen Objekts gewahr, bewegen Sie sich immer wieder zwischen beiden hin und her.

Anfangs kann es schwierig sein, die bewusste Wahrnehmung des denkenden Geistes aufrechtzuerhalten. Es ist schwierig, weil wir nur das Denken kennen. Denken ist konzeptuell, beruht auf Vorstellungen, denn es erscheint im Geist in Form von Bildern, Sätzen oder Klängen. Aber wenn wir praktizieren und wiederholt registrieren, dass Denken im Gange ist, dann nehmen wir auch wahr, dass jenseits des Denkens die Natur des Geistes existiert. Das beruht auf Weisheit; Weisheit versteht, dass das eigentliche Wesen des Geistes jenseits aller Vorstellungen existiert – es denkt. Wenn wir erkennen, dass Objekt und wissender Geist separat sind – dass dies Objekt ist und jenes Geist – dann ist der Geist weise, er versteht. Wenn es an solchem Verstehen mangelt, erscheinen Objekt und Geist als eins.

Solange dieses Verständnis nicht da ist, werden Geist und Herz jedes Mal, wenn wir einen falschen Gedanken haben, in Aufruhr geraten, und wir werden leiden, weil wir nicht zwischen Geist und Objekt unterscheiden. Sie werden feststellen, dass manche Gedanken unmittelbar eine regelrechte »Explosion« im Geist auslösen, Ihnen wird heiß, Sie fühlen Wut, Beschämung, innere Unruhe und so weiter. Wenn wir hier ein bisschen Gewahrsein und Weisheit hineinbringen können (und nicht die »Geschichte«), können wir die Sache auf vernünftige Weise untersuchen und darüber nachdenken. Sind wir in geistigen Verunreinigungen verstrickt und ist uns dieser mentale und emotionale Prozess bewusst, können wir den denkenden Verstand nutzen, um damit zu arbeiten. Wir können uns fragen: »Wie kann ich damit umgehen?« Dieser forschende Aspekt unseres Geistes hilft uns, eine Distanz zur Verunreinigung herzustellen. So kann der Geist zur Ruhe kommen, wir können die Verunreinigungen besser beobachten und damit der Weisheit Gelegenheit geben, sich weiter zu entfalten. Was ist besser: weniger zu denken oder viel zu denken? Denken ist Denken, Verunreinigung ist Verunreinigung, ein gesunder Geist ist ein gesunder Geist, einfach Objekte, einfach Natur. Wenn wir diese Einstellung zum Denken haben, haben wir die rechte Sichtweise.

Wenn wir uns sehr beschäftigt halten, indem wir uns auf bestimmte Dinge konzentrieren, können wir unsere Gedanken künstlich abblocken, aber das ist nicht das Ziel der Meditation. Haben Sie also keine Angst vor dem denkenden Geist, seien Sie sich bewusst, dass da ein denkender Geist ist. Wenn Sie ihn erkennen, dann erinnern Sie sich daran, dass jeder Moment des Erkennens ein Moment ist, in dem Sie Gewahrsein verstehen. Ich fordere Sie nicht dazu auf, den Inhalt anzuschauen. Ich möchte einfach nur, dass Sie verstehen, dass der Geist denkt. Der Inhalt – das sind Konzepte oder Vorstellungen über Dinge da draußen. Tatsächlich passiert einfach nur das: Der Geist denkt. Wir wollen uns der eigentlichen Erfahrung bewusst sein, der Natur dessen, was geschieht. Das bedeutet: Der Geist begegnet der Welt über die Erfahrung der sechs Sinne. Wir erfahren also den Geist, es ist der Geist, der sich zeigt, der Geist, der denkt. Deshalb wollen wir wissen – und uns nicht in der inhaltlichen Geschichte unserer Gedanken verlieren. Wir wollen anschauen, wie der Geist Gedanken erzeugt und wie die Verunreinigungen bestimmten Gedanken Nahrung geben. Das ist die Arbeit.

Anfangs finden Sie das vielleicht schwierig. Der Geist ist es gewohnt, auf den Inhalt zu achten; wenn Sie also versuchen, den denkenden Geist zu erkennen, wird er sich automatisch auf die inhaltliche Geschichte konzentrieren und dann verlieren Sie sich darin. Um zu verhindern, dass sich Ihr Geist in der Geschichte verliert, muss Ihnen bewusst werden, dass Sie sich verloren haben. Sie registrieren Denken: Warten Sie einfach ein paar Augenblicke und lenken Sie Ihre Aufmerksamkeit entspannt und ruhig auf etwas, das Sie mehr erdet, vielleicht eine Empfindung im Körper, und kehren Sie dann mit der Aufmerksamkeit wieder zu den Gedanken zurück – »der Geist denkt« – und dann wieder zum Körper. Je häufiger Sie das praktizieren, desto einfacher wird es, den Denkprozess zu erkennen. Das ist keine »Beschäftigung«, das ist die Praxis. Versuchen Sie, sich während des gesamten Vorgangs zu entspannen.

Wir wollen den denkenden Aspekt des Geistes verstehen, also müssen wir ihn erforschen. Und wie? Eine Möglichkeit besteht darin, sich die Verbindung zwischen Gedanken und Gefühlen anzuschauen. Sie können beobachten, wie Gedanken Gefühle erzeugen und Gefühle wiederum weitere Gedanken hervorbringen. Hinter jedem Denkprozess steht ein unterschwelliger Beweggrund, eine Motivation. Das könnte eine Verunreinigung sein oder es könnte Weisheit sein. Zum Beispiel: Ein Gedanke ist ein Gedanke. Es kann ein wütender Gedanke sein, aber Wut ist Wut und der Gedanke ist der Gedanke. Sie sind von unterschiedlicher Natur, aber das eine gibt dem anderen Nahrung. Es ist nützlich, die Dinge auf diese Weise zu untersuchen: Schauen Sie sich den gesamten Denkprozess an und die Beziehung zwischen den Gedanken, Gefühlen und körperlichen Empfindungen. Sehen Sie sie alle auf einmal und nehmen Sie wahr, wie sie miteinander interagieren; dann können die Ursache-und-Wirkung-Verbindungen innerhalb des Prozesses klar erkannt werden. Wenn wir die Gelegenheit nutzen, die rechte Sichtweise hineinzubringen, erkennen wir den denkenden Geist als einen Prozess, der sich kontinuierlich selbst nährt und aufrechterhält.

Ich möchte nicht, dass Sie sich zu sehr fokussieren oder angestrengt konzentrieren, weil es mir wichtig, ist, dass Sie Ihre Gedanken bewusst wahrnehmen. Betrachten Sie den denkenden Geist als ein Objekt. Wir wollen etwas über seine Natur erfahren. Sie werden erkennen, wie der Geist funktioniert, wenn er denkt. Wenn wir nicht gerade meditieren, ist uns oft nicht bewusst, dass wir denken. Aber wenn wir uns zum Meditieren hinsetzen, ist der Geist plötzlich voller Gedanken. Das ist ein gutes Zeichen. Es bedeutet, dass Sie achtsam sind. Vergessen Sie nicht: Alles, was Sie erfahren, ist in Ordnung. Nichts ist wirklich verkehrt, nichts ist eine Störung. Alles, was wir erfahren, ist da, um uns zu helfen, bewusst zu sein, um uns zu helfen, beständig zu sein und in Weisheit zu wachsen – das heißt, wenn Sie die richtige Einstellung haben. Objekte müssen zu keiner Zeit die übergeordnete Struktur der Praxis stören, sie sind immer nur ein Mittel des Praktizierens.

Gewahrsein muss immer irgendeiner Sache gewahr sein. Gäbe es keine Objekte, derer man gewahr sein kann, lebten wir in einer sehr seltsamen Welt. Wir brauchen die Objekte, um unser Gewahrsein zu entwickeln, wir müssen sie nutzen und uns Achtsamkeit zur Gewohnheit machen. Wir müssen die Erfahrung beobachten und daraus das mitnehmen, was uns nützt und hilfreich ist, und dann unbedingt daran festhalten. Wenn wir *Vipassanā* praktizieren, üben wir uns darin, vieler Objekte gewahr zu sein. Jedes Objekt kann einen Samen der Weisheit enthalten, den man zum Wachsen bringen kann. Mit einem empfänglichen Gewahrsein vieler Objekte haben wir die Chance, reichlich Weisheit zu entwickeln. Wir nehmen uns von dem Objekt, was nützlich ist, und verwerfen den Rest. Man kann das mit dem Schürfen von Gold vergleichen: Lies die Goldklümpchen heraus und wirf den Abfall weg. Das können wir allerdings nur, wenn wir die rechte Sichtweise haben. Haben wir sie nicht, wird die Erfahrung innere Unruhe auslösen. Das muss nicht sein. Wir werden wütend, wenn wir Lärm hören, wir werden unruhig, wenn Gedanken auftauchen, wir sind verstört, wenn Schmerzen einsetzen. Wenn wir nicht die richtige Einstellung haben, wird das so sein. Es ist schwierig, in *Samādhi* – innere Sammlung oder Gleichmut – zu gelangen, wenn Ihre Einstellung nicht stimmt. Vielleicht haben Sie morgens einen *Samādhi*-Zustand aufgebaut, aber es braucht nur eine kleine Irritation oder Störung und es ist vorbei. So stark sind geistige Verunreinigungen. Wie stark wir auch *Samādhi* aufbauen, kommen Verunreinigungen ins Spiel, verpufft es. Zehn Tage im Retreat, danach fahren wir nach Hause, werden von jemandem gestört oder gereizt und *Samādhi* ist verpufft. Was wollen Sie also mit dieser Achtsamkeit anfangen, wenn Sie nicht wissen, wie

Sie mit den Verunreinigungen umgehen sollen (was gleichzeitig bedeutet, dass Sie nicht wissen, wie Sie Gleichmut aufrechterhalten können)?

Bei der Achtsamkeitsmeditation geht es nicht darum, einen Prozess, der im Gange ist, zu stoppen, sondern darum, die Realität oder Wahrheit dieses Prozesses zu verstehen. Wenn Meditierende feststellen, dass eine Menge Vorstellungen in ihrem Kopf herumschwirren, neigen sie dazu, diese unterdrücken zu wollen. So können sie keine Weisheit entwickeln. Weisheit kann nur zum Vorschein kommen, wenn klar verstanden wird, wie die mentalen Prozesse ablaufen und funktionieren, und wenn *Lobha* und *Dosa* nicht direkt auf dem Fuß folgen. Vergessen Sie nicht, dass es nicht darauf ankommt, wie oft der Geist denkt, abschweift, sich über irgendetwas ärgert; das ist in Ordnung, solange man dessen nur gewahr wird. Sie werden im Laufe Ihrer Praxis allmählich anfangen, die Objekte zu erkennen und ihnen nachzugehen: zu verstehen, wie der Geist fühlt, reagiert und funktioniert.

Wenn Sie mit Ihrer Praxis beginnen, werden Sie vielleicht abwechselnd Objekte und dann den Geist erkennen, hier Objekte und dann den Geist und so weiter. Ihre Art, zu meditieren, muss sich von Stufe zu Stufe verändern, die Praxis ist dynamisch, ein fortwährender Prozess. Lösen Sie an der Universität die gleichen Mathematikaufgaben wie in der Grundschule? Und so wird sich auch Ihre Art zu meditieren weiterentwickeln, je nachdem, in welchem Maße Sie Weisheit entwickelt haben. Nun, da Sie Fortschritte gemacht haben, ist es nicht nötig, jedem Objekt besondere Beachtung zu schenken, Sie registrieren einfach jedes Objekt und belassen es dabei. Ich sehe Praktizierende, die zum ersten Mal in ein Retreat kommen und mit einem Objekt beginnen. Das nächste Mal, wenn sie hierher kommen, sind sie wieder mit einem Objekt beschäftigt. Muss man auf diese Ebene zurückgehen, wenn man sehen kann, wie das Objekt, das Bewusstsein und die Gefühle zusammenwirken? Warum können Sie das nicht sehen? Weil die Praxis keine Kontinuität hat: Sie setzen sie außerhalb des Retreat-Centers nicht fort. Jedes Mal, wenn Sie wieder zu einem Retreat kommen, müssen Sie von vorne beginnen. Da gibt es kein Momentum. Sie brauchen Kontinuität in Ihrer Praxis und Schwungkraft, um die Arbeit tun zu können, mit der Sie Ihren Geist reinigen.

Es gibt viele subtile Ebenen des Denkens; selbst wenn wir in einem sehr klaren Zustand des Gewahrseins sind, kann es sein, dass wir auf einer ganz subtilen Ebene denken. »Bin ich achtsam? Ja, ich bin achtsam.« Wir kommentieren die Erfahrung. Auf dieser subtilen Ebene des Denkens gibt es allerdings keine »Geschichte«; das ist der Unterschied. Der denkende Geist ist das Objekt, nicht die inhaltliche Geschichte. Diese subtile Ebene des Denkens ist rein funktional, es ist keine grobe Ebene des Denkens. Auf einer gröberen Ebene geschieht das Denken ziemlich beiläufig und vordergründig, man kann seiner gewahr werden, und wenn es nicht wichtig ist, hört es einfach auf. Ist es aber interessant und fesselt es Ihre Aufmerksamkeit, dauert es an, während ein unterschwelliges oder gar kein Gewahrsein aufrechterhalten wird. Wenn wir den denkenden Geist beobachten, wollen wir etwas über seine Natur erfahren. Ist das Denken heilsam oder unheilsam? Notwendig oder unnötig? Indem man es auf diese Weise versteht, ist eine gewisse Ebene der Weisheit erreicht. Wir wollen den denkenden Geist als Objekt verstehen, als Natur. Denken ist Geist.

PAÑÑĀTI (KONZEPTE/VORSTELLUNGEN)

Wir kennen jetzt Gedanken als Objekte, aber sind sie auch Vorstellungen (*Paññātti*)? Ja, weil der Geist der Gedanken gewahr sein kann, kennt er sie auch als Vorstellungen oder Konzepte: nicht verwirklicht oder abstrakt. Wenn Sie beispielsweise hören, dass Ihr Nachbar mit einer Axt Holz hackt – ist das ein Objekt oder eine Vorstellung? Richtig, es ist beides. Das Geräusch ist ein Objekt, weil es real abläuft und an der Sinnespforte des Hörens ankommt. Es wird wahrgenommen, es ist Natur. Ihr inneres Bild von Ihrem Nachbarn beim Holzhacken ist eine Vorstellung; sie ist abstrakt, weil Sie nicht sehen können, dass es der Nachbar ist, und Sie wissen noch nicht einmal, ob er wirklich Holz hackt – Sie hören nur das Geräusch. Sie nehmen an, dass es der Nachbar ist und diese Annahme entspringt Ihrem Gedächtnis: einer Vorstellung. Die Vorstellung ist ebenfalls ein Objekt, weil sie der Wahrnehmung des Geräuschs entspringt und in einen Gedanken oder ein inneres Bild übersetzt wird, was ebenfalls eine Sinnespforte darstellt. Der Gedanke ist bewusst. Es ist wichtig, sich daran zu erinnern, dass wir nicht separat über das Geräusch und die damit verbundene Vorstellung meditieren, sie existieren gleichzeitig und dem Geist ist dies bereits bewusst. Wenn wir untersuchen wollen, was vor sich geht, untersuchen wir nicht die Vorstellung, die Geschichte; wir untersuchen den Denkprozess, der nicht der Inhalt ist, sondern eine mentale Aktivität oder Funktion: Der Gedanke erschafft ein Bild. Wir können uns die Ursache anschauen, um zu einem Verständnis dieser gesamten Dynamik von Realität/Vorstellung zu gelangen. Wir brauchen Konzepte und Vorstellungen, um im Alltag funktionieren zu können, aber uns muss auch bewusst sein, dass es eben nur Vorstellungen sind; wir dürfen uns nicht darin davon gefangen nehmen lassen.

Es gibt sechs Arten von Konzepten oder Vorstellungen: Richtung, Form oder Gestalt, Farbe, Zeit, Ort und Name. Immer wenn wir an etwas denken, das mit einer Person in Zusammenhang steht, ist die Vorstellung bereits da: ein Name. Deshalb sage ich, wenn ich von einem Objekt spreche, »das, was bekannt oder bewusst ist«. Ihnen kann ein Geräusch bewusst sein oder Ihnen kann bewusst sein, dass kein Geräusch da ist, was ebenfalls ein Objekt ist, weil es Ihnen bewusst ist. Einmal war ich in einem Gebiet in Burma, in dem man nachts sehr viele Grillen hörte. Ununterbrochen war ein lautes, zirpendes Geräusch in der Luft. Dieses Geräusch war ein signifikantes Objekt, das meine Aufmerksamkeit für lange Zeit fesselte. Dann nahm mein Geist wahr, dass es, abgesehen von dem Geräusch der Grillen, ganz still war. Es gab also nicht nur ihr Geräusch, sondern auch die Stille jenseits davon, und ich konnte beides gleichzeitig wahrnehmen. Mit diesem Gewahrsein existierten also nicht nur zwei Objekte, sondern auch zwei geistige Ebenen, die jeweils ein separates Objekt wahrnahmen.

Im Allgemeinen zieht das stärkste oder gröbste Objekt unsere Aufmerksamkeit auf sich, beispielsweise, wenn wir Schmerzen haben: Uns ist bewusst, dass wir Schmerzen haben. Bei Abwesenheit von Schmerz meinen wir, es sei keine Körperempfindung da, aber auch dies ist ein Objekt, denn uns ist bewusst, dass wir frei von Schmerzen sind. Deshalb müssen wir manchmal, um zu wissen, dass etwas ein Objekt ist, verstehen, dass es bereits bekannt oder bewusst ist: Darum ist es ein Objekt. Wenn es einem bewusst ist, dann beruht das auf dem Verständnis, dass man um das Subtile ebenfalls weiß, obwohl es scheint, als wüssten wir nichts davon. Die Realität geht immer mit der darüber existierenden Vorstellung Hand in Hand; die Realität der Vorstellungen, mit denen wir vertraut sind, muss verstanden werden, das ist sehr wichtig. Sie muss verstanden werden, weil die Realität zusammen mit der Vorstellung existiert und Realität das Objekt der Weisheit ist.

SAÑÑĀ (WAHRNEHMUNG)

Saññā ist zuständig für das Erinnern in dem Moment, in dem der Kontakt mit einem Objekt stattfindet. *Saññā* nimmt die Qualität des Objekts wahr. Wenn ein Kontakt mit dem Objekt stattfindet, ist die Wahrnehmung davon bereits präsent; Erinnerungsvermögen und Auffassungsgabe verleihen uns die Fähigkeit, normal zu funktionieren (beispielsweise zu gehen, essen oder sprechen). *Saññā* erinnert und interpretiert, was zuvor wahrgenommen wurde. Wir können den wissenden oder bewussten Geist kennen (*Vijāna*), wir können Absichten kennen und wir können die Gefühle kennen, aber es ist schwieriger, zu erkennen, wie *Saññā* funktioniert. Wahrnehmung oder Auffassung ist eine natürliche Funktion des Geistes, wir können diese anfängliche Wahrnehmung also nicht aus unserem Geist tilgen, wir können aber im Moment wach und bewusst sein und uns nicht durch zusätzliche Dinge in Form von nicht-funktionalen Vorstellungen davon ablenken lassen.

Wir können wahrnehmen, wie die Vorstellung im Geist auftaucht und uns fragen: Wahr oder nicht wahr? Notwendig oder unnötig?

Bei dieser Praxis versuchen wir nicht, Gedanken loszuwerden, sondern wollen sie einfach nur beobachten und kennen, um zu wissen, ob sie aus einem verunreinigten Geist oder aus der Weisheit kommen. Wir können unsere Erfahrung mithilfe des Denkens untersuchen. Wenn wir beispielsweise eine Blume betrachten, beschreiben wir sie oft als »schön«, während Sehen an sich tatsächlich nur Natur ist. Warum bezeichnen wir die Blume als »schön«? Weil wir beim Anblick Freude empfinden. Die Blume ist nicht schön, es ist einfach nur eine Blume, die uns einen Augenblick der Freude bescheren kann. »Schön« ist eine Vorstellung, ein Konzept, das Wahrnehmen der Form oder Gestalt der Blume ist *Saññā*. Etwas zu mögen und zu denken »wie schön« ist *Sankhāra* (Geistesformation), was angenehme Empfindungen (*Vedanā*) hervorbringt. So wirken *Saññā* und *Sankhāra* zusammen, um etwas als schön zu beurteilen oder zu bewerten. Manche Leute machen vielleicht eine andere Erfahrung, wenn sie die Blume sehen, vielleicht haben sie ein schmerzliches Gefühl – auch hier sind *Saññā* und *Sankhāra* am Werk. Es ist gut auf diese Weise über die Dinge nachzudenken. Mithilfe des Denkens können wir den Geist erforschen. Wenn uns die Gedanken bewusst sind, sind wir in der Lage, zu wissen, was heilsam und was unheilsam ist. Und wenn wir das wissen, können wir dieses Wissen nutzen, um heilsame Entscheidungen in unserem Leben zu treffen. Wenn wir ein heilsames Leben führen, ergibt sich normalerweise alles wie von selbst. Der *Dhamma* arbeitet für uns. Es macht uns glücklich – ein Glück, das der Weisheit entspringt.

3

Die Verunreinigungen

Wir befinden uns jetzt an der Frontlinie und es ist Zeit, die Ärmel hochzukrempeln und uns der echten Arbeit zuzuwenden. Wir haben gelernt, wie man die geistigen Prozesse erkennen und verstehen kann und wie man das rechte Maß an Bemühen aufwendet. Wir haben nun ein gewisses Verständnis erreicht. Und hier wird die Arbeit stattfinden: an den Schnittstellen, an denen die Außenwelt auf unsere Sinnespforten trifft. Oft lauert an dieser Schnittstelle (oder Sinnespforte) eine der Verunreinigungen oder einer ihrer Verwandten und wartet darauf, sich unbemerkt einzuschleichen – hier treiben sie sich herum. Sie können wie Geheimagenten sein, sehr raffiniert und schwer zu identifizieren. Gewahrsein und Weisheit sollten bereitstehen, um zu erkennen, wer hereinkommt. Sie sind die »Türsteher«: »Wenn du hereinkommst, werden wir dich beobachten.« Mithilfe der Praxis von *Vipassanā* versuchen wir nicht, den Geist zu reinigen, indem wir die Verunreinigungen an der Tür abweisen, sondern, indem uns einfach bewusst ist und wir erkennen, was wir in jedem beliebigen Moment wahrnehmen, und indem wir unterscheiden können, was für unsere Praxis und unser Leben heilsam ist und was nicht. Wir wollen die Verunreinigungen kennen, und zwar sehr genau.

Was sind Verunreinigungen? Der entsprechende Pali-Begriff, *Kilesa,* bedeutet einfach »unheilsame Qualität, die den Geist verunreinigen kann« – mit anderen Worten, negative geistige Qualitäten, die das Potenzial haben, uns leiden zu lassen und Probleme in unserem Leben zu verursachen. Wenn wir im Rahmen der Meditationspraxis von Verunreinigungen sprechen, sprechen wir von (Hab)gier (*Lobha*), Hass oder Abneigung (*Dosa*) und Selbsttäuschung oder Verblendung (*Moha*). Es gibt viele Unterkategorien dieser drei Verunreinigungen, aber um der Einfachheit willen werden wir hier nur von *Lobha*, *Dosa* und *Moha* sprechen. Betrachten wir ein Beispiel einer Verunreinigung: Jemand stiehlt etwas, und sein erster Impuls ist, zu vertuschen, was er getan hat. So funktionieren die Verunreinigungen: Alle drei – *Lobha*, *Dosa* und *Moha* – sind hier im Spiel. Erstens *Lobha*, Gier und das Verlangen, das Objekt zu besitzen, zweitens *Moha*, weil man anfangs nicht sieht, dass man durch das Stehlen leiden wird, und drittens *Dosa*, die Abneigung gegen die Entdeckung des Diebstahls. Wenn geistige Verunreinigungen die Weisheit überwiegen, werden Erstere versuchen, alle falschen Handlungen irgendwie zu rechtfertigen. Der Geist kann Wege finden, fast alles zu rechtfertigen.

MOHA (VERBLENDUNG/SELBSTTÄUSCHUNG)

Die Verunreinigungen existieren im Bereich der Verblendung, und diese wird alles versuchen, um uns Gier und Abneigung zu verkaufen. Verblendung ist die Maskenbildnerin: Sie wird ein bisschen Farbe auftragen und ein bisschen Make-up und Parfüm benutzen, um uns hineinzuziehen. Gier und Abneigung können mit Rechtfertigungen kaschiert werden, auf die wir in kürzester Zeit hereinfallen. Das ist Selbsttäuschung. Haben Sie jemals ein Auto gekauft, das wirklich großartig aussah, glänzend, fast wie neu, nur um später festzustellen, dass der Rost und die Dellen zugespachtelt und übermalt wurden, was schließlich zu ständigen Problemen führte? So funktionieren die Verunreinigungen: Gier und Abneigung verbergen sich unter dem Deckmantel der Täuschung und Ignoranz, wir ignorieren, was offenkundig zum Leiden führen wird. Die Weisheit ist noch nicht stark genug, um die Verunreinigungen zu übertrumpfen. Wenn Gier auftaucht, dann registrieren Sie einfach: »Das ist Habgier« – jedes Mal, wenn sie auftaucht. Ihre Aufgabe besteht nicht darin, Habgier zu verhindern. Ihr Job ist es, sie zu kennen – und zwar sehr genau.

Verblendung oder Ignoranz könnte man als »Nicht-Wissen« beschreiben, als Unwissenheit in Bezug auf das Wesen der Wirklichkeit. Jede/r, ob Anfänger oder fortgeschrittene Praktizierende, wird bis zu einem gewissen Grad unter geistiger Verblendung leiden, solange er oder sie nicht die höchste Realität von *Nibbāna* realisiert hat. Einfach ausgedrückt: Sogar der Buddha wurde von den Verunreinigungen gequält, als er unter dem Bodhi-Baum saß. Er ließ sich natürlich, wie wir alle wissen, davon nicht hinters Licht führen und verwirklichte *Nibbāna*. Später dichtete er: »Die Pforten zur Todlosigkeit sind offen.« Keinerlei Selbsttäuschung oder Illusion hinderte ihn nun noch am Erkennen der höchsten Wirklichkeit. *Nibbāna* war für ihn nichts Abstraktes mehr, sondern eine Realität: Die Traumwelt der Illusion und Verblendung hatte sich aufgelöst.

Als Junge in Rangun war »Spaß haben« meine höchste Priorität. Mein Vater sah in mir immer das schwarze Schaf der Familie, weil mir Vergnügen stets wichtiger war als Lernen. Ich war das neunte Kind unter elf Geschwistern, zehn Jungs und einem Mädchen. Sie können sich also vorstellen, dass meine Eltern alle Hände voll zu tun hatten. Meine Brüder und meine Schwester waren im akademischen Sinne alle sehr klug, während ich wegen meiner Art, mir mit Vergnügungen die Zeit zu vertreiben, als weniger intelligent betrachtet wurde. Meine Geschwister gingen mir mehr oder weniger aus dem Weg, worunter mein Lerneifer ebenfalls litt, weil mir der Austausch mit ihnen fehlte. Ich konnte noch nicht einmal richtig lesen. Das ging so weit, dass meine Eltern ernsthaft darüber nachdachten, mich in ein Internat oder in eine Schule für Lernbehinderte zu stecken. Meinem Vater war ich peinlich, und das machte ihn wütend. Er sagte oft zu mir: »Du taugst nichts.« In der sechsten und siebten Klasse schaffte ich es endlich, mich zusammenzureißen und zu beweisen, dass ich gute Noten erzielen konnte, was meinen Papa sehr freute. Damals hatte ich nicht viele Freunde, weil ich meinen Kopf in die Bücher steckte, anstatt draußen mit den anderen herumzulungern. Die Situation hatte sich beruhigt. Aber für mich war das zu jener Zeit ein ziemlich einsames Leben.

Vor der Versetzung in die achte Klasse kam ich an einen Scheideweg, der mein Leben verändern sollte. Ich fiel bei einer wichtigen Prüfung durch und wurde in eine Klasse versetzt, die als der »schlechte Ort« der Schule bezeichnet wurde, eine Klasse für leistungsschwache Schüler. In diesem Klassenzimmer gewann ich eine Menge Freunde unter den »schlimmen« Jungs, lernte einige sehr unheilsame Fertigkeiten und entwickelte ein paar sehr schlechte Gewohnheiten wie Lügen und Betrügen. Wenig später kam dann noch meine Vorliebe für Comethazine-Hustensaft dazu. Man könnte sagen, dass Verblendung in meinem Leben damals sehr präsent war. Aufgrund der vielen Probleme, die ich verursachte, schickte mich mein Vater öfter mit einer Gruppe von Freunden in das Kloster seines Lehrers Shwe Oo Min Sayadaw, der mich in die Meditation einführen sollte.

Shwe Oo Min Sayadaw wurde von meiner Familie sehr verehrt und bei seinen Bemühungen, seinen Schülerinnen und Schülern den *Dhamma* zu vermitteln, unterstützt. Mein Vater war Sayadawgyi zum ersten Mal im Mahasi-Meditationszentrum begegnet, in dem er praktizierte. Sayadawgyi führte dort die Einzelgespräche mit den männlichen Praktizierenden. Als er dann später sein eigenes Kloster gründete, folgte ihm mein Vater in dieses neue Zentrum. Ich erinnere mich daran, dass wir an den meisten Wochenenden und in den Ferien mit der ganzen Familie – elf Kinder, Eltern und viele Cousinen und Cousins – mit Sack und Pack in Sayadawgyis Kloster zogen, wo er uns kleine Aufgaben stellte, wie beispielsweise das Auswendiglernen von *Suttas* (Lehrreden) und so weiter. Er gab uns auch Meditationsanleitungen, bei denen ich mich gleich in meinem Element fühlte. Aufgrund dieser familiären Verbindung zu Sayadawgyi vertraute mein Vater darauf, dass ich gut aufgehoben war, wenn er mich ins Kloster schickte, weil ich zu Hause wieder einmal anfing, Probleme zu machen.

Meine persönliche Beziehung zu Sayadawgyi war von absolutem Vertrauen geprägt. Er war kein Mann der vielen Worte, aber er vermittelte mir stets das Gefühl, dass ich mit ihm über alles sprechen könne, und das tat ich auch. Ich erzählte ihm in allen Einzelheiten von den »Heldentaten« mit meinen Freunden, und er saß einfach da und hörte mir mit seiner freundlichen Art zu, ohne auf irgendeine Weise Missbilligung auszudrücken. Dann hob er die positiven Aspekte dessen hervor, was ich getan hatte, und gab mir einige Instruktionen mit auf den Weg. Er wies mich an, mit diesen Dingen zu arbeiten. Er hatte damals einen sehr stabilisierenden Einfluss auf mein Leben.

Verblendung ist jene geistige Verunreinigung, die uns sagt »Das ist fürchterlich« oder »Das ist hassenswert« oder »Dies ist schön«. Wenn wir wütend werden und andere für unsere Wut verantwortlich machen, legen wir oft eine sehr selbstgerechte Entrüstung an den Tag: »Ich habe recht; du hast unrecht.« Hier sind alle geistigen Verunreinigungen am Werk: Verlangen und Abneigung, alles wird durch Selbsttäuschung vernebelt. Selbsttäuschung oder Verblendung bewirkt zwei Dinge: Zuerst verschleiert sie die Wirklichkeit, und dann gibt sie uns die Illusion, als Realität anzusehen, was unserer Meinung nach Realität ist. Sie verdeckt, was wirklich ist, und erschafft eine Illusion, die uns narrt und glauben lässt, dies sei die Realität. Das ist Verblendung: Die Wirklichkeit wird nicht nur ferngehalten, sondern wir bekommen auch noch einen Ersatz dafür geliefert. Menschen können ein Leben lang in solchen Illusionen leben. Sie können sich wirklich glücklich schätzen, dass Sie diese Gelegenheit haben, den *Dhamma* zu praktizieren und somit zu untersuchen, was real ist und was nicht.

Das Heilmittel für Verblendung ist Weisheit. Verblendung kann ganz klar erkannt werden, wenn man in der Lage ist, Weisheit zu erkennen, weil der Kontrast zwischen ihnen so deutlich ist. In achtsamen, bewussten Momenten bekommen Sie vielleicht eine Ahnung davon, was real ist, aber wenn die Weisheit nicht gefestigt ist, setzt sich die Selbsttäuschung wieder fest wie Bodennebel und verschleiert die Wirklichkeit. Deshalb ist kontinuierliche Achtsamkeit so wichtig; wenn man wach und bewusst ist, bekommt die Weisheit, die man bereits hat, Gelegenheit, an die Oberfläche zu kommen, sie vertreibt den Nebel und schafft die Voraussetzungen für tieferes Wissen. Verblendung unterscheidet sich von den anderen geistigen Verunreinigungen dadurch, dass man sie nicht erkennen kann. Wie kann ein verblendeter Geist seine Verblendung erkennen? Sie kann nur erkannt oder verstanden werden, wenn Einsicht aufkommt, und damit Einsicht entstehen kann, muss Weisheit die natürlichen Eigenschaften des Objekts verstehen. Verblendung verschleiert diese natürlichen Eigenschaften, aber nicht das Objekt. Wahrnehmung erkennt das Objekt, Verblendung verzerrt die Wahrnehmung. Der Geist vergisst sich selbst: Er ist bereits friedvoll, aber die Verblendung verdeckt die Dinge, wie sie sind. Wenn Einsicht aufkommt, ist das ein Moment der Befreiung, nicht getrennt von der Wirklichkeit, sondern die Wirklichkeit selbst. In diesen Momenten, frei von Verblendung und Selbsttäuschung, beginnen Sie Dinge zu wissen, die Sie zuvor nicht wussten; wir werden frei vom Nicht-Wissen.

Kürzlich kam ein Praktizierender zu einem Einzelgespräch und erzählte, ihm sei, seit er an diesem Morgen aufgewacht und aufgestanden war, bewusst geworden, dass sein Geist ununterbrochen Urteile fällte. Den ganzen Tag über dominierte sein urteilender Verstand. »Oh, die ist aber hübsch.« »Er praktiziert nicht, wie er sollte.« »Ich mag dieses Essen nicht« – und so weiter und so fort. Unter dieser Oberfläche konnte er eine dicke, trübe Schicht der Selbstverurteilung erkennen, was ihn ziemlich unglücklich machte und erheblichen emotionalen Schmerz verursachte. Durch die ausdauernde und kontinuierliche Beobachtung seines Geistes im Laufe des Retreats hatte er genügend Weisheit erworben, um zur Einsicht zu kommen und die Selbsttäuschung aufzulösen. So konnte er den urteilenden Aspekt seines Geistes erkennen. Der Vorhang hob sich und die Verunreinigungen standen unverhüllt mitten auf der Bühne, ohne die Möglichkeit, sich noch irgendwo zu verbergen. Das Pendel seiner Praxis war auf die Seite der Weisheit ausgeschlagen. Er erkannte, dass, wenn er von Vermutungen ausging, der Geist über eine Vorstellung urteilte. Wenn wir eine Meinung über etwas haben, ist »meine Ansicht« oft eine falsche Ansicht.

In den Anfangsjahren meiner Praxis hielt ich mich an einen Spruch, der für mich in Bezug auf Verblendung hilfreich war:

Wenn du des klaren Geistes gewahr bist, bleibt er klar. Wenn du kontinuierlich des klaren Geistes gewahr bist, wird er noch klarer. Wenn dir ein klarer Geist fremd ist, wird dein Geist allmählich vernebelt und Unruhe breitet sich aus. Wenn du weiterhin keinen klaren Geist kennst, wird sich die innere Unruhe weiter verstärken. Wenn du der inneren Unruhe gewahr wirst, wird sich dein Geist wieder klären.

Was es auch ist – Klarheit oder innere Unruhe – es muss uns bewusst sein. Haben wir die rechte Sichtweise, können wir sehr schnell erkennen, was heilsam ist, oder können es, wenn es unheilsam ist, sehr schnell verwerfen, einfach indem wir wach und bewusst sind. Das ist ein großer Vorteil, denn wenn man unbewusst ist und diese subtilen unheilsamen Prozesse nicht erkennt, die den Geist infiltrieren können, können sie die heilsamen geistigen Aspekte untergraben – weil sie da sind, ob man sie erkennt oder nicht. Ein Praktizierender beschrieb sie als »Samen der Verunreinigung«.

Manchmal ist der heilsame Geist bei einem Menschen sehr stark. Sie oder er kann diesen heilsamen geistigen Zustand aufbauen und das Niveau der Verunreinigung kann sehr niedrig sein. Ich benutze dafür eine Skala von null bis zehn. Für die meisten von uns fühlt es sich auf einem Niveau von zwei an, als gäbe es keine Verunreinigungen mehr, der oder die Praktizierende schließt daraus, dass er oder sie frei von Verunreinigungen ist. Falsch! Auf dieser subtilen Ebene (unter zwei) kann die Verunreinigung nur durch Weisheit erkannt werden, und wir brauchen die richtigen Informationen, damit Weisheit auf dieser Ebene wirken kann. Oft kommen Praktizierende lächelnd und glücklich auf mich zu und sagen: »Sayadaw, mein Geist ist frei von Verunreinigungen«. Ich schmunzele innerlich, wohl wissend, dass sie noch eine Menge Arbeit vor sich haben, um diese subtilen Verunreinigungen erkennen zu können. Praktizierende auf dieser Ebene werden aber, wenn sie kontinuierlich weiterpraktizieren, schließlich zu einer tieferen Weisheit gelangen und die Selbsttäuschung durchbrechen, die diese sehr subtilen Verunreinigungen verschleiert.

Unser Geist ist wie ein Bandendistrikt. Die Verunreinigungen haben die Kontrolle übernommen, und die *Dhamma*-Polizei wird hingeschickt, um die Ordnung im Viertel wieder herzustellen. Die Verunreinigungen werden raffinierter, weil die Polizei unterwegs ist; die Polizisten greifen hart durch und wissen, dass sie befördert werden, wenn sie viele Diebe dingfest machen. Die Verunreinigungen sollten Gäste sein, aber sie haben die Kontrolle übernommen und unsere Gastfreundschaft ausgenutzt, sie bestehlen uns und benehmen sich, als seien sie der Boss im Viertel. Gewahrsein ist wie der Neuling bei der Polizei, der einfach die Tatorte Stück für Stück abarbeitet und Beweise sicherstellt. Wir müssen kontinuierlich praktizieren, um den Neuen zu unterstützen, damit er befördert wird. Wir ermutigen ihn. Die Entscheidung liegt bei uns: das Viertel in Ordnung bringen oder einfach weiter ignorieren. Verblendung bedeutet, nicht zu sehen, was wirklich um uns herum vor sich geht: Wir sehen, was uns unserer Ansicht nach glücklich und zufrieden machen wird, uns aber letztendlich Unglück beschert.

LOBHA (GIER, VERLANGEN)

Die offensichtlichste aller Verunreinigungen ist wahrscheinlich die Gier (oder das Verlangen), aber sie wird dennoch nicht unbedingt immer erkannt. Sie steht Tag für Tag im Vordergrund unseres Bewusstseins, die konstante Überflutung unserer Sinne, die uns kaum eine Atempause von dem unablässigen Wunsch gönnt, unsere Erfahrung möge besser sein, als sie gerade ist. Das Wesen von Gier ist Klebrigkeit, sie ist wie Leim, der überall im Raum verteilt ist. Nicht alles Verlangen ist offensichtlich, das Bedürfnis, unsere Erfahrung zu verbessern, kann uns durchaus unbewusst sein. Das ist Selbsttäuschung. Wie erkennen wir also, dass dieser Wunsch in uns existiert; wie wird er uns bewusst? Unsere Gefühle können Aufschluss über unsere Gedanken geben: Der Verstand kann vernünftige, logische Gründe für eine bestimmte Handlung anführen, die oberflächlich betrachtet, sehr weise erscheinen mag, doch die Motivation ist vielleicht nur eine als Weisheit getarnte Rechtfertigung, die uns scheinbar berechtigt, uns nicht mit dem zu konfrontieren, was wirklich ist. Eine Möglichkeit, herauszufinden, ob ein Verlangen heilsam oder unheilsam ist, besteht darin, die damit verbundenen Gefühle zu beobachten. Ist es heilsam, wird es sich gut, angenehm, richtig und entspannt anfühlen. Wenn es unheilsam ist, wird das Gegenteil der Fall sein und zu Lasten unseres Wohlbefindens gehen; es wird innere Unruhe auslösen. Wir untersuchen also nicht nur unsere mentalen Reaktionen auf Sinnesreize, sondern können uns auch auf unser Gemüt und unseren Körper verlassen, die uns durch unsere Gefühle und Empfindungen eine Rückmeldung darüber geben, was in unserem übergeordneten Erleben vor sich geht. Man könnte das als eine ganzheitliche Praxis bezeichnen.

Wenn Sie praktizieren und bemerken, dass der Geist irgendwohin driften will oder dass er denkt, irgendetwas sei nicht gut genug oder sollte anders sein, dann registrieren Sie das als geistige Verunreinigung. Schauen Sie, ob das in Ihrer Praxis in diesem Moment eine bestimmende Haltung ist. Ich erinnere mich an ein Einzelgespräch mit meinem Lehrer in den

Anfangsjahren meiner Praxis, bei dem ich völlig frustriert über die vielen Verunreinigungen in meinem Geist sprach. Er sagte zu mir: »Du kannst die Verunreinigungen sehen, das genügt.« Nach diesem Gespräch verließ ich den Raum mit einem sehr guten Gefühl; ich war mit mir zufrieden, weil meine Bemühungen genügten, um zu sehen, was in meinem Geist vor sich ging. Diese Lektion hatte mich nachhaltig beeindruckt; wenn ich es sehe, ist es genug, es zu sehen. Wenn der Geist etwas will und nicht bekommen kann, was er will, versucht er es noch angestrengter. Er wendet mehr Energie auf, weil er etwas erreichen will; dann wird er frustriert und steckt noch mehr Energie hinein. Wenn uns das nicht bewusst ist, sind wir verblendet, der Geist strengt sich noch mehr an und kennt einfach keine Grenze; er weiß nicht, was zu viel oder was zu wenig Bemühen ist und erschöpft sich. Wenn wir also mit Habgier praktizieren, werden wir feststellen, dass wir bald ermüden; dann hat Weisheit keine Chance.

Als ich mit meiner Meditationspraxis begann, war ich ein »*Samādhi*-Junkie«. Ich war damals so versessen darauf, dass ich manchmal überhaupt nicht schlafen wollte. Ich hörte einfach nicht auf zu meditieren, um die angenehmen Empfindungen von *Samādhi* ununterbrochen spüren zu können. Ich ging und saß und legte mich hin und saß wieder. Ich wollte nicht einschlafen, sondern immer weiter meditieren. Einmal praktizierte ich das mehrere Nächte hintereinander, und als ich dann da lag, wurde ich von einer Bettwanze gebissen. Ich dachte »Was zum Teufel …?« *Samādhi* war sofort weg. Ich ärgerte mich darüber, aber ich dachte: »Ach, dann mache ich einfach wieder weiter und komme direkt wieder hinein.« Also machte ich weiter, und noch ein bisschen weiter, aber nichts geschah. Ich war frustriert und verärgert. Es war doch nicht so schwer, in *Samādhi* zu gelangen, denn ich hatte es ja schon erreicht, bevor mich die Bettwanze biss. Es konnte doch nicht einfach verschwunden sein. Ich strengte mich noch mehr an und bald dämmerte der Morgen. Ich war erschöpft. Ein Tag nach dem anderen verging, und von *Samādhi* keine Spur. Das Einzige, was ich aufbauen konnte, war ein Zustand der Frustration. Am dritten Tag bekam ich entsetzliche Kopfschmerzen. Ich klebte mir sogar Schmerzpflaster mit Salizylsäure auf die Schläfen, um die pochenden Schmerzen zu lindern, aber es half alles nichts. Schließlich gab ich auf, kehrte zum Beobachten meines Atems zurück und versuchte nicht länger, in den *Samādhi*-Zustand zu gelangen. Sofort kam er zurück, und mir wurde in diesem Moment bewusst, was mich die ganze Zeit daran gehindert hatte, ihn zu erfahren: Verlangen. Nachdem ich mich entspannt und meine Bemühungen eingestellt hatte, verschwand die Gier und *Samādhi* war wieder im Spiel. Wenn wir uns zu sehr anstrengen, entsteht ein Spannungszustand im Gehirn. Wir gehen mit der falschen Haltung an die Sache heran; wir wollen etwas aus der Praxis herausholen. Das ist Gier!

Wie können Sie vermeiden, von etwas abhängig zu werden, für das Sie sehr hart gearbeitet haben (beispielsweise Geld)? Diese Frage ist für alle Höhen und Tiefen des Lebens relevant: Gewinn und Verlust, Lob und Tadel, Lust und Schmerz, Ehre und Schmach und so weiter. Was das Geld betrifft: Sie haben es nicht wirklich zusammengebracht. Der Geist, Ursache und Wirkung waren dafür verantwortlich. Bestimmte Bedingungen kamen zusammen: Sie haben sehr hart gearbeitet und das Geld erworben, Sie hatten Glück, dass es nicht gestohlen wurde, und Sie haben es geschafft, es zusammenzuhalten. Okay, Sie haben die Anstrengungen unternommen, aber in Wirklichkeit hat der Geist all das bewirkt. Hätten die Bedingungen nicht gestimmt, wäre das Geld nicht da. Nur wenn wir es als »meins« betrachten, machen wir uns stark davon abhängig. Wenn wir die Bedingungen und Umstände, die zur Anhäufung des Geldes beigetragen haben, klar sehen, wird weniger Anhaftung da sein, weil wir das Ganze als einen Prozess betrachten. Geschäftsleute sprechen vom Geldfluss – Geld kommt herein, Geld geht hinaus, ein Vorgang mit vielen Ursachen und Bedingungen kommt ins Spiel. Es schadet nicht, vorsichtig mit seinem Vermögen umzugehen und es weise zu verwenden, aber Habgier und Anhaftung an das Vermögen werden immer auf die eine oder andere Weise mit Leid verbunden sein.

Beim Praktizieren von *Vipassanā* können wir uns leicht in dem Verlangen verstricken, angenehme Zustände herbeizumeditieren. Wir lesen beispielsweise ein *Dhamma*-Buch, in dem höhere Bewusstseinszustände (oder sogar Erleuchtung) beschrieben werden, die wir noch nicht erfahren haben, die sich aber nach wunderbarer Glückseligkeit und innerem Frieden anhören, und schon verspüren wir das Verlangen, diese Erfahrung zu machen. Ist diese Art von Verlangen heilsam oder unheilsam? Wenn wir von solchen Dingen lesen, nehmen wir an, dass das ein guter Zustand ist, und so wollen wir ihn erfahren. Da steckt auf jeden Fall eine gewisse Habgier hinter dem Wunsch, dies zu erreichen, denn wir wissen nicht wirklich, wie sich dieser Zustand anfühlt. Es ist also ein Verlangen nach etwas, das wir als wünschenswert beurteilen. Das ist Habgier, denn uns fehlt ja ein echtes Verständnis darüber, ob dieser Zustand wirklich wünschenswert ist oder nicht – unser Wunsch basiert nicht auf Fakten. Sie könnten ein Glas mit Limettensaft anschauen und wissen nicht, ob er sauer oder süß schmeckt, weil sie ihn nicht gekostet haben. Wenn Sie praktizieren und dabei in Zustände gelangen, in denen der Geist manchmal frei von Verunreinigungen ist, und verstehen, welchen Segen dieser Bewusstseinszustand bringt, dann will der Geist ihn aufrechterhalten oder darauf hinarbeiten, diese Zustände öfter zu erreichen. Das ist dann ein heilsamer Wunsch *(Chanda)*, der eher der Weisheit entspringt und nicht der Habgier. *Lobha* ist ein unheilsames Verlangen, eine geistige Verunreinigung.

GIER UND NAHRUNG

Wie die meisten von uns wissen, gehen Gier und Nahrung Hand in Hand. Beim Essen neigen wir dazu, uns in Vorstellungen zu verlieren. Ob das Essen beispielsweise Gemüse, Fisch, Hähnchen, Schweinefleisch oder Rindfleisch enthält – es ist zunächst einfach eine Vorstellung (*Saññā*) oder eine Bezeichnung, und wir können keine Bezeichnung und keine bildliche Vorstellung essen. Real ist die Natur der Nahrungsmittel: der Geschmack (salzig, süß, sauer, bitter, scharf), die Beschaffenheit (knusprig, sämig, flüssig etc.), die Temperatur und der Geruch und Kombinationen all dieser *Dhammas*. Wenn Hunger aufkommt, entsteht gleichzeitig der Wunsch, zu essen, gefolgt von der Absicht, zu essen. Wenn dann Gewahrsein und Weisheit präsent sind, essen wir nur, was für ein gesundes Funktionieren des Körpers notwendig ist. Leider übernimmt an dem Punkt, an dem die Absicht zu essen entsteht, bei vielen von uns der konzeptuelle Verstand die Kontrolle; Gewahrsein und Weisheit machen sich aus dem Staub und die Gier kann unsere Sinnespforte übernehmen, ohne dass es uns bewusst ist. Und unversehens verlieren wir uns in Gier oder Abneigung. Das kann zu Abhängigkeit führen, was wiederum weitere negative Geisteszustände wie Schuldgefühle, Selbstverachtung, Ablehnung und noch weiteres Leiden nach sich ziehen kann.

Die Strategie besteht darin, der Dinge gewahr zu sein, bewusst zu sein, anstatt sich etwas vorzustellen. Geschmacksrichtungen, Beschaffenheiten, Gerüche wahrzunehmen, zu wissen, wann der Hunger gestillt ist – das ist simples Gewahrsein und Weisheit. Die Verunreinigungen sagen uns, dass noch ein weiteres Stück vom Hähnchen nicht schaden wird: »Es schmeckt so gut.« Falls wir solche Probleme in Bezug auf Essen haben, müssen wir uns erst einmal dessen bewusst werden, dass es da ein Problem gibt, und uns darum bemühen, Gewahrsein hineinzubringen. Zweitens müssen wir die Reaktionen in unserem Geist beobachten, ohne uns darin zu verlieren. An dem Punkt, an dem die Absicht ins Spiel kommt, wird entweder Weisheit oder (Hab-)Gier dominieren, und nur eine von beiden wird gewinnen. Beobachterin sein heißt, sich auf die Seite der Weisheit zu begeben, die offenkundig den Anstoß gibt, die Gier zu beherrschen. Ich sage meinen Praktizierenden immer: »Schau auf deine Absicht.« Aber es geschieht tatsächlich so schnell; im Bruchteil einer Sekunde können wir dem einen oder dem anderen Weg folgen: der Weisheit oder der Gier. Geht das Gewahrsein auch nur für einen Augenblick verloren, kann man sich in Anhaftung verlieren.

Uns kann die Strategie klar sein – aber wie finden wir die Kraft, diesem gierigen Verstand zu widerstehen? Wir widerstehen ihm nicht, wir werden seiner gewahr, beobachten ihn, lernen ihn kennen, wie er ist, denn als ein Aspekt des Geistes ist er ebenfalls Natur oder *Dhamma*. Wir erforschen ihn, machen uns mit ihm vertraut. Durch diesen beobachtenden Geist entwickeln wir Weisheit, die wir dann auf die geistigen Zustände anwenden können, die uns leiden lassen. Wir brauchen Gewahrsein und genügend Weisheit, um diesen konzeptuellen Geist zu erkennen, und wir müssen in der Lage sein, die Reaktionen zu beobachten, anstatt uns darin zu verlieren. Wenn wir diese Praxis aufrechterhalten können, bauen wir ein Momentum auf und bekommen ein Verständnis dafür, was für unser Wohlergehen nötig ist und was nicht.

Ein Bewusstsein dafür zu bekommen, dass der Körper Natur ist – unpersönlich und nur durch die Natur erhalten – ist nicht so leicht. Wir wurden unser Leben lang darauf konditioniert, zu glauben, dass Essen uns glücklich macht. Es kann uns vorübergehend Freude und Vergnügen bereiten, aber es kann uns kein dauerhaftes Glück bescheren. Wir müssen morgens nur einmal in die Toilette schauen, um zu wissen, dass Essen etwas Vergängliches ist und deshalb kein echtes Glück bewirkt. Die meisten Probleme mit Essen und Nahrung entspringen dem subjektiven Denken (beispielsweise dem Festhalten an der Vorstellung, dass es uns glücklich machen wird). Es kann auch die subtile Abneigung gegen alles dahinterstecken, was uns so unglücklich macht, dass wir essen wollen, wenn der Körper eindeutig keine weitere Nahrung benötigt, oder dass wir, bei bestimmten Essstörungen, nicht essen, wenn der Körper eindeutig zusätzliche Nahrung braucht. Nur mit kontinuierlichem Beobachten und Gewahrsein werden wir zu einer Ebene der Weisheit vordringen, die es uns ermöglicht, die Ursachen und Bedingungen unserer Essgewohnheiten zu verstehen. Wenn Ihnen Ihr Verstand beim Essen sagt »Das ist gut«, müssen Sie aufpassen: Die Gier lauert im Hintergrund.

Rechte Sichtweise bedeutet hier, die Haltung einzunehmen, dass der Körper Natur ist und nur durch Natur genährt werden kann. Wenn wir uns das genau anschauen, erkennen wir, dass innerhalb der Körper/Geist-Dynamik niemand da ist, niemand ist zu Hause – es ist einfach nur Natur. Nehmen wir diesen objektiven Standpunkt ein, bekommen wir die Freiheit, der Beobachter zu sein und weise Entscheidungen zu treffen, die den allgemeinen Gesundheitszustand unseres Körpers und Geistes unterstützen. Ein weiser Mensch wird eine Erfahrung nutzen, um *Sati*, *Samādhi* und *Paññā* zu entwickeln. Jemand, der keine Weisheit entwickelt hat, wird immer wieder mit Verlangen oder Abneigung auf dieselbe Situation reagieren.

In unserem Meditationszentrum stellen wir vegetarische und nicht-vegetarische Mahlzeiten bereit. Unsere malayischen Meditierer sind größtenteils Vegetarier/innen, also sind sie sehr glücklich, dass wir auf ihre Bedürfnisse eingehen. Wieso sollte man wegen Gemüse glücklich sein? Vom Standpunkt der Vernunft aus betrachtet, ist ihre Entscheidung weise; sie führt zu einem gesünderen Lebensstil. Die Gefahr dabei ist allerdings, dass sich eine bestimmte Art von Habgier entwickeln kann: Auf wessen Gesundheit achten wir? Meine Gesundheit! Der Geist kann dann eine Obsession in Bezug auf diesen Lebensstil entwickeln; Habgier übernimmt die Kontrolle in Form einer Obsession. Das Thema steht wahrscheinlich weniger im Vordergrund in Ländern, in denen Menschen mit dieser Lebens- oder Ernährungsweise aufwachsen. Mein Lehrer hatte zu diesem Thema ebenfalls eine Meinung. Er pflegte zu sagen: »Vegetarier zu sein oder Rohkost zu essen (Lebensmittel, die nicht mit Feuer in Berührung gekommen sind) bedeutet nicht, dass man nicht mit dem Feuer der Verunreinigungen in Berührung kommt. Nicht die Nahrung an sich bestimmt, ob eine Verunreinigung da ist; während des Essens frei von Verunreinigungen zu sein, erfordert Achtsamkeit und Weisheit – darauf kommt es an.«

Und noch ein letzter Punkt in Bezug auf das Essen: Auch unsere Augen können uns in Schwierigkeiten bringen. Dessen gewahr sein, was man sieht, aber beim Essen nicht aktiv schauen, kann eine gute Strategie sein; wir können durch Dinge abgelenkt werden, die um uns herum geschehen. Aber nicht jede möchte mit geschlossenen Augen essen. Ein Praktizierender erzählte mir, er habe, als er zum Essen in den Speisesaal kam, festgestellt, dass er an einer Seite eines Tisches sitzen würde, von der aus man den gesamten Saal überblicken und sehen konnte, was die anderen aßen – und er konnte auch die hübsche Praktizierende anschauen, die ihm gegenüber saß. Seine Strategie war es, den Platz zu wechseln und sich an die andere Seite des Tisches zu setzen, von wo aus er auf die Wand blickte, sodass es für ihn nichts anzuschauen gab und er beobachten konnte, wie sein Geist darauf reagierte, nicht sehen zu können, was er sehen wollte. Diesem Praktizierenden war sehr wohl bewusst, wie sein Geist in dieser Situation reagierte, aber der subtilen Abneigung gegenüber diesen Reaktionen, die ihn veranlasst hatte, den Platz zu wechseln, war er überhaupt nicht gewahr. Er hätte genauso gut bleiben können, wo er war und dort beobachten können, was in seinem Geist vor sich ging.

DOSA (ABNEIGUNG, HASS)

Verlangen und Abneigung können, sieht man sie auf einer linearen Skala, als Gegensätze betrachtet werden. Wenn jemand mit der Praxis beginnt, wird er diese geistigen Verunreinigungen so sehen. Wir versuchen entweder, unsere Erfahrung von uns wegzuschieben oder wir sind begierig darauf, neue Erfahrungen zu machen – das eine oder das andere – und weil wir an dem einen oder dem anderen anhaften, betrachten wir sie als getrennt. Wir könnten sie mit Ebbe und Flut vergleichen, verschieden aber miteinander verbunden; das eine ist der Schatten des anderen. Wenn wir in unserer Praxis Fortschritte machen, sehen wir allmählich, wie diese geistigen Verunreinigungen sich vermischen, bis eine die andere überlagert. Wenn wir beispielsweise das Verlangen nach einer neuen Erfahrung haben (*Lobha*), heißt das, dass wir unzufrieden mit dem sind, was jetzt geschieht (*Dosa*). Beide Verunreinigungen sind hier im selben Moment präsent. Mit kontinuierlichem Gewahrsein sind wir in der Lage, sie ohne Anhaftung zu beobachten, sodass wir sie als Objekt sehen können. Wir befinden uns am Angelpunkt, am Gleichgewichtspunkt; das ist der Mittelweg. Sind wir unbewusst, kann unser Geist immer noch in diese Extreme von Gier und Abneigung hineingezogen werden. Gier hat nicht unbedingt sofort Auswirkungen, aber mit Abneigung oder Hass ist, wenn wir anhaften, *Dukkha* (Leiden) unmittelbar präsent. Natürlich haben beide Verunreinigungen noch subtilere Ebenen, die wir nicht erkennen, bis wir ein gewisses Verständnis in Bezug auf ihre Ursachen und Bedingungen erlangt haben. Es kann eine Menge geduldiges Praktizieren und Beobachten nötig sein, um sie auf diese Weise sehen zu können.

Abneigung oder Hass kann eine sehr nützliche Motivation für unsere Praxis sein – niemand will leiden. Hier ein Spruch, den sicher schon viele von Ihnen gehört haben: »Praktiziere wie ein Kranker.« Der Geist eines kranken Menschen will überhaupt nichts tun; er will einfach nur still sein und beobachten. Wenn wir krank sind, fällt alles Streben weg und wir sind sehr in Kontakt mit unseren Empfindungen und Gefühlen. Es ist sehr wichtig, zu wissen, wie man sich fühlt und wie man auf die Situation reagiert, in der man sich befindet. Wenn wir uns als *dukkha* erleben, in welcher Form auch immer, ist es gut, dabei präsent zu sein, und bewusst wahrzunehmen, wie der Geist darauf reagiert. Bleiben Sie einfach bei dem, was Sie fühlen. Sie werden feststellen, dass Ihre Gefühle dynamisch und nicht statisch sind, und deshalb ist es möglich, dass jeden Moment ein Glücksgefühl aufkommt, auch wenn es gerade nicht so scheint. Wenn wir den Geist verstehen, können wir die Welt verstehen. Verändert sich die innere Einstellung, verändert sich die Welt.

Als ich in der achten Klasse zu den leistungsschwachen Kindern gesteckt wurde, entstand große Verwirrung in meinem Leben. Hier war ich unter den »schlimmen« Jungs, die nur Spaß haben wollten und in

Schwierigkeiten gerieten, und ich, dessen schulische Leistungen sich gerade verbessert hatten, musste mich entscheiden: Spaß haben oder für die Schule arbeiten. Ich entschied mich für beides. In der neunten Klasse arbeitete ich hart und wurde gleichzeitig sehr raffiniert darin, schlimme Dinge zu tun. Damals war mein Geist ziemlich klar, sehr offen für das Lernen, aber aufgrund meines schulischen Status brachte mir niemand etwas bei. Alles, was ich lernte, kam von meiner Peergruppe: wie man ein schwarzes Schaf wird und Drogen konsumiert. Meine Noten waren in Ordnung, aber ich befand mich in dieser Negativspirale, die sich nicht nur auf mich selbst, sondern auch auf meine Familie destruktiv auszuwirken begann. Mein Vater wurde zunehmend frustriert und wütend über mein Verhalten. Meine Brüder, die mich nicht einmal kennen wollten, gingen mir aus dem Weg. Der einzige stabilisierende Einfluss in jener Zeit war Sayadawgyi, den ich nur sehen konnte, wenn mich mein Vater hinschickte oder die ganze Familie einen Wochenendbesuch in seinem Kloster machte. Spaß war für mich die einzige Möglichkeit, diesem Chaos zu entfliehen, das meinen Geist in diesen letzten Schuljahren beherrschte. Ich war völlig verwirrt und spürte auch viel Wut in mir, wenn die Dinge nicht so liefen, wie ich es wollte.

Nachdem meine frühen Schuljahre und die ganzen Probleme und Peinlichkeiten, die ich meiner Familie beschert hatte, hinter mir lagen, schaffte ich es schließlich, meine Noten so weit zu verbessern, dass ich aufs College gehen konnte, auf dem ich Naturwissenschaften und Ingenieurwesen studierte. In dieser Zeit griff ich ziemlich regelmäßig auf Comethazine zurück, so wie viele meiner Freunde. Wir hatten vor allem Vergnügen und nichts als Vergnügen im Sinn. Das war eine sehr gesellige Zeit für mich; ich hatte eine Menge Freunde und stand im Mittelpunkt. Ich hatte in der Tat so viel Spaß, dass ich beschloss, das zweite College-Jahr sausen zu lassen, bei den Prüfungen durchzufallen und das erste Jahr zu wiederholen – nur damit ich dieselben Erfahrungen noch einmal machen konnte. Das Ephedrin begann sich inzwischen deutlich auf meine geistige Stabilität auszuwirken. Als mein Vater bemerkte, dass ich an Gewicht verlor, wurde ihm klar, dass ich ein Problem mit Drogen hatte. Auch mein Großvater hatte nach seinem Umzug von China nach Burma zu Drogen (Opium) gegriffen, weshalb meinem Vater die Anzeichen von Drogenmissbrauch sehr vertraut waren. Er schickte mich während dieser Schul- und College-Jahre sehr oft zu Sayadawgyi. Dann schlüpfte ich ins Mönchsgewand und blieb jeweils für längere Zeit dort, bis ich mithilfe von Sayadawgyis Geduld und Verständnis wieder zur Vernunft gekommen war.

Während dieser Zeiten mit meinem Lehrer wurde ich wirklich neugierig auf die Mechanismen und Funktionsweisen meines Geistes. Ich stellte ihm Fragen über geistige Prozesse und meine Meditationspraxis, aber er gab mir nie eine direkte Antwort. Stets schickte er mich weg und sagte, ich solle es selbst herausfinden. Und so ging ich meiner Wege, forschte und kam zu einer Schlussfolgerung. Dann rannte ich aufgeregt wieder zu ihm hin und erzählte ihm alles. Er nickte dann einfach und lächelte auf seine wohlwollende Art, und das war alles, was ich an Ermutigung brauchte. Diese Aufenthalte im Kloster waren glückliche Zeiten für mich. Ich konnte dort etwas Stabilität in mein Leben bringen, obwohl ich ja oft wieder ins Laien-Dasein zurückkehrte, wo ich meine Fehler ein ums andere Mal wiederholte. Die Weisheit war noch nicht stark genug, um die Gier und Verblendung zu überwinden, die zu jener Zeit mein Leben beherrschten. Ich war weit davon entfernt, mit dem Verlauf meines Lebens zufrieden zu sein, was sich darin zeigte, dass ich immer häufiger Wut verspürte.

Sayadawgyi sagte mir dann immer, wir sollten nicht auf die Reaktionen in unserem Geist schauen, um sie loszuwerden, sondern sie immer als Gelegenheit betrachten, ihre Natur zu ergründen. Er brachte mich dazu, mir folgende Fragen zu stellen: »Welche Gefühle löst das in mir aus?«, »Was denke ich?«, »Welche Gefühle löst das, was ich denke, in mir aus?«, »Was ist meine Haltung hinter den Gedanken?«, »Wie verändert irgendetwas davon meine Wahrnehmung von Schmerz?« Wir können alle diese Fragen auf jegliches physische oder psychische Unbehagen anwenden: heiß, kalt, Wut, Eifersucht, Enttäuschung und so weiter. All diese Missempfindungen sind Wirkungen und müssen als solche eine Ursache haben, die mit Gewahrsein und Weisheit ans Licht gebracht werden kann, indem man ein wenig forscht und die richtigen Fragen stellt.

Unzufriedenheit und Langeweile können bei unserer Praxis ein echtes Problem sein. Wir sind ständig darum bemüht, Anpassungen für unser Wohlbefinden vorzunehmen, und das ist in Ordnung; es ist natürlich, aber manchmal kann das zwanghaft werden und unseren Geist in Unruhe versetzen. In unserem Meditationszentrum sind immer mindesten 200 Mönche, Nonnen und Praktizierende anwesend. Dafür zu sorgen, dass alle Bedürfnisse so vieler Menschen erfüllt werden, kann schwierig sein, weshalb es immer einige Praktizierende gibt, die unzufrieden mit dem Verlauf ihres Retreats sind. Was für uns spricht, ist, dass man bei uns in einem unterstützenden Umfeld praktizieren kann, dass es hier gute Unterkunft und Nahrung gibt, dass die Praktizierenden sich gegenseitig unterstützen und dass es häufige Einzelgespräche zwischen Lehrern und Meditierenden gibt. All das kann gegen die Unzufriedenheit helfen, die möglicherweise während eines Retreats aufkommt. Die Praktizierenden können ihre Freude am *Dhamma* haben, und weil sie jegliche benötigte Unterstützung bekommen, können sie ihren Geist wirklich beobachten und versuchen, dem, was sie leiden lässt, auf den Grund zu gehen.

Wenn die Menschen dann in ihren Alltag zurückkehren, brauchen sie alle Fähigkeiten, die sie hier entwickelt haben, um dem Bombenhagel der geistigen Verunreinigungen standzuhalten, der auf sie einprasselt. Sie machen es zu ihrer Priorität, ein angemessenes und unterstützendes Umfeld aufzubauen, in welchem sie praktizieren und einen guten moralischen und ethischen Standard aufrechterhalten können. Langeweile wird eines der Hauptprobleme sein, mit denen sie sich herumschlagen müssen; Verlangen und Abneigung sind gleichzeitig da, die Unzufriedenheit mit dem, was jetzt gerade geschieht, und der Wunsch, ihre Erfahrung möge eine andere/bessere sein. Dadurch werden sie anfällig für Versuchungen, die, wenn sie ihnen nachgeben, eine Verhaltensspirale in Gang setzen, welche schließlich zu langwierigem Leiden führt. Es ist wichtig, die Freude lebendig zu halten, die wir aus der Entdeckung der uns innewohnenden Weisheit beziehen, unsere Freude am *Dhamma* – nichts reicht an die Zufriedenheit heran, die uns dies schenken kann. Wenn Weisheit da ist, ist Langeweile abwesend. Mit Weisheit gibt es keine Einsamkeit; Weisheit ist unsere Freundin.

In den Anfangstagen der Praxis kann die Meditation für den Praktizierenden eine Stopp-und-Start-Angelegenheit sein. Und es kann eine Menge Abneigung vorhanden sein. Wir verstehen wenig und haben hohe Erwartungen im Hinblick darauf, wie Meditation ablaufen sollte. Wir werden mutlos, wenn es nicht so gut läuft. Wir wollen keine unangenehmen Erfahrungen machen, wir erleben genug Unangenehmes im Alltag und wollen das nicht in die Meditation hineinbringen. Sobald etwas Unangenehmes auftaucht, lehnen wir es ab: »Damit will ich mich nicht beschäftigen.« Also hören wir auf und fangen wieder von vorne an, obwohl wir manchmal gar nicht wollen. Irgendetwas treibt uns unterschwellig an: Weisheit! Wenn der Geist den Wert von Achtsamkeit wirklich erkennt, hören wir nicht mehr auf – wir machen weiter. Wir lernen den Geist allmählich kennen, wir wissen, wie trickreich und verschlagen er sein kann. *Vipassanā* ist eine »Allzweck-Praxis«; wir können sie überall hin mitnehmen und sie unter allen Umständen praktizieren. Wir können sie im Alltag nutzen. Sie ist so einfach, dass man sie mit wenigen Worten beschreiben kann: »Beobachte einfach und lass es so sein.« Wir können uns an der Schlichtheit dieser Praxis erfreuen.

Es ist wichtig, sich daran zu erinnern, dass der Geist seine Arbeit tut. Wenn wir Phasen von *Dukkha* durchmachen und dann wieder in einen Zustand gelangen, den man annähernd als Normalität oder sogar Gleichmut bezeichnen könnte, erinnert sich der Geist an solche Zeiten und taucht wieder als *Dhamma*-Geist auf. Als ich meine »Schlimme-Jungen-Jahre« durchlebte, mit Drogen, Alkohol und allgemein schlechtem

Benehmen, war ich nicht besonders bewusst. Jetzt kann ich in der Meditation auf die Motive für dieses Verhalten zurückblicken. Wieso jetzt? Weil der Geist während meiner schlimmen Jahre seine Arbeit tat und jetzt ein weiser Geist ist; jetzt ist der Geist ruhig. Ich bin über die Grenzen dieser Phase des Leidens hinausgegangen und es hat sich in Weisheit verwandelt. So tut der Geist/die Natur seine/ihre Arbeit und wandelt Dung in guten Kompost um.

Weisheit verliert sich nie in der Erfahrung; sie tritt immer einen Schritt zurück. Es ist rechte Sichtweise, eine Distanz zur jeweiligen Erfahrung herzustellen, um sie besser zu verstehen. Weisheit bedeutet Freiheit: was immer passiert, was für eine Erfahrung es auch sein mag – es ist in Ordnung.

Wir haben uns nun allgemein mit der Frage auseinandergesetzt, wie man mithilfe dieses Vehikels der Achtsamkeit zu Weisheit gelangen kann. Wir könnten noch viel tiefer in die theoretischen Aspekte des Buddhismus eintauchen, und ich bin sicher, dass nicht wenige von Ihnen das genießen würden, doch mir geht es ausschließlich um praktische Erwägungen. Einfachheit ist das »Beiwort« beim Praktizieren von Achtsamkeit. Sie alle führen ein stressiges Leben, und es ist unschätzbar wertvoll, ein gutes Universalwerkzeug in Form einer Achtsamkeitspraxis zu haben, eines, das man überall hin mitnehmen kann, in welcher Situation auch immer. Das ist unbezahlbar. Ob Sie also ein erfahrener Praktizierender sind oder erst mit der Praxis begonnen haben, der erste Teil dieses Buches hat Ihnen etwas an die Hand gegeben, über das Sie nachdenken und womit Sie arbeiten können. Sie sind nun mit den Strategien der geistigen Arbeit vertraut, wissen, wie man sich mit Verunreinigungen identifiziert und wie man mit ihnen arbeitet, und Sie wissen um die subtilen Möglichkeiten der Entdeckung Ihrer angeborenen Weisheit. Bei dieser Arbeit des angewandten Gewahrseins müssen wir uns daran erinnern, auf eine entspannte Weise kontinuierlich achtsam zu sein. Wir müssen bewusst wahrnehmen, worauf unsere Aufmerksamkeit gerichtet ist, und sollten uns dabei nicht verstricken, indem wir uns übermäßig auf ein bestimmtes Objekt fokussieren oder zu viel Energie darauf verwenden. Dehnen Sie Ihre Aufmerksamkeit aus, sodass Sie das Gesamtbild sehen, innen und außen, emotional und physisch. Wenn wir auf diese Weise praktizieren, nennen wir es *Vipassanā*: »Sehen, was ist und es so sein lassen«.

TEIL ZWEI

Weises Erforschen des Geistes

4

Ursachen und Bedingungen

Bisher haben wir die grundlegenden Prinzipien dessen erörtert, was notwendig ist, um eine ernsthafte *Vipassanā*-Praxis zu betreiben. Deshalb hoffe ich, dass Sie inzwischen begonnen haben, einige Fertigkeiten und Strategien zu entwickeln, die Sie in Ihrem täglichen Leben nutzen können. Jetzt können Sie anfangen, die Ursachen und Bedingungen Ihres Daseins auf eine mehr praktische Art und Weise zu untersuchen. Sie können Buddhas Zweite Edle Wahrheit – die Ursache des Leidens – mit dem Verständnis anschauen, das Sie in Ihrer eigenen Praxis und durch das Erforschen Ihres Geistes gewonnen haben. Wenn wir uns in einem Irrgarten verirrt haben und den Weg hinaus suchen, ist es hilfreich, darüber nachzudenken, wie wir hineingekommen sind. Wir können uns die Folgen und Abläufe der Ereignisse anschauen, die zu dem geführt haben, was jetzt geschieht. Deshalb tun wir diese geistige Arbeit, um zu verstehen wie Ursachen und Wirkungen miteinander verknüpft sind und die Weisheit wachzurufen, die uns hilft, jene Kreisläufe zu unterbrechen und zu überwinden, die uns so viel Kummer und Leid bescheren können.

In diesem Teil des Buches werden wir ein paar Feldstudien betreiben. Wir können uns die Muster anschauen, die mit einigen der problematischen Erfahrungen zusammenhängen, mit denen wir in unserem Leben konfrontiert werden. In meinen späten Teenager-Jahren und frühen Zwanzigern litt ich an einer chronischen Depression. Ich gebe hier meine persönlichen Erfahrungen sowie die Strategien, die ich anwandte, um diese Krankheit zu überwinden, an die Leserinnen weiter. Viele von Ihnen werden vertraute Muster und Erfahrungen erkennen und vielleicht einige Anregungen finden, um in Ihrer eigenen Praxis zu einem Verständnis der Zusammenhänge zu gelangen. Nur wenn der Geist frei von Gier/Verlangen, Selbsttäuschung/Verblendung und Abneigung/Hass ist, können wir die Dinge sehen, wie sie wirklich sind.

Während meines zweiten Jahres am College, als ich zwanzig Jahre alt war, starb mein ältester Bruder, der im Familienbetrieb gearbeitet hatte, an Leukämie. Das führte zu einer großen Erschütterung in unserer Familie, denn er war erst 38 Jahre alt gewesen. Mein Vater sah, dass ich von allen seinen Söhnen die geringsten Anstrengungen unternahm, um meine Studien voranzutreiben, also beschloss er, mich vom College zu nehmen, damit ich im Familienunternehmen mithelfen konnte. Das war ein Schock für mich und ein sehr großer Einschnitt in meinem Leben. Ich wurde plötzlich aus einem vergnüglichen sozialen Umfeld, in welchem ich mit meiner Peergruppe Spaß hatte, in eine Atmosphäre versetzt, die ich als einen unerträglichen erwachsenen Verantwortungsbereich empfand. Ich war sehr gerne aufs College gegangen, um unter meinen Freunden zu sein, und obwohl mein Verhalten vielleicht etwas fragwürdig war, hatte ich doch Vertrauen in meine Fähigkeit gewonnen, zu studieren und genügend zu tun, um die notwendigen Abschlüsse zu erwerben. Nun war ich ständig unter den wachsamen Augen meines Vaters, der täglich mit mir im Geschäft stand. Ich wurde sehr angespannt und oft wütend. Das wurde zu einem echten Problem in meinem Leben.

Laden 356, Trakt B in der Großhandelszone des Theingyi Zay Bazaars, des Zentralmarkts von Rangun, war nun tagsüber mein Umfeld. Der

Theingyi Bazaar liegt im muslimischen Viertel von Rangun, angrenzend an Chinatown, ein Ort, an dem meine Freunde und ich uns mit Vorliebe herumgetrieben hatten. Das Gebäude in Trakt B mit seinem gewölbten Dach und den Trägern aus Teakholz ist ein lauter, geschäftiger Ort, an dem geräuschvoll verhandelt wird und die Ladenbesitzer schreiend miteinander kommunizieren. Mein Vater war ein sehr cleverer Geschäftsmann. Im Land herrschte seit Jahren eine Rezession, also überlegte er sich viele Strategien, mit denen er seinen Konkurrenten stets eine Nasenlänge voraus war. Er entwickelte eine Methode, mit der man die traditionellen Herrenhemden mit Mandarinkragen, die *taik poun eingyi* für formelle Anlässe, ohne den geringsten Stoffabfall aus einem Stoffballen schneiden konnte. Traditionellerweise musste das *taik poun eingyi* maßgeschneidert werden. Wir waren das erste Unternehmen, das diese Hemden in Massenproduktion herstellte. So konnten wir die Hemden natürlich billiger verkaufen als unsere unmittelbaren Konkurrenten auf dem Markt und andere Verkäufer in der Stadt, und weil wir sie massenhaft produzierten, konnten wir sie als Großhändler an andere Läden überall in der Stadt verkaufen und uns so gleichbleibende Umsätze sichern.

In dieser Umgebung wurde mir allmählich bewusst, dass die Depression zu einem Hauptproblem in meinem Leben werden könnte. Ich war kein glücklicher Mensch. Meine Freunde begannen in verschiedene andere Gruppen im College wegzudriften, was dazu führte, dass ich mich fragte, was in meinem Leben schiefgelaufen war. Ich wurde zu einem ziemlich wütenden jungen Mann. Das Leben machte einfach keinen Spaß mehr und ich war sehr einsam. Aufgrund meiner Verwurzelung im *Dhamma* und weil ich das Gefühl hatte, keine andere Option zu haben, begann ich, die Umgebung des Marktplatzes mit allem, was dort vor sich ging, als Meditationsort zu nutzen. Der Basar war zu meiner *Dhamma*-Halle geworden. Lügen, Betrügereien, Klatsch und Tratsch und vulgäre Sprache waren an der Tagesordnung und manchmal – wenn ich nicht achtsam war – wurde ich in das ganze Chaos hineingezogen. Ich machte mich sogar über den Bettler lustig, der oft durchs Gebäude ging. Eines Tages war er so verärgert über mich, dass er in einem Wutanfall die ganzen Münzen auf den Boden warf, die ihm die Leute gegeben hatten. Auch wenn ich in dieses Verhalten hineingezogen wurde, spürte ich später die Auswirkungen meines negativen Benehmens. Allmählich begann ich, die Konsequenzen meines Handelns zu erkennen. Ich schaute mir die Reaktionen in meinem Geist an und stellte mir Fragen wie: »Was hat mich an diesen Ort gebracht? Warum bin ich so unglücklich? Was ist die Ursache dieser Wut?« Ich gab mir Mühe mit meiner Achtsamkeitspraxis, dennoch war ich noch nicht weise genug, um den geistigen Verunreinigungen standzuhalten, und ich ließ mich ein ums andere Mal in problematisches Verhalten hineinziehen.

VIPĀKA (KONSEQUENZ)

Konsequenz (*Vipāka*) ist ein sehr bedeutsames Wort, man könnte sagen, dass jeder Moment im Leben eine Konsequenz oder ein Resultat einer vergangenen Handlung oder Aktion ist. Wie wir auf diesen Moment reagieren, beeinflusst die Tendenzen unserer Zukunft. Im Wort »Konsequenz« steckt auch der Begriff Sequenz, was auf die Kette von Ereignissen hinweist, die zu diesem Moment führt. Diese Dynamik in unserem Leben und in der Natur selbst zu erforschen und zu verstehen, ist das Herzstück von *Vipassanā*. Natürlich kennen wir die Sequenz von Ursache und Wirkung als *Kamma* oder »Aktion«: Das Leben geschieht – im positiven wie im negativen Sinne. Im täglichen Leben schenken wir dem Resultat unserer Handlungen gewöhnlich nur dann Aufmerksamkeit, wenn wir leiden: »Warum passiert mir das?« Wenn es im Leben gut läuft und wir glücklich sind, sind wir normalerweise nur oberflächlich aufmerksam, wir nehmen einen Moment als gut wahr, aber unser Fokus liegt hauptsächlich schon auf dem nächsten Moment, damit es weiterhin gut läuft. Das ist Gier (*Lobha*). Bei dieser Praxis von *Vipassanā* bitte ich Sie, jeden Moment, ob gut oder schlecht, mit einem umfassenden

Gewahrsein all dessen zu betrachten, was sich an allen Sinnespforten in diesem Moment abspielt; schauen Sie sich ihre mentale und emotionale Reaktion auf das Geschehen an und forschen Sie nach; fragen Sie sich: »Warum geschieht das? Warum?« Wir müssen den übergeordneten Zusammenhang zwischen Ursache und Wirkung des Geschehens kennen und verstehen. Dann können wir seine Bedeutung erkennen und ein dauerhafteres Glück in unserem Leben finden. Das ist Weisheit in Aktion. Wenn wir Gewahrsein kontinuierlich aufrechterhalten und unseren Geist auf diese Weise erforschen, gewinnt unsere Praxis an Bodenhaftung und Momentum. Halten wir unser Gewahrsein aber nicht aufrecht, sind wir wie ein Auto, dessen Räder sich in der Luft drehen: keine Bodenhaftung, kein Momentum und deshalb keine Weisheit.

Während dieses ersten Jahres im Betrieb meines Vaters wurde ich immer unglücklicher. Es schien, als seien die vergnüglichen Tage in meinem Leben nun für immer vorbei. Meine Freunde sah ich nur noch selten, da sie mit ihren College-Aktivitäten beschäftigt waren. Und ich wandte mich unheilsameren Aktivitäten zu, als Ventil für meine Frustration und als Quelle des Vergnügens. Drogen, Sex und schlechtes Verhalten waren nun meine Begleiter. Durch meinen Konsum von Ephedrin und manchmal ein wenig Opium nahm ich ab, weil ich weniger aß. Ich wurde auch zunehmend angespannt und nervös, es fiel mir schwer, die Gegenwart anderer Menschen zu ertragen, was an einem Platz wie Theingyi Zay zu gewissen Problemen führte. Ich lebte zu Hause bei meinen Angehörigen, die mich mieden, wenn sie sahen, in welchem Zustand ich mich befand. Und sie wussten, warum ich so war. Das Leben entwickelte sich nicht so, wie ich es mir wünschte. Mein Vater wurde zunehmend frustriert und wütend auf mich. Als er meinen Gewichtsverlust und mein Verhalten bewusst wahrnahm, schickte er mich zu Sayadawgyi, der mich wieder »auf Reihe« bringen sollte. Damals schlüpfte ich ins Mönchsgewand und blieb fast zwei Jahre im Kloster.

In diesen Jahren im Retreat verbesserte sich mein geistiger Zustand, wurde stabiler, aber als ich nach Hause zurückkehrte, fingen die Probleme wieder von vorne an. Vielen Praktizierenden geht es genauso. Wenn es an Weisheit mangelt, kommt die Selbsttäuschung um die Ecke und sagt: »Das Retreat ist vorbei. Wir sind jetzt fertig mit der Meditation, lass uns feiern.« Die Verunreinigungen blicken die Meditierende an und sagen: »Nun, wie lange willst du praktizieren? Einen Monat, zwei Monate, acht Monate? In Ordnung, wir lassen dich so lange in Ruhe, aber dann sind wir wieder dran.« Und dann sind sie wirklich wieder dran. Es liegt in der Natur der Sache, dass wir die ganze Zeit praktizieren müssen – und nie aufhören! *Sīla*, *Samādhi*, *Paññā*: Wir müssen sie unablässig weiterpraktizieren. Der Buddha erinnerte seine Anhänger/innen stets daran, nicht achtlos zu sein und immer den *Dhamma* im Sinn zu haben. Er sagte nicht, wann man den *Dhamma* im Sinn haben sollte, sondern einfach: »Habt den *Dhamma* im Sinn.« Und mit »seid nicht achtlos« meinte er: *die ganze Zeit*.

Eigentlich können wir erst dann wirklich anfangen zu praktizieren, wenn der Geist ruhig geworden ist. Das ist das Fenster in der Mauer der Verblendung, durch das wir unsere Erfahrung untersuchen können. Der Buddha wusste sehr genau, wie schädlich Selbsttäuschung ist, denn wenn Weisheit abwesend ist, ist Selbsttäuschung automatisch da. Und wenn sie die Tür geöffnet hat, marschieren alle anderen Verunreinigungen herein. Wenn Sie das Retreat verlassen, ist es also sehr wichtig, weiterzupraktizieren.

Ich erinnere mich daran, dass mein Lehrer, als ich das Kloster in den ersten Jahren meiner Praxis wieder einmal verließ, zu mir sagte: »Du wirst glücklicher sein, wenn du achtsamer bist.« Damals verstand ich nicht wirklich, was er damit meinte, aber jetzt, da mein Geist etwas reifer geworden ist und ich mir mehr im Klaren über die richtige innere Haltung bin, kann ich den Zusammenhang zwischen Achtsamkeit und Glücklichsein sehen. Dieses Verständnis kann jede Situation erhellen, in der man physisches oder körperliches Leiden erfährt. Heute ist das für mich der wertvollste Maßstab für meine Praxis.

KAMMA (KUSALA, AKUSALA, CETANĀ)

Die wörtliche Übersetzung des Pali-Wortes *Kamma* (sanskrit: *Karma*) lautet, wie die meisten von Ihnen wissen, »Handlung« oder Aktivität. Betrachten wir es jedoch als umfassendes natürliches Phänomen, sehen wir, dass es sowohl heilsame (*kusala*) als auch unheilsame (*akusala*) Aktivitäten in unserem Leben einschließt. Diese Aktivitäten entspringen dem Wollen (*Cetanā*) oder der Absicht, welche der signifikanteste Faktor beim Erzeugen von *Kamma* ist. (Mit *Cetanā* werden wir uns später noch näher befassen.) Dies setzt eine Handlungsfolge in Gang, die bis zu ihrem unvermeidlichen Schlusspunkt abläuft. Diese Handlungsfolge wird manchmal als »Handlungseinfluss« bezeichnet, den Ausgang oder Schlusspunkt kennen wir als *Vipāka*, die Konsequenz der Handlung, wobei die Konsequenz in direktem Zusammenhang damit steht, ob die ursprüngliche Handlung heilsam oder unheilsam war.

Es gibt unzählige Bilder, um diesen Prozess zu beschreiben. Eines, das mir gerade in den Sinn kommt, ist: »Stell dir vor, du hast einen langen Wasserschlauch, sagen wir, 100 Meter lang, der an einem verschmutzten Wasserzufluss angeschlossen ist. Wenn wir den Schlauch nun an einen Zufluss mit reinem Quellwasser anschließen, erhalten wir dennoch zunächst noch so viel verschmutztes Wasser, wie durch einen 100-Meter-Schlauch fließt, bevor das klare Quellwasser zu fließen beginnt. Schließen wir den Schlauch wieder, wenn auch nur kurz, an das verschmutzte Wasser an, erhalten wir solches unweigerlich nach einiger Zeit. Jede Handlung muss sich entfalten. Die Handlung, den Schlauch anzuschließen, ist »Wollen« *(Cetanā)*. Wenn wir still und achtsam dasitzen und uns umschauen, sehen wir, wie dieser Prozess überall abläuft – das ist der natürliche Gang der Dinge. Es ist ein Naturgesetz und unvermeidlich. Vermeidbar sind allerdings die negativen Konsequenzen. Mit Gewahrsein und Weisheit können wir einfach an das klare Quellwasser angeschlossen bleiben und müssen keine unheilsamen Ursachen setzen. Bedingungen können sich ändern oder enden, aber wir können immer noch an der

Wirkung anhaften, also müssen wir zuerst die Ursache verstehen. Nur ein Buddha oder *Arahant*, der über diese Ebene des Werdens hinausgegangen ist, ist diesem Naturgesetz des *Kamma* nicht unterworfen. Er unterliegt jedoch noch immer den Wirkungen vergangener Bedingungen, bis diese schließlich auslaufen.

Kamma ist keine Belohnung oder Bestrafung, die man von einer höheren Autorität serviert bekommt; es wurde nicht in unser Los hineingestempelt. Es ist kein Schicksal, sondern es sind unsere eigenen Handlungen, die sich auf uns auswirken und auf uns selbst zurückfallen. Die Geschichte wurde noch nicht zu Ende erzählt. Sie wurde nur bis zum gegenwärtigen Moment erzählt. Wenn uns das bewusst ist, erkennen wir, dass wir in der Lage sind, den Lauf des *Kamma* umzulenken oder zu unterbrechen, so wie wir von der schmutzigen Wasserversorgung zur reinen Quelle wechseln können. Nehmen wir beispielsweise an, jemand hat sein Leben lang zu Wutanfällen geneigt und gerät sehr leicht in Rage. Wenn diese Person anfängt, Achtsamkeit zu praktizieren, wird sie schon bald die Vorteile und positiven Auswirkungen der Praxis erkennen und im gegenwärtigen Moment die Wahl haben, weiterhin wütend zu sein oder zu versuchen, dessen gewahr zu sein und weiser zu werden. Das ist freier Wille. Wenn sie oder er sich entscheidet, die Wut zu ignorieren und nichts darüber wissen will, ist Selbsttäuschung am Werk: Die Bedingungen bleiben gleich und setzen sich fort. Weisheit schenkt uns Wahlfreiheit.

Wir können gar nicht ermessen, wie viel *Kamma* wir angesammelt haben, das in jedem Moment austreiben kann. Der Geist ist wie ein System mit vielen Knöpfen, die von äußeren und inneren Auslösern gedrückt werden. Die Ursache ruft die Wirkung hervor und die Ursache beinhaltet die Wirkung. *Kamma* ist ein Thema, in das man sehr tief einsteigen kann, und das ist sehr interessant. Wir schauen uns beispielsweise um und sehen die Ungleichheit, die überall auf der Welt herrscht. Und dann kommen viele Fragen über die Gründe auf. Wir können in die Theorie über vergangene Leben eintauchen, und auch das wird Fragen aufwerfen. Können wir all das dem *Kamma* zuschreiben? Es ist nicht meine Sache, für das eine oder andere zu sprechen. Es ist Ihre Sache, zu praktizieren. Dann werden Sie allmählich verstehen und es für sich selbst erkennen. Im Hinblick auf *Kamma* gibt es sehr viele Paradigmen und man kann leicht in Verwirrung geraten. Wenn Sie sich also tiefere Gedanken über dieses Thema machen wollen, müssen Sie die richtigen Informationen haben, die zu rechtem Denken führen. Mit rechtem Denken und der Praxis der Achtsamkeit können wir zu Weisheit gelangen, und dann werden wir schon bald erkennen, was für unser Wohlergehen heilsam oder unheilsam ist und Ersteres in unser Leben bringen. Durch Einsicht erkennen wir allmählich das Gesamtbild. Und dann wissen wir: Dieses Naturgesetz des *Kamma* kann validiert werden; die Antworten werden da sein.

Wenn wir von Absicht oder Wollen *(Cetanā)* sprechen, dann sprechen wir über den konditionierten Prozess – Ursache und Wirkung. Wir dürfen nicht vergessen, dass es da einen geistigen Strom gibt, der weiterfließt, der das Erbe der vergangenen Bedingungen weiterträgt; das ist die Kette von Ursache und Wirkung. Die Bedingungen in einem Geist übertragen die Wirkung zum nächsten Geist. Es ähnelt ein bisschen einem Staffellauf, bei dem wir den Stab an den Nächsten weitergeben. Im nächsten Moment wählt der Geist und fügt seine eigene Bedingung dem vorherigen Moment hinzu. Er fügt der Qualität des vorherigen Moments etwas hinzu oder nimmt ihr etwas und vergeht, und die Wirkung wird an den nächsten Geist weitergegeben. Jeder Geist beginnt mit etwas – das ist die Bedingung oder Verfassung. Aber im gegenwärtigen Moment hat der Geist Gelegenheit, das Seine hinzuzufügen, bevor der Moment vergeht. Wenn alles konditioniert ist, bedeutet das, dass da ein Strom von Ursache und Wirkung fließt; man nennt ihn Werden oder *Samsāra*. Im gegenwärtigen Moment gibt es Wahlfreiheit oder freien Willen, und wenn in diesem Moment genügend Weisheit vorhanden ist, kann eine weise Entscheidung getroffen werden. Intention an sich ist neutral. Der Ausgang zukünftiger Ereignisse hängt davon ab, ob sie sich mit einem heilsamen oder unheilsamen Geist verbindet. Der weise Geist kann wählen, woran er glaubt, und aktiv bleiben, anstatt nachzulassen.

Alles, was heilsam oder unheilsam ist, beginnt im Geist. Wieso gibt es heilsame und unheilsame geistige Qualitäten? Sie entstehen aufgrund unserer Reaktion auf Objekte. Alles, was heilsam ist, beginnt mit rechter Haltung, rechter Einstellung und rechter Aufmerksamkeit (*Yoniso manasikāra*). Alles, was unheilsam ist, beginnt mit falscher Haltung, falscher Einstellung oder falscher Aufmerksamkeit (*Ayoniso manasikāra*). Versuchen Sie stets mit heilsamen Handlungen, rechter Rede und heilsamen Geistesqualitäten zu leben. Tun Sie, was heilsam ist; geben und teilen Sie (*Dāna*), leben Sie moralisch und ethisch (*Sīla*), entwickeln Sie geistige Stabilität (*Samādhi*) und praktizieren Sie *Vipassanā*-Meditation (*Bhāvanā*). Unter all diesen ist *Bhāvanā* die höchste, heilsamste Handlung. Ich kann nicht genug betonen, wie wichtig es ist, diese geistigen Qualitäten zu entwickeln und *kusala* und *akusala* zu verstehen.

Als ich einmal vom Markt nach Hause ging, beschloss ich, mit meinem Verlangen zu spielen. Es war extrem heiß und ich war ziemlich durstig. Ich lief durch Chinatown und sah in den Läden all diese köstlich aussehenden, eisgekühlten Getränke, die dort zum Kauf angeboten wurden: Cola, Fanta, Sprite. Ich dachte bei mir: »Wenn ich Durst habe, brauche ich eigentlich nur Wasser.« Aber *Lobha* sagte: »Du hast Geld in der Tasche, kauf dir doch eine Limonade.« Die Weisheit sagte: »Warte, bis du nach Hause kommst und trinke etwas Wasser.« Dieser innere Dialog wiederholte sich bei jedem Laden, an dem ich vorbeikam. Ich kam zu Hause an und das Verlangen kam blitzartig zurück. Also ging ich geradewegs zum Kühlschrank, um mir ein kaltes Getränk zu holen. Dann hielt ich inne und dachte: »Es ist nur Durst, also brauche ich nur Wasser und es muss nicht einmal gekühlt sein.« Ich füllte ein Glas mit Wasser aus dem Hahn und trank – und verspürte keinen Durst mehr.

Gier oder Verlangen wird immer da sein und Sie drängen, eine bessere Erfahrung zu machen (im oben beschriebenen Fall die zusätzlichen Geschmacksempfindungen gekühlter, aromatisierter Getränke oder einfach eines gekühlten Getränks). Wenn das Gewahrsein mit Weisheit verbunden ist, verleiht sie jeder Entscheidung, die getroffen werden muss, zusätzliches Gewicht. Durst ist einfach nur Durst, sonst nichts; die Natur macht ihren Job und lässt uns wissen, was der Körper braucht. Damit will ich nicht sagen, dass es verkehrt ist, eine angenehme Erfahrung zu machen. Es ist einfach nur so, dass wir oft Entscheidungen fällen, ohne achtsam zu sein, was den Verunreinigungen leichten Zugang zu unserem Geist ermöglicht. Manchmal sind wir vielleicht unentschlossen, sind nicht sicher, was wir tun sollen, weil wir eine bestimmte Erwartung haben. Wir haben Vorlieben und Abneigungen im Kopf und wir wollen zu einem Ergebnis kommen. Wir müssen uns im Hinblick auf unser Wollen stets Fragen stellen: heilsam oder unheilsam? Nötig oder unnötig? Das ist Weisheit in Aktion.

Während dieses zweijährigen Aufenthalts im Kloster hatte sich meine Beziehung zu Sayadawgyi auf eine Weise entwickelt, dass ich ihm alles über mein Leben erzählen konnte, und er war sehr froh, dass ich das tat. Er machte gewöhnlich nicht viele Worte und oft sagte er zu mir: »Ich bin eine Trommel und du musst schon auf mich draufschlagen, um eine Resonanz zu bekommen.« Mit anderen Worten, er wollte, dass ich wirklich offen mit ihm war und ihm alles mitteilte – das Gute und das Schlechte. Hätte ich das nicht getan, wäre es ihm einfach nicht möglich gewesen, zu wissen, in welche Richtung er mich leiten musste. Als ich damals im Kloster eintraf, schienen alle meine Sorgen und Probleme von mir abzufallen. Sayadawgyi gab mir stets das Gefühl, dass ihm mein Wohlergehen wichtig war und dass ich vollkommen in Sicherheit war, solange ich mich in seiner Obhut befand. Er sagte mir, ich könne ihn zu jeder Tages- und Nachtzeit aufsuchen, wenn ich mit ihm über ein Problem sprechen wollte. Manchmal schlich ich mich, wenn er schlief, in seinen Wohntrakt und setzte mich zum Meditieren hin. Das war ein besonderes Privileg, das außer mir wohl niemandem zuteil wurde. In diesen frühen Jahren waren die Nähe zu Sayadawgyi und das gemeinsame Praktizieren für mich die einzige echte Möglichkeit, dem Chaos in meinem Geist zu entkommen. Jedes Mal, wenn ich das Kloster verließ, sagte mein Lehrer zu mir: »Praktiziere weiter.« Aber das tat ich nie. Ich ging einfach meiner Wege, machte da weiter, wo ich vor dem Retreat aufgehört hatte, und richtete mich wieder in meiner früheren Lebensweise ein.

DIE ZUFLUCHTEN: BUDDHA, DHAMMA UND SANGHA

Wohin sollen wir uns wenden, wenn wir mit dem Rücken zur Wand stehen und die Welt um uns herum auseinanderzufallen scheint? Was sollen oder können wir tun? Das ist das Dilemma, mit dem jede/r von uns in irgendeiner Phase seines Lebens konfrontiert wird. Wir können uns an Freunde und Angehörige wenden, um Unterstützung zu bekommen, und sie können eine echte Hilfe sein, aber letzten Endes müssen wir selbst Antworten finden. Es kann viel Mut erfordern, den Geist so weit zu sammeln und zu beruhigen, um zu dem Wissen und Verständnis zu gelangen, welches uns ermöglicht, auf gelassene und objektive Weise anzuschauen, was in unserem Leben vor sich geht. Das ist eine echte Prüfung für unseren Willen. Die Antworten auf unsere Fragen können wir in unserem eigenen Geist finden. Wir müssen einen Ruhepunkt finden, bei dem unser Glück von gar nichts abhängt. Jede/r von uns hat diese innere Buddha-Natur – dieses Potenzial, jeden Moment zu erwachen und zu sehen, was wirklich ist – was ist. Können wir es finden? Können wir Zuflucht zu ihm nehmen? Zuflucht beim Buddha zu nehmen bedeutet, Zuflucht zu diesem Potenzial des Erwachens zu nehmen. Uns an unsere erwachte Natur zu erinnern ist das Herzstück dieser Praxis. In jedem beliebigen Moment achtsam und bewusst zu sein, ermöglicht uns direkten Zugang zu diesem Erwachen und lässt uns außerdem zur Erkenntnis gelangen, dass das alles ist; alles andere hängt von irgendwelchen Bedingungen ab und kann uns Leiden bescheren. Wir werden an den historischen Buddha und seine Lehren erinnert, wenn wir in die *Dhamma*-Halle gehen, um in Meditation zu sitzen oder unseren Lehrer/innen zuzuhören, die auf ihre ganz individuelle Weise die Lehren Buddhas an uns weitergeben. Wir alle können hier

Zuflucht nehmen und Trost finden, was uns wiederum hilft, den geistigen Raum zu entdecken, in welchem sich Weisheit entfalten kann, und der uns anspornt, mit unserer Praxis fortzufahren.

Zuflucht zum *Dhamma* zu nehmen bedeutet, Zuflucht zu unserer ureigenen Natur zu nehmen, dieser vorübergehenden Existenz in menschlicher Form. Dies ist unsere Realität und das Vehikel, durch welches wir uns öffnen und realisieren können, was wir wahrhaft sind. Wir müssen Vertrauen entwickeln, um das tun zu können – nicht nur Vertrauen in Buddhas Lehren, sondern Vertrauen in unsere eigene Praxis. Wir müssen auf Achtsamkeit vertrauen, mit der wir sehen können, wie sich unzählige *Dhamma* in jedem Augenblick innen und außen manifestieren. *Dhamma* ist unsere eigene Realität, und wir können den Meditierenden vertrauen, die den Weg vor uns gegangen sind und ihre Erfahrungen und Lehren mit uns geteilt haben. Wir können uns umschauen und Trost in der Natur selbst finden, und uns kann bewusst werden, wie real wir uns darauf verlassen müssen, dass die Natur uns unterstützt. Daraus können wir lernen. Und am Allerwichtigsten: Wir können Zuflucht zu der Möglichkeit nehmen, unser Herz zu reinigen, und zum *Dhamma* und der überpersönlichen Natur unseres Geistes erwachen.

In unserem Retreat-Zentrum gibt es nicht allzu viele Regeln und Vorschriften; wir setzen großes Vertrauen in die Meditierenden. Wir vertrauen darauf, dass sie sich an die Spielregeln halten und ihr eigenes Urteilsvermögen nutzen, um Frieden und Harmonie unter den Teilnehmenden aufrechtzuhalten. An den meisten Tagen ist es nicht ungewöhnlich, dass man früh morgens oder am Abend Praktizierende sieht, die umhergehen und miteinander plaudern. Das ist jedoch kein unnützes Geplauder. Sie nehmen Kontakt zueinander auf und teilen *Dhamma*-Erfahrungen miteinander oder bieten sich gegenseitig Unterstützung an. Sie nutzen diese Zeit, um sich achtsam aufeinander zu beziehen und aufmerksam zuzuhören, wenn andere berichten, was in deren Praxis geschieht. Sie erfreuen sich am *Dhamma* und geben sich in die Sicherheit und das Vertrauen ihrer Meditationsgemeinschaft hinein.

Wenn wir diesen Austausch mit anderen Meditierenden haben, ist das eine Gelegenheit, unseren eigenen Geist zu beobachten und dessen gewahr zu sein, was in unserem Bewusstsein auftaucht. Sich auf diese Weise mit einem Mit-Meditierenden auszutauschen ist eine wertvolle Hilfe zur Vertiefung unseres Verstehens und Konsolidierung unseres Wissens. Dieser Austausch unter den Praktizierenden ist frei von Erwartungen, aber dennoch höchst erfüllend. Manche Meditierende, die in unser Zentrum kommen, sagen zunächst: »Ich werde keinen persönlichen Austausch mit anderen pflegen. Ich will meine ganze Energie auf meine Praxis verwenden.« Bei manchen ändert sich diese Haltung schon nach wenigen Tagen, wenn sie erkennen, welcher Wert darin liegt, von ihren Mit-Meditierenden Unterstützung zu bekommen und selbst welche zu geben. Für andere ist wiederum das Alleinsein mit ihren eigenen Gedanken, Gefühlen und Empfindungen bereits die ganze Unterstützung, die sie brauchen. Die Unterstützung und das Vertrauen in unsere Meditationsgemeinschaft kann uns viel Trost spenden.

5

Die Depression

Meine erste, recht kurze Begegnung mit der Depression hatte ich, als man mich von der Schule nahm und ins Familienunternehmen steckte. Es war keine schwere Depression und diese Phase dauerte nicht sehr lange. Mir war die Ursache nicht bewusst, und ich erkannte weder an den äußeren Anzeichen, beispielsweise meiner Wut, noch an den Gefühlen der Angst und Unruhe, wie depressiv ich wirklich war. Mein Drogenmissbrauch war in dieser Zeit gewiss nicht hilfreich und trug wahrscheinlich zur Verschärfung des Problems bei. Weil ich so außer Kontrolle war, war es eine ausgemachte Sache, dass ich zu Sayadawgyi gehen und für längere Zeit bei ihm bleiben sollte. Während meines Aufenthalts nahm Sayadawgyi natürlich deutlich wahr, was ich fühlte, und er sagte immer wieder zu mir: »Praktiziere einfach weiter und beobachte, was in deinem Geist vor sich geht.« Ich praktizierte *Samatha* oder Konzentrationsmeditation, weil das für mich der einzige Weg war, mir Erleichterung von den Ängsten zu verschaffen, unter denen ich litt. Wenn ich *Samatha* praktizierte, ließ meine Angst nach, weil ich dann auf ein Objekt fokussiert war, aber bei der *Vipassanā*-Meditation fing ich an, mir Sorgen zu machen. Wenn ich meine Aufmerksamkeit ausdehnte, kamen viele Objekte ins Spiel, und es fiel mir schwer, damit klarzukommen. Ich besaß nicht genug Weisheit, um mich dem Chaos stellen zu können, das in meinem Geist herrschte.

Die Anleitungen, die ich von Sayadawgyi in diesem Zeitraum erhielt, variierten. Manchmal sagte er: »Beobachte dieses Objekt, beobachte jenes Objekt« oder viele Objekte – es hing davon ab, wie er meine Fähigkeit wahrnahm, mich mit meinem Geist auseinanderzusetzen (*Cittānupassanā*), aber er gab auch Anleitungen zur *Samatha*, wenn nötig. Als ich damals das Mönchsgewand anlegte, dachte ich, es würde für immer sein, aber nach zwei Jahren gab ich dem Druck meiner Familie nach und zog die Robe aus, denn meine Angehörigen wollten, dass ich zurückkam, um im Geschäft zu helfen.

Von meinem Aufenthalt im Kloster kehrte ich ein bisschen weiser zurück. Mein *Samādhi* war aber noch zu fragil (obwohl es aufgrund meiner *Samatha*-Praxis einigermaßen gefestigt war), um den Einflüssen standzuhalten, die in der Außenwelt auf mich einwirkten, und es dauerte nicht lange, bis ich wieder in alte Abhängigkeiten geriet, um ein bisschen Glück in mein Leben hineinzuziehen. Um diese Zeit herum stellte ich fest, dass meine Weisheit allmählich zu mir durchdrang. Obwohl ich noch immer auf meine alten Tricks zurückgriff – Drogen, schlechtes Verhalten und so weiter – sagte irgendetwas in mir: »Das ist nicht gut, das ist nicht in Ordnung.« Ich fing an, mich schuldig zu fühlen und schämte mich. Die Weisheit bekam etwas mehr Gewicht und stellte sich gegen die Verunreinigungen. In den folgenden Jahren tobte dieser ständige innere Konflikt zwischen der Weisheit und den Verunreinigungen. Er löste viele unangenehme Gefühle aus, hauptsächlich Anspannung, Angst, Unruhe und Wut. Aber weil ich mich durch meine schlechten Gewohnheiten ablenken konnte, war mir nicht bewusst, dass die Depression eine Eigendynamik entwickelte und sich festsetzte.

VEDANĀ (EMPFINDUNGEN, GEFÜHLE)

Solange wir einen physischen Körper haben, werden wir Empfindungen haben, und weil wir einen Geist haben, werden mentale Aktivitäten stattfinden. Weil Körper und Geist interagieren, können in jedem Augenblick unzählige Kombinationen von Körper/Geist-Empfindungen und Gefühlen auftauchen. Wir können *Vedanā* in *Sukha Vedanā*, *Dukkha Vedanā* und *Upekkhā Vedanā* unterteilen. Das sind entweder angenehme, unangenehme oder indifferente Eindrücke, Empfindungen und Gefühle, und unterschwellig gibt es die subtilere Aktivität reinen Fühlens ohne zusätzliche Bedingung. Weil unser Körper den Naturgesetzen unterworfen ist, werden wir immer auch Schmerzen und Krankheiten erleben. Wie unser Geist auf solche Beschwerden reagiert, bestimmt, ob wir Grund zum Leiden haben oder nicht. So wie ich es verstehe, ist Gleichmut oder Gelassenheit der natürliche Zustand des Geistes, das heißt, das unmittelbare Geschehen im Körper ist nicht mit angenehmen mentalen Regungen (*Somanassa*) oder unangenehmen mentalen Regungen (*Domanassa*) verknüpft. Der Geist ruht ganz natürlich in einem Zustand des Gleichmuts (*Upekkhā*) und der Weisheit. Wenn wir über *Vedanā* hinausgehen, ist das unser natürlicher Zustand.

Wenn wir sagen, dass wir ein Objekt verstehen wollen, ist das normalerweise eher mit einer Ablehnung des unangenehmen Objekts verbunden und dem Wunsch, es möge sich in Luft auflösen: Wir möchten, dass es sobald wie möglich aus unserem Leben verschwindet. Taucht etwas Angenehmes auf, sieht die Sache anders aus: Wir wollen daran festhalten, wollen, dass es andauert. Ist das rechte Ansicht? Nein! Bei unserer Praxis geht es darum, Empfinden einfach als Empfinden wahrzunehmen, als Natur. Dieses Empfinden ist keine Person und kein Wesen. Wenn Sie erkennen, dass es nichts Persönliches ist, haben Sie kein Problem mehr damit; das ist die rechte Sichtweise. Nur wenn wir das Gefühl als »meines« betrachten, haben wir hier ein Problem. Schauen Sie also bitte, mit welcher unterschwelligen Haltung Sie an die Sache herangehen, wenn

Empfindungen auftauchen. Wir praktizieren, weil wir verstehen wollen. Verstehen hilft uns, unser Leben in seiner Gesamtheit zu untersuchen und das führt zu Weisheit.

Die Haltung, die wir uns zu eigen machen müssen, wenn wir mit Gefühlen und Empfindungen arbeiten, ist Objektivität. Wir erkennen, dass diese Gefühle und Empfindungen, obwohl sie im Moment erfahren werden, aufgrund von vergangenen Ursachen und Bedingungen da sind, die einen Einfluss auf den gegenwärtigen Moment ausüben. Wir müssen uns daran erinnern, dass es ein Prozess ist; es ist natürlich, und wir müssen ihn einfach nur als solchen erkennen und anerkennen und uns erlauben, ihn zu beobachten. Wir müssen würdigen, dass wir dessen gewahr sind, müssen eher Gewahrsein fördern, anstatt uns über die Erfahrung zu beklagen: »Das ist keine gute Erfahrung; so sollte der Geist nicht sein; das ist eine ungesunde Erfahrung; sie sollte anders sein.« Anstatt überhaupt über die Erfahrung nachzudenken, wollen wir anerkennen, dass wir praktizieren, und das tun wir, weil wir achtsam sind und weil wir wissen, dass wir achtsam sind. Die Praxis läuft gut, nehmen Sie also bitte achtsam die Aktivität des Fühlens wahr – wenn wir mehr tun, erschaffen wir nur Bedingungen.

Mein Lehrer machte mich mit diesem Konzept vertraut, als er eines Tages zu mir sagte: »Wenn du die Dinge erkennst, wie sie sind, dann ist das die rechte Ansicht.« Das berührte mich tief, und von diesem Zeitpunkt an versuchte ich alles, was ich erlebte, als unpersönlich zu betrachten, selbst wenn die Gedankengänge in meinem Geist schrecklich waren oder von schrecklichen Dingen in Bezug auf andere Menschen handelten. Ich wusste, was in meinem Geist vor sich ging, und das bedeutete, ich tat das Richtige, wenn ich einfach achtsam war. Wenn wir versuchen, die Erfahrung zu rationalisieren, erzeugen wir nur eine weitere Bedingung. Ich möchte Ihnen allen einfach nahebringen, dass die Erfahrung selbst weniger wichtig ist als das Gewahrsein derselben: Das ist das Wichtigste bei unserer Praxis.

DUKKHA VEDANĀ

Die erste edle Wahrheit des Buddha – *Dukkha* – kann nur aus der Perspektive eines wirklichen Gewahrseins unserer Erfahrung verstanden werden. Das wahre Wesen von *Dukkha* zu erkennen bedeutet nicht unbedingt, dass dies aus unmittelbarem Leiden resultiert. Nur wenn wir sehen und verstehen, wie Leiden durch Vergnügen entstehen kann, erkennen wir die Wahrheit von *Dukkha*. Wir betrachten Ursache und Wirkung. Wenn ein starkes Verlangen nach angenehmen Zuständen oder Glücklichsein da ist, existiert auch eine starke Abneigung gegen innere Unruhe und Unglücklichsein. Wenn wir meinen, wir würden die Wahrheit von *Dukkha* nur erkennen, wenn wir leiden, wie können wir dann verstehen, dass die Erfahrung von *Samādhi* oder Glückseligkeit oder innerer Ruhe ebenfalls *Dukkha* ist? Wenn wir unsere Erfahrung so sehen, sind wir in der Selbsttäuschung gefangen. Die edle Wahrheit von *Dukkha*, wie ein weiser Geist sie erkennt, ist das genaue Gegenteil von dem, was ein Praktizierender erfährt, der dieses Verständnis nicht hat. Die Wahrheit von *Dukkha* zu verstehen ist Weisheit. Das Verstehen von *Dukkha* ist nicht die Erfahrung von *Dukkha*. Mit diesem Verständnis bekommt der Geist Energie, fühlt sich frei und losgelöst. Er ist dann frei von Verlangen, Gier und Verunreinigungen, während die Erfahrung von *Dukkha* Energie raubt und sich oft lähmend auswirkt. Nur wenn der Geist eine Erfahrung nicht als erfreulich wahrnimmt, versteht er die edle Wahrheit von *Dukkha*.

Auf der Erfahrungsebene ist das Beobachten von *Dukkha* nicht so eindeutig; unsere Gefühle können »gemischt« sein. Nein, der Mensch kann nicht heilsame und unheilsame Gefühle gleichzeitig haben, aber da die Natur des Geistes Bewegung ist und diese rasend schnell geschieht, kann es uns vorkommen, als hätten wir gemischte Gefühle. Es fühlt sich an, als sei alles gleichzeitig da: gut und schlecht, Weisheit und Torheit, alles auf einmal. Erwarten Sie also nicht zu viel. Viele Praktizierende berichten – und es ist klar, dass dann Achtsamkeit da ist –, dass sie dann immer das

Richtige tun. Wir befinden uns vor allem in einem Lernprozess und können nur achtsam sein, während der Geist tut, was er tut – immer wieder.

Dukkha ist ein Nebenprodukt von Verblendung oder Selbsttäuschung, und wenn man auf heilsame Art und Weise damit arbeitet, kann die Verblendung aufgelöst werden, indem wir sie verstehen; wir können daraus lernen. Das heißt, die mit der Erfahrung von *Dukkha* einhergehenden Gefühle helfen uns, wenn wir sie sorgfältig beobachten, zu verstehen, wie das Festhalten an Sinnesobjekten Leiden erzeugt. Die gesamte *Dukkha*-Dynamik beinhaltet alle Informationen, die man braucht, damit Einsicht möglich wird. Nur durch das Erforschen der Ursachen und Bedingungen des Leidens gelangen wir zu einem Verständnis desselben. Wenn wir einfach mit dem Leiden sein können, ist es auch möglich, einen Ort der Stille und Ruhe zu finden – ähnlich dem Zentrum eines Hurrikans –, an dem wir genügend Raum haben, um innerlich einen Schritt zurückzutreten und zu erforschen, was uns leiden lässt. Das kann uns zu einem Verstehen der gegenwärtigen Erfahrung führen, selbst wenn sich die eventuelle und letztendliche Konsequenz der Handlung noch nicht voll manifestiert hat. Es könnte sein, dass Sie eine Menge gemischte Gefühle erleben, die zu durchdringen Ihnen schwerfällt. Durch kontinuierliches Gewahrsein kommt der Geist allmählich noch mehr zur Ruhe und die Wahrnehmung wird immer schärfer. Dann können wir anfangen, die einzelnen Gefühle zu beobachten, die uns zur Ursache unserer Probleme führen, können sie »herausfiltern« und identifizieren. Von dieser Warte der Objektivität aus können wir die Ursache und unpersönliche Natur dieser Gefühle sehen; wir erkennen, dass sie nicht »Ich« oder »Mein« und nicht »Leiden« sind, sondern einfach nur die Natur der Dinge, wie sie sind. Hier nimmt Weisheit den Platz der Verblendung und Selbsttäuschung ein – das ist Einsicht.

Wenn wir etwas »Schubkraft« hinter unserem Gewahrsein haben und dann in eine unheilsame Aktivität verfallen, kann die Wirkung unmittelbar und sehr real sein. Dann erleben wir *Dukkha* sehr direkt und schonungslos. Wir erfahren es so, wie es ist, hier geht die Natur ihren Gang.

Aufgrund des Momentums unserer Achtsamkeit neigen wir weniger dazu, uns in Ablenkungen zu flüchten, um die unangenehmen Gefühle abzumildern – wir bleiben dabei. Das Leiden kann dann sehr intensiv sein, aber weil wir dieses Momentum aufgebaut haben, können wir es beobachten, wie es ist, und ziemlich schnell hindurchgehen – vorausgesetzt natürlich, dass wir die Ursache identifizieren können und nicht weiter daran festhalten. Wir müssen bei der Erfahrung bleiben und sie untersuchen, um zu verstehen, warum das jetzt geschieht. Versuchen wir die Erfahrung zu rationalisieren, das heißt, versuchen wir sie zu rechtfertigen oder Logik hineinzubringen, verstricken wir uns in Vorstellungen oder in der Erzählung. Das verlängert unser Leiden nur, weil die Erzählung dem Gefühl Nahrung gibt. Wir müssen immer zum Gefühl zurückkehren und uns damit auseinandersetzen. Nur wenn wir voll und ganz in Kontakt damit sind, beginnen wir zu verstehen und können weitergehen. Die Einsicht besteht im Erkennen des potenziellen Leidens, das durch das Festhalten an irgendeinem Sinnesobjekt entstehen kann – sei es angenehm oder nicht; mit anderen Worten, wir können *Dukkha* im Objekt sehen. Sind wir nicht in der Lage, das zu sehen, leben wir in Selbsttäuschung.

Natürlich waren die Gefühle, die ich erlebte, »gemischt« und sehr unterschiedlicher Natur: Anspannung, Angst, Traurigkeit und vor allem Wut. Ich war nun 25 Jahre alt und wieder fest im Familienbetrieb eingespannt. Man hatte mir die Verantwortung für die Leitung des Geschäfts übertragen, was bedeutete, dass der Spaß-Faktor aus meinem Leben nahezu verschwunden war. Ich wollte viel mehr vom Leben, als auf einem Markt zu arbeiten, und so wurde ich, abgesehen von meiner Wut, wieder sehr depressiv. Ich forschte in meinem Geist und fragte mich, was ich tun könnte. Die Antwort lautete stets: kämpfen oder explodieren. Ich schlug um mich und zerbrach Dinge, wobei ich mich manchmal selbst verletzte. Einmal schlug ich so fest auf etwas ein, dass ich mir die Hand brach und ein andermal verletzte ich mir den Fuß, als ich mit voller Wucht gegen etwas trat. Bekam ich nicht sofort, was ich wollte, schrie ich herum und ließ meiner Wut freien Lauf. Wenn ich wütend auf meine

Eltern war, tat ich absichtlich Dinge, die ihnen zuwider waren, nur um sie zu ärgern und zu beunruhigen. Nach einem Wutausbruch empfand ich stets eine unmittelbare Erleichterung im Hinblick auf die Depression. Ich glaube nicht, dass sie völlig verschwand, aber sie zog sich innerlich einfach zurück. Nach einer Phase der Beruhigung begann dieser Kreislauf dann von vorn, wobei jede neue Episode genauso schlimm, wenn nicht schlimmer war als die vorhergehende. Wieder einmal zog ich mich ins Kloster zurück, um bei Sayadawgyi zu sein. Diesmal war es meine eigene Entscheidung. Ich glaubte, aufgrund meiner emotionalen Verfassung kaum andere Optionen zu haben.

Bei diesem Aufenthalt im Kloster stand eine sehr beständige, konsequente Praxis im Vordergrund. Ich konzentrierte mich hauptsächlich auf *Samatha*-Übungen, und es gelang mir, einen recht stabilen Zustand der Konzentration zu erreichen. Auch die *Vipassanā*-Praxis probierte ich wieder aus, aber wie bei früheren Versuchen erzeugten zu viele Objekte eine innere Anspannung und sorgenvolle Gedanken. Weil meine Konzentration so intensiv war, stachen geistige Verunreinigungen jedes Mal hervor und überwältigten mich. In dieser Phase meiner Praxis war es also eine angenehmere Option, mich nur mit einem Objekt zu beschäftigen. Während dieses Aufenthalts gelangte ich auch zu einem gewissen Verständnis von *Dukkha* und *Aniccā* (»Vergänglichkeit«). Und das rief eine starke Entschlossenheit wach, weiterzumachen und mich der Meditationspraxis zu widmen. Aber nach acht Monaten vernahm ich wieder den Ruf der Außenwelt und hatte das Gefühl, nicht länger bleiben zu können. Diesmal verließ ich das Kloster mit immer noch reichlich Angst und Anspannung im Gepäck.

Ich erinnere mich, dass wir auf der Heimfahrt vom Kloster an einem Polizisten vorbeikamen, der an einer Kreuzung den Verkehr regelte, und mich überfiel plötzlich der sorgenvolle Gedanke, dass er mich vielleicht kannte und von all den schlimmen Dingen wusste, die ich in meinem Leben getan hatte. Ich war außer mir vor Angst und konnte es kaum erwarten, nach Hause zu kommen und mit mir allein zu sein. Diesmal praktizierte ich nach dem Verlassen des Klosters fleißig für etwa acht Monate, bis meine Praxis allmählich im Sande verlief. Ich war sehr empfindlich, und weil mein Geist sehr sanft geworden war, hatte ich viel Angst, wenn ich mit anderen Menschen zusammen war. Immer wenn ich Gewalt oder grobes Benehmen miterlebte, wurde ich sehr angespannt und ängstlich. Ich verstand nun ein wenig, was *Dukkha* und *Aniccā* bedeuten, und mir wurde allmählich klar, dass sowohl Glücklichsein als auch Unglücklichsein nur flüchtige Phänomene sind – nichts Bleibendes. Mein Leben verlief so unglücklich, dass ich mich morgens beim Aufwachen fragte, wie ich den Tag überstehen sollte. Aber wenn ich dann darüber nachdachte, wie ich *Dukkha* und *Aniccā* verstanden hatte, fand ich die Kraft, aufzustehen und mich dem Leben zu stellen.

Meine Arbeit war sehr schwierig geworden. Immer wenn ich ins Geschäft ging, verspannte ich mich völlig, weil ich dort mit Menschen kommunizieren musste. Ich hatte ständig Angst, und meine Hände begannen zu zittern, wenn mich jemand auch nur anschaute. Ich war überzeugt, die Menschen würden auf mich herabschauen, und oft kam mir der Gedanke in den Sinn: »Ich bin nicht gut. Ich bin nichts wert«. Weil ich glaubte, dass die Menschen über mich urteilten, wollte ich allein sein. Ich wollte überhaupt niemanden um mich haben. Meistens blieb ich zu Hause, spielte Schach gegen mich selbst und wurde sehr geschickt darin. Die dafür notwendige Konzentration verschaffte mir etwas Erleichterung von meinen negativen Gefühlen. In jener Zeit kommunizierte ich sehr wenig mit meinen Angehörigen, sie überließen mich einfach mir selbst. Ich hatte das Gefühl, der einzige Weg, diese Depression zu überwinden, sei, allein und auf meine eigene Art und Weise daran zu arbeiten. In dieser Phase, in der ich sehr litt, beobachtete ich dennoch weiter meinen Geist und versuchte herauszufinden, warum ich bestimmte Dinge tat oder warum ich fühlte, was ich fühlte. Daraus erwuchs ein gewisses Verstehen, was aber nicht wirklich etwas an meiner Depression änderte. Nur im Schlaf fand ich Erleichterung.

ANICCĀ (VERGÄNGLICHKEIT)

Beim Praktizieren von *Vipassanā* kann uns die Natur selbst Hinweise geben. Wenn wir uns umschauen, sehen wir überall, dass die Natur sich ständig erneuert: Was entsteht vergeht wieder, nichts bleibt, wie es ist. Die Pflanzen wachsen entsprechend der jahreszeitlichen Bedingungen, sie blühen, bringen Samen hervor und dann welken sie und sterben ab. Mit uns ist es dasselbe. Sowohl unser Geist als auch unser Körper unterliegen ständig der Veränderung und Erneuerung aufgrund von Bedingungen oder Ursache und Wirkung; Objekte entstehen und vergehen unaufhörlich. Das ist die Bedeutung von *Aniccā*. Wir müssen verstehen und wissen, dass alles, was geschieht oder auftaucht – sei es eine Empfindung, ein Gedanke, ein Gefühl oder Gewahrsein – genau das ist: ein Geschehen. Entstehen geschieht, Werden geschieht, Entstehen und Werden geschehen. Was geschieht, ist *Aniccā,* aber es ist auch *Dukkha*: das ist das Wesen der Veränderung, wenn Anhaftung an ein Objekt da ist. Wenn wir all diesen entstehenden und vergehenden Objekten mit Gewahrsein begegnen können, ohne anzuhaften, gelangen wir zu einem Verständnis dieses Naturgesetzes der Vergänglichkeit. Ich sagte bereits, dass man nicht zu viel Mühe auf den Versuch verwenden sollte, das Entstehen und Vergehen zu beobachten, man sollte es nicht allzu sehr in den Vordergrund stellen. Zu sehen, dass etwas entsteht und vergeht, ist einfach eine Erfahrung; begrifflich haben Sie etwas verstanden, aber das kann zu einem echten Verstehen der Vergänglichkeit führen oder auch nicht. Ein Verständnis von *Aniccā* kommt ganz von selbst als Einsicht durch kontinuierliches Praktizieren. Es ergibt sich nur, wenn Sie genügend Informationen aus fortgesetzter Beobachtung gesammelt haben.

WUT

Als ich ein Kind war, nahm mein Vater mich und alle anderen Kinder der Familie mit zu seinem Lehrer. Sayadawgyi fragte uns, ob wir jemals den Teufel gesehen hätten, und wir alle sagten »Nein«. »Nun, wollt ihr einen Teufel sehen?«, fragte er, und wir alle antworteten: »Ja«. Darauf erwiderte er: »Geht das nächste Mal, wenn ihr wütend seid, hin und schaut in den Spiegel, und ihr werdet den Teufel sehen. Wenn ihr seht, wie ihr dann ausschaut, werdet ihr nie wieder wütend sein.« Eine andere Frage, die er uns häufig stellte, war: »Wie groß ist deine Wut? Wie eine Faust oder wie ein Ball?« Wir bezeichnen die Wut eines anderen gewöhnlich als »seine Wut« und unsere eigene Wut als »meine Wut«. Das ist die falsche Sichtweise. Ist chinesische Wut stärker als indische Wut? Nein, sie sind das Gleiche: Wut ist Wut. Wenn wir die Verunreinigungen in Besitz nehmen oder die Wut mit einem Etikett versehen, meditieren wir nicht wirklich: Wir können dann nicht zu einem Verständnis ihrer wahren Natur kommen. Wut und Verlangen/Gier haben ihre eigene Natur. Die Natur oder das Wesen von Wut besteht darin, grob und destruktiv zu sein. Die Natur von Gier besteht im Festhalten, in ihrer Klebrigkeit, sie ist wie Kleister, hält Dinge fest und will sie nicht loslassen.

Wir können Wut als ein natürliches Phänomen betrachten: sie entsteht und vergeht; sie ist Teil der Natur. Außerdem gibt es in unserem Geist mentale Gebilde (*Sankhāra*) aus vergangenen Ursachen und Bedingungen, die wir als unsere Realität empfinden und als solche verteidigen. Sie können wie Knoten in unserem Geist sein, allerdings sehr subtil und oft kaum zu erkennen. Die reale explosive physische Kraft der Wut ist natürlich und wirkt wie ein Verstärker, sodass wir unser Anliegen »herüberbringen« können. Das ist es, was wir gewöhnlich verteidigen: diese Bedingungen, an denen wir festhalten. Das kann sehr schnell passieren und in einem Augenblick außer Kontrolle sein. Wie können wir also mit einer solchen Kraft umgehen? Wenn die Wut erst einmal explodiert, kann es zu spät sein, sie reißt uns einfach fort; das Feuer ist außer Kontrolle, und wir haben kein Wasser, um die Flammen zu löschen. Durch Gewahrsein können wir lernen, frühe Anzeichen zu erkennen (körperliche Anspannung und innere Unruhe), und uns dann bemühen, die aktuellen Bedingungen, welche die Wut auslösen, zu kennen und zu untersuchen sowie den geistigen Zustand als solchen. Das führt zu einem Verstehen, das den Knoten allmählich löst.

Ich kam an einen Punkt – nachdem ich lange kontinuierlich praktiziert hatte –, an dem ich sehr zornig wurde. Zuvor war Wut mindestens sechs oder acht Monate lang kein Problem für mich gewesen. An jenem Tag hatte ich mich den ganzen Tag über auf der Arbeit sehr unwohl gefühlt, und als ich abends nach Hause kam, bat ich meinen jüngeren Bruder, mir etwas Medizin zu bringen. Er reagierte unfreundlich und ich explodierte sofort. Dann kam meine Schwester zu mir und sagte: »He, du großartiger Meditierer, wie kannst du so wütend werden, wenn du ununterbrochen meditierst?« Ich erkannte unmittelbar, welche Wirkung die Wut auf meine Familie hatte. Mein Bruder hatte einen erschrockenen Gesichtsausdruck und die restliche Familie hatte wirklich Angst. Ich konnte den gesamten Ablauf erkennen: wie sich die Wut im Laufe des Tages aufgebaut hatte, weil ich mich krank fühlte und die Geschäfte allein führen musste und wie sie abends ihren Höhepunkt erreichte, als sie durch die Bemerkung meines Bruders getriggert wurde. Ich dachte: »Wie kannst du es wagen, so mit mir zu sprechen?« Und dann – bumm! – unmittelbare Wut. Ich explodierte wie eine Wasserstoffbombe. Meine Weisheit war nicht stark genug, um die frühen Anzeichen der Wut im Laufe des Tages zu erkennen und das Feuer zu löschen, bevor es zum Inferno wurde. Ich entschuldigte mich sofort bei meinem Bruder und sagte zu ihm: »Es ist nicht deine Schuld, es ist meine Schuld.« Durch diese Situation verstand ich den gesamten Prozess sehr gut und wurde ein bisschen weiser. Heute ist mir zutiefst bewusst, dass es keinen Grund gibt, auf irgendjemanden in irgendeiner Situation oder unter irgendwelchen Umständen wütend zu sein – es nützt niemandem.

Nach dieser Episode entwickelte ich eine Methode zur Bekämpfung von Wut: die »Wut 0-1-0 Formel«. Immer wenn ich bemerkte, dass die Wut auf Stufe 1 war, kümmerte ich mich darum und brachte sie wieder auf Stufe 0 zurück, denn aus einem kleinen Feuer kann ein großes werden, das außer Kontrolle geraten und dann sehr schnell auf Stufe 10 anwachsen kann. Ich beobachtete, wie die Wut von Stufe 1 auf 2 auf 3 und 4 stieg, dann wieder auf 3 zurückging und plötzlich auf Stufe 6 hochschoss. Das ist die Natur der Wut: Sie ist sprunghaft und unberechenbar, und wir können sie nur verstehen, indem wir sie sorgfältig beobachten. Seit jener Zeit habe ich gelernt, zu erkennen, wenn sich unterschwellig Wut aufbaut, und wenn ich die Irritation in meinem Geist wahrnehme, bringe ich sie automatisch wieder auf 0, bevor sie weiter anwachsen kann. Ich tue dann alles Notwendige, um sicherzustellen, dass meine Wut wieder auf Stufe 0 herunterkommt. Wenn ich Zeit brauche, gehe ich einfach weg und beobachte solange, bis sich mein Geist wieder beruhigt hat. Da ist kein Denken im Spiel. Würde ich anfangen zu denken, drehten sich die Gedanken um Dinge, die mit der Wut in Zusammenhang stehen. Wenn es im Geschäft sehr viel zu tun gab, gab es auch immer irgendetwas, über das ich mich ärgern konnte – und dann kam Wut hoch. Ich beobachtete sie dann freundlich und kontinuierlich, bis sie wieder abflaute: »Ist die Wut auf Stufe 0 zurückgegangen? Nein, du bist im Moment noch nicht frei davon. Sie ist noch da.« Wie tief unser Verständnis geht, hängt davon ab, wie stark *Sati* und *Samādhi* präsent sind. Wenn die Verunreinigung noch da ist, wird sie zu irgendeinem Zeitpunkt wieder ihren Kopf heben. Es ist immer besser, mit der Verunreinigung umzugehen, solange sie noch »jung und unreif« ist.

Einmal stritten sich beispielsweise meine Mutter und meine Schwester, und sie taten das so intensiv, wie es nur zwischen Mutter und Tochter möglich ist. Beide waren sehr wütend. »Du hast das gesagt.« »Nein, habe ich nicht.« »Du hast das gemacht«, und so weiter. Beide weinten. Ich musste einen Weg finden, sie zu stoppen, bevor sich das Ganze zu einer wirklich ernsten Sache ausweiten würde. Das passierte zu einer

Zeit, als meine Praxis ziemlich gefestigt war. Mir wurde klar, dass ich nur mit einem ruhigen Geist auf sie zugehen konnte, unvoreingenommen, obwohl ich natürlich dazu tendierte, für meine Mutter Partei zu ergreifen. Dazu musste ich meine feuerfeste Jacke der Ruhe überziehen, denn ich wusste, es würde so sein, als liefe ich geradewegs in ein Inferno hinein. Schließlich gelang es mir, etwas Ruhe in die Situation zu bringen, indem ich beide sanft und ruhig überredete, zu schauen, was in ihrem Geist vor sich ging. Die Wut hatte ihr Gewahrsein in solchem Maße vernebelt, dass sie einfach nur reagierten und sich in schieren Emotionen verloren, was bei beiden zu beträchtlichem Leiden führte. Weil ich innerlich ruhig auf sie zuging, konnte ich ihnen helfen, ihre Wut so weit »herunterzufahren«, dass sie in der Lage waren, den mentalen Prozess zu verstehen, der sie so aus der Fassung brachte.

Wir müssen die Natur der Wut verstehen, die Denkprozesse, die zu diesem Gefühlsausbruch führen. Mit diesem Verständnis können Sie, wenn wieder einmal Wut auftaucht, auf die frühen Signale achten, auf Anzeichen, die sich verdichten, und dann etwas tun, um den Geist zu beruhigen. Fragen Sie sich: »Wie fühle ich mich? Ist das Gefühl angenehm oder unangenehm? An welcher Vorstellung hält mein Geist fest, die ihn wütend macht? Ist da etwas in meinem Geist, das inakzeptabel ist?« Wir können mehr über unsere Wut herausfinden, indem wir auf die geistigen Prozesse achten und nicht auf die Erzählung. »Warum war der Geist vorher nicht wütend und warum ist er es jetzt? Welche Aktivität oder was hat ihn wütend gemacht?« Die Wut wird in dem Maße abflauen, in welchem wir zu einem Verständnis des Prozesses gelangen. Die Aktivität der geistigen Verunreinigung endet und die Wut lässt nach.

Wenn meine Schwägerin über irgendetwas oder irgendjemanden wütend wurde, leitete sie das Gespräch gewöhnlich damit ein, dass sie jemanden einlud, ihr zuzustimmen. Sie schnitt also ein Thema an, das sie ärgerte, und sagte dann: »Das ist etwas, was uns wütend machen sollte; es ist so ärgerlich. Was denkst du darüber?« Weil ich schon seit einiger Zeit meditierte, wusste ich, wie man die Situation frühzeitig entschärfen konnte. Ich sagte dann: »Nichts ist es wert, wütend zu werden; es ist deine Vorstellung, an der du festhältst, die die Sache für dich inakzeptabel werden ließ.« Wäre ich still geblieben, hätte das bedeutet, dass ich ihr nicht zugestimmt hätte, und dann wäre sie noch wütender geworden. Wenn ich aber sagte, es gäbe keinen Grund, wütend zu sein, konnte sie das Gespräch nicht in dieser Richtung fortsetzen, denn es gab nichts, womit sie ihre Wut nähren und wachsen lassen konnte. Genauso können wir mit unserem eigenen Geist arbeiten: Wenn wir der Erzählung unsere Aufmerksamkeit entziehen und den gesamten Prozess als solchen beobachten, lernen wir nicht nur etwas über die Wut und die Ursache, sondern lösen unseren Geist auch von der Bedingung.

Innerlich ist der Geist immer am Arbeiten. Er bringt Urteile hervor und setzt bestimmte Parameter: »sollte« oder »sollte nicht«, Vorstellungen von »mich« und »mein«. Irgendwo rastet er ein und mag es nicht, dass er missachtet wurde. Dagegen leistet er Widerstand. Als ich damals wütend auf meinen jüngeren Bruder wurde, war die Erzählung: »Du hast mir das angetan.« Das löste die Wut aus: das Überzeugtsein des Geistes von seinem Selbstbild und seiner Wichtigkeit, als er missachtet wurde. »Ich bin älter als du und du solltest nicht so mit mir sprechen.« Diese Überzeugung löste dann die Wut aus. Ein Beispiel: In westlichen Ländern stellen sich die Menschen gerne in Schlangen an, sie sind überzeugt, dass das eine ordentliche Art ist, etwas zu kaufen oder auf etwas zu warten, wenn eine Menge Leute dasselbe wollen. Schön und gut! Aber wenn sich jemand weiter vorn anstellt, werden sie wütend. Ihre Überzeugung wurde missachtet: »Ich habe gewartet und du nicht. Ich habe auf meine Lebensmittel gewartet und du hast die Sache verzögert, indem du dich einfach weiter vorn angestellt hast. Wie kannst du es wagen?« So viele Dinge, von denen der Geist sich überzeugt hat, wurden über den Haufen geworfen. Es gibt auch Überzeugungen, die uns glauben lassen, auf Leute wütend zu werden sei die angemessene Reaktion, wenn sie sich auf eine Weise verhalten, die als unangemessen betrachtet wird. Wir denken, unsere Werte seien durch die Handlungen einer anderen Person missachtet worden, also werden wir wütend.

Der Geist ist immer aktiv und kann sehr leicht etwas finden, worüber er wütend werden kann. Wir sind oft von den Worten anderer abhängig – Komplimenten oder Beleidigungen – und fühlen uns im Allgemeinen automatisch betroffen. Wenn wir den gesamten Prozess der Wut als solchen betrachten können, beginnen wir zu verstehen, und die geistigen Verunreinigungen werden weichen. Wut ist Wut; es ist einfach *Dhamma*-Natur – das ist alles.

MOMENTUM

Ich kann zurückblicken und das Muster erkennen, nach welchem das Momentum meiner Praxis zu- oder abnahm. Ich ging immer ins Extrem: tat Gutes bis zum Extrem und dann Schlechtes bis zum Extrem. Ich zog mich ins Kloster zurück, um mit mir ins Reine zu kommen und kehrte dann nach Hause zurück, um wieder in alte Gewohnheiten zu schlittern. Meine Achtsamkeit war nicht kontinuierlich, und deshalb konnte ich nicht wirklich *Samādhi* entwickeln. Ich sah, was nötig war, um meine Praxis voranzubringen, aber die Waagschale neigte sich immer noch auf die Seite des verunreinigten Geistes. Meine Praxis folgte einem Stopp-und-Start-Muster. Es ist wie beim Sprung von einem hohen Sprungbrett: Man nimmt Anlauf, um Schwung zu bekommen, schaut hin, realisiert die Höhe des Brettes, stoppt und dreht um. Der Schub reichte nicht aus, um zu springen. Momentum ist in jedem Aspekt unseres Lebens wichtig: bei der Ausbildung, bei der sozialen Interaktion. Es ist diese Schubkraft, die alles, was wir tun, besser und leichter macht. Sie hilft uns, zu wachsen. Wenn eine Ärztin ein halbes Jahr lang nicht praktiziert und dann wieder anfängt, wird sie (oder er) sich unsicher und aus der Übung fühlen. An jeder Arbeit, die wir tun, müssen wir »nah dran« sein, wir müssen in Kontakt und vertraut mit ihr sein. Das erzeugt das nötige Momentum.

Manche Praktizierende erzählen, wie lange sie bereits meditieren oder wann sie zum ersten Mal in einem Retreat waren. Vielleicht meditieren sie seit 20 oder 30 Jahren. Waren sie über diesen gesamten Zeitraum achtsam? Würden sie die Stunden zusammenzählen, in denen sie vollkommen achtsam waren, sähe die Sache schon anders aus. Wir neigen dazu, rechtes Bemühen so zu verstehen, dass wir eine Menge Energie in einen bestimmten Moment hineingeben. Rechtes Bemühen hat aber mit Ausdauer und Beharrlichkeit zu tun, damit, langfristig dabeizubleiben, nicht aufzugeben und nie aufzuhören. Wir müssen weiterarbeiten. Für kurze Zeit viel Energie aufzuwenden und zu hoffen, dafür belohnt zu werden ist Habgier. Weisheit denkt langfristig: Mit einem steten, entspannten Investment über einen langen Zeitraum wirst du eine angemessene Belohnung erhalten. Je besser wir die Kräfte der Natur und ihre Funktionsweisen verstehen, desto eher verstehen wir auch, wie sich die Dinge auf eine stete, natürliche Art und Weise entfalten. Wenn Ihnen etwas zur Natur wird, bedeutet das, dass sein Momentum sehr stark ist; es wir zu Ihrem natürlichen Weg.

Die Depression hat ihr eigenes Momentum, was bedeutet, dass auch die damit verbundenen Gefühle – Wut, Angst, Unruhe – ihre Schubkraft und Dynamik haben und zu dem ganzen lähmenden Zustand beitragen. Die treibende Kraft hinter all dem sind die Verunreinigungen, die die Gefühle und die Dynamik befeuern. Selbst wenn sich die Schubkraft der Verunreinigungen verringert, kann nachhaltiges Bemühen erforderlich sein, bis die Weisheit diesem Momentum entgegenwirken kann. Es heißt, dass ein großes Schiff, ein Supertanker, der mit voller Kraft fährt, erst nach 20 Meilen stoppt, wenn die Maschinen ausgeschaltet werden. Es erfordert viel Arbeit und Geduld, um zu verstehen, was unterschwellig im Geist vor sich geht, und dem dann entgegenzuwirken. Manche Menschen werden depressiv, wenn sie nicht bekommen können, was sie wollen. Wenn es nicht nach ihrem Willen geht, fühlen sie sich, als müssten sie sterben. Tag für Tag, Jahr um Jahr sagt der Geist: »Oh, ich bin so depressiv.« Depressive Menschen kennen ihren geistigen Zustand sehr genau, sie wissen um ihr Leiden. Das Problem ist die falsche Ansicht: das Denken. »Ich bin depressiv«, wird diese Vorstellung nur nähren. Das Verstehen muss wachsen; das ist der einzige Weg. Wenn man eine heilsame

Sicht entwickeln kann, kann das Momentum, welches die Depression antreibt, angehalten, umgekehrt und dann überwunden werden. Man muss *Sīla*, *Samādhi* und *Paññā* praktizieren: das sind die Bremsen, die das Momentum der Depression verlangsamen.

Wie bei dem großen Schiff ist es sehr schwer, die Schubkraft eines bestimmten geistigen Zustands umzukehren, sodass er sich in Richtung des Heilsamen, anstatt des Unheilsamen bewegt. Können Sie sich vorstellen, wie viel Praktizieren das erfordert? Wenn wir etwas anschauen, entsteht Anziehung oder Abneigung. Das ist ganz normal. Können Sie sich vorstellen, wie schwer es ist, das umzukehren? Wenn wir allmählich die Gewohnheit entwickeln, mit Achtsamkeit und Weisheit zu schauen, verlangsamt sich dadurch allmählich das Momentum, und wir beginnen dieser Weisheit und diesem Gewahrsein zu vertrauen, bis das Momentum langsamer wird und sich dann umkehrt. Dann wird das Pendel, falls wir Geduld und Beharrlichkeit aufbringen, auf die Seite der Weisheit ausschlagen.

Beharrliche, kontinuierliche Achtsamkeitspraxis erzeugt ein Momentum aufseiten der Weisheit. Es ist wie ein Schneeballeffekt: Die Weisheit nimmt immer mehr zu. Uns daran zu erinnern, achtsam zu sein, genügt nicht. Damit das Momentum der Achtsamkeit stärker wird, müssen wir mit der rechten Haltung praktizieren, um einen beobachtenden Geist frei von Verunreinigungen zu haben. Falls Sie sich beispielsweise Sorgen über den Fortschritt Ihrer Praxis machen, muss Ihnen zuerst bewusst werden, dass das eine Verunreinigung ist, und diese müssen Sie dann zum Objekt Ihrer Beobachtung machen. Immer wenn Sie Zweifel, Anspannung, Unzufriedenheit, Frustration oder Euphorie erleben, dann schauen Sie sie an, untersuchen Sie sie und stellen Sie sich Fragen wie: »Welche Gedanken sind in meinem Kopf? Was ist meine Einstellung und wodurch wird sie genährt? Was fühle ich?« Das hilft uns, zu verstehen, wie sich die geistigen Verunreinigungen auf uns auswirken. Dies setzt eine geduldige, interessierte und neugierige Haltung voraus.

Indem wir versierter darin werden, die Dinge mit der rechten Haltung zu beobachten, wird unsere Achtsamkeit stärker und kontinuierlicher.

Im Laufe der Zeit wird Ihre Praxis reifer und die Achtsamkeit gewinnt an Schubkraft. Dadurch wächst das Vertrauen in die Praxis. Sie fangen an, ganz von selbst achtsam zu bleiben. Dieses natürliche Gewahrsein vermittelt Ihnen ein Gefühl von Freiheit, das Sie so noch nie erfahren haben. Sie werden wissen, wenn es da ist, und Sie werden es die meiste Zeit über verspüren. Der Geist wird zu einem Objekt des Gewahrseins und Sie werden des Gewahrseins gewahr. Mit dieser Art von Momentum wird der Geist gleichmütiger, stabiler.

DEN SCHUB UMKEHREN/ENTSCHLOSSENHEIT

Zwischen meinem 25. und meinem 27. Lebensjahr verfiel ich wieder in Depressionen. Diesmal war es eher ein chronischer Zustand und sehr lähmend. Es war meine dritte Begegnung mit dieser Krankheit, und bei Weitem die schlimmste. Ich war in meinen früheren Retreats ein bisschen weiser geworden, weshalb mein Lebensstil als »schlimmer Junge« ein wenig aufgeweicht wurde. Ich konnte diese Lebensweise einfach nicht länger aufrechterhalten. Weil ich es schwierig fand, irgendeine Art von Glück in meinem Leben zu finden, wurde ich zornig, ein Zustand, der sich zur Depression wandelte, worauf wiederum Wut und noch mehr Depressionen folgten. Ich begann zu verstehen, wie dieser Kreislauf der Depression funktionierte. Weil Gewohnheiten so starke Kräfte sind und ich meinen Geist bis zu einem gewissen Grad kannte, konnte ich sie tatsächlich erkennen, aber ich besaß nicht genug Weisheit, um diese alten Pfade zu verlassen. Es schien, als sei ich machtlos und könne nichts dagegen tun.

Ich bewegte mich stets zwischen den Extremen: Auf gute Dinge folgten schlechte. Da waren immer noch so viele Verunreinigungen, die mich sehr angespannt und ängstlich machten. Ich hatte keine Freunde mehr, alle waren mit diversen Karrieren beschäftigt, und aufgrund meiner geschäftlichen Verpflichtungen hatte ich keine Zeit, die Verbindung mit ihnen aufrechtzuhalten. »Spaß haben« war immer eine Priorität in meinem Leben gewesen: So hatte ich Freunde gewonnen. Jetzt gab es kein Vergnügen. Wenn ich irgendwo hinging, war ich immer allein. Es verunsicherte mich auch sehr, andere Menschen um mich zu haben. Wenn ich in Gesellschaft oder im Geschäft war, wurde ich gewöhnlich zuerst angespannt und dann wütend, weil ich dachte, die anderen würden mich absichtlich durcheinanderbringen. Aber in Wirklichkeit kümmerten sie sich einfach nur um ihre üblichen Angelegenheiten. Manchmal kam mir der Gedanke, dass das, was ich fühlte, nicht stimmte, aber meinen Ängsten zu glauben schien eine viel stärkere und einfachere Alternative zu sein, als gleichzeitig um Weisheit zu ringen.

Außerhalb des Klosters oder Retreat-Zentrums haben die Leute nicht die nötige Entschlossenheit, die Praxis im Alltag fortzusetzen. Sie verstehen die korrekte Art und Weise des Praktizierens nicht ganz. Meine Erfahrungen mit der Depression zeigten mir die richtige Art. Weil ich mich die meiste Zeit über derart unglücklich und niedergeschlagen fühlte, spürte ich, dass mir nichts anderes übrig blieb, als mich dem zu ergeben und meinen Geist sehr genau zu beobachten. Durch meine jahrelange Praxis wusste ich, dass es nicht darum geht, Widerstand gegen das Objekt zu leisten, sondern es »sein Ding« machen zu lassen und einfach die Gefühle und Empfindungen zu beobachten. Ich fand das sehr schwierig, also musste ich einen Weg finden, damit zu arbeiten und gleichzeitig das Gewahrsein aufrechtzuerhalten. Um diese Zeit herum begann ich einen Wick-Inhalierstift mit Menthol als Meditationsobjekt zu benutzen. Aufgrund des starken Mentholdampfes lenkte der Stift meine Aufmerksamkeit tatsächlich zu meinem Atem als Objekt. Der Atem allein war für mich zu subtil. Beim Inhalierstift bemerkte ich, dass der scharfe Geruch wirklich meine Aufmerksamkeit fesselte, ich hatte eine klare Wahrnehmung davon. Die Dunkelheit der Depression lichtete sich für einen Moment und kehrte dann mit voller Wucht zurück. Die Anwendung des Inhalierstifts war das Einzige, was mir etwas Erleichterung von dem inneren Schmerz verschaffte, unter dem ich damals litt.

Dieser Inhalierstift, der ja ein einzelnes, prominentes Objekt war, konnte meine Aufmerksamkeit sehr leicht besetzt halten. Im Geschäft oder wenn viele Leute um mich herum waren und ich mich sehr angespannt fühlte, hatte ich den Stift praktisch ständig in der Nase. Ich steckte ihn in ein Nasenloch und lief damit herum. Und die Leute fragten mich: »Warum hängt dieses Ding aus deiner Nase?« Ich sagte niemandem, dass ich es es für die Meditation benutzte. Sie dachten dann einfach, ich hätte eine Erkältung oder Probleme mit den Nebenhöhlen. Wenn wir mit dem Rücken zur Wand stehen und unsere Entschlossenheit nutzen, gibt es immer irgendeinen Weg, mit einem Problem fertigzuwerden. Die Lösung verschafft vielleicht nur eine vorübergehende Erleichterung, aber manchmal genügt das schon, um unsere Intelligenz wachzurufen und einen Weg zu finden, auf dem wir vorankommen können. Wenn es schwierig wird, müssen wir viele Dinge und jede uns zur Verfügung stehende Methode ausprobieren.

Zu jener Zeit las ich viel. Ein ganz besonderes Buch war von Mogok Sayadaw, einem großen burmesischen Meditationsmeister, der Anfang des 20. Jahrhunderts praktiziert und gelehrt hatte. In diesem Buch gibt es 36 *Dhamma*-Reden. Er stellte die Praxis des Beobachtens vom Entstehen und Vergehen in Körper und Geist in den Vordergrund – mit der Betonung auf den Geist. Jeden Morgen, wenn ich zur Toilette ging, nahm ich das Buch mit und las sechs Seiten. Ich erledigte mein Geschäft und ging dann wieder an die Arbeit. Indem ich jeden Tag sechs Seiten dieses Buches las, begann ich zu verstehen, dass die Botschaft und die verschiedenen Methoden der Praxis von unterschiedlichen Lehrern im Grunde alle auf dasselbe hinausliefen und dasselbe Ziel hatten. Mir wurde allmählich klar, dass sie alle über kontinuierlich praktizierte Meditation sprachen! Nachdem ich dieses Buch gelesen hatte, stellte ich das Lesen ein und verwendete mehr Zeit aufs Meditieren. Das Gewahrsein aufrechtzuerhalten ist wichtiger. Lesen kann ein sehr nützlicher Teil unserer Praxis sein, aber es sind letztendlich nur Konzepte und Vorstellungen. Man muss »es einfach tun«, muss praktizieren und sich bemühen, diese Praxis den ganzen Tag über (und jeden Tag) aufrechtzuerhalten!

In der Meditation können wir eigentlich nur mit *Samatha* oder *Vipassanā* arbeiten. Bei der *Samatha*-Praxis gibt es 40 unterschiedliche Objekte, die wir nutzen können, um unsere Konzentrationsfähigkeit zu steigern – aber immer nur mit einem Objekt auf einmal. Durch diese Praxis können wir hoch konzentriert werden. Bei *Vipassanā* stehen alle Objekte zur Verfügung, um die Konzentrationsfähigkeit zu entwickeln. Ich bevorzugte diese Praxis, aber ich wandte auch *Samatha* zur Steigerung der Konzentrationsfähigkeit an, wenn es nicht genügend Zeit gab, um zu forschen und aus der *Vipassanā*-Praxis zu lernen. Ich wusste, dass ich, wenn es mir gelänge, meinen inneren Frieden aufrechtzuerhalten, leicht Zugang zur Weisheit finden würde. Weisheit kann sich nur offenbaren, wenn *Samādhi* aufrechterhalten wird. Die Kontinuität der Praxis ist also wesentlich, und deshalb sollten wir alle uns zur Verfügung stehenden Mittel nutzen, um *Samādhi* aufrechtzuerhalten. Ich brachte meinen Geist mit *Samatha* zur Ruhe, und wenn ich dann den inneren Raum hatte, beobachtete ich viele Objekte und untersuchte meine geistigen Reaktionen oder beobachtete einfach, wie Objekte kamen und gingen, ohne etwas zu untersuchen. Wir können die beiden Praktiken miteinander verbinden: Wenn der Geist phlegmatisch oder abgelenkt ist, kann es von Vorteil sein, *Samatha* zu praktizieren, und wenn etwas *Samādhi* da ist, können wir forschen. Während dieser Phase der Depression kannte ich kaum etwas anderes als diese Gefühle aber aufgrund der Kontinuität des Gewahrseins wurde daraus ein Prozess des Lernens oder Sammelns von Informationen. Jedes verfügbare Objekt, das sich innerhalb des Bereichs unseres Gewahrseins befindet, bietet eine Gelegenheit zum Lernen. Das ist ein schnellerer Prozess: Gewahrsein von Körper und Geist mit der Betonung auf dem Geist.

In unserem Zentrum meditierte einmal ein Mann, der sehr depressiv war. Er hatte noch nie praktiziert, noch nicht einmal *Ānāpāna* (Achtsamkeit auf den Atem), also gab ich ihm den Rat, auf seine Gefühle zu achten. Er war sehr motiviert, seine Depression zu überwinden, also ging er hin, nachdem ich ihn angeleitet und ihm vermittelt hatte, wie er seiner Gefühle gewahr werden konnte, und steckte seine ganze Energie ins Beobachten der Reaktionen in seinem Geist. Nachdem er einen Monat lang auf diese Weise praktiziert hatte, ließ seine Depression nach und er war sehr verändert und glücklich. Er festigte seine Praxis, indem er *Ānāpāna* übte und *Vipassanā* praktizierte. Kontinuierlich praktiziert kann die *Vipassanā*-Meditation ein sehr schneller Prozess sein. Der Vorteil, Empfindungen als quasi physische Objekte ohne jegliches Denken zu beobachten, liegt darin, dass Empfindungen mit dem Geist assoziiert sind, und wenn die Empfindungen zur Ruhe kommen, ist man immer noch in Kontakt mit dem Geist. Das gibt uns Gelegenheit, noch subtilerer Empfindungen gewahr zu sein und sie zu untersuchen – ohne dass eine Reaktion damit verbunden ist.

Nach zwei Jahren der Depression und des inneren Elends hatte ich das Gefühl, keine andere Wahl zu haben, als mehr Energie in meine Meditationspraxis zu stecken. Nichts anderes funktionierte. Ich hatte alles versucht, um etwas Glück in mein Leben zu bringen, aber das Letzte, woran ich dabei gedacht hatte, war Meditation.

Mein Lehrer sagte immer: »Praktizierende wissen nicht, wie sie außerhalb des Klosters korrekt praktizieren können; sie wenden nicht an, was sie gelernt haben, weshalb es ihnen an Entschlossenheit mangelt, die Praxis fortzusetzen.« Die Motivation lässt nach und das Momentum kommt zum Stillstand. Das war auch mein Problem. Ich hatte das Gefühl, nicht länger Drogen nehmen und all die anderen negativen Dinge tun zu können, aber ich konnte auch keinen Weg finden, mich gut zu fühlen. Diese Lethargie nährte die Depression, die zur Wut wurde, was zu weiteren Depressionen führte. Ich fühlte mich schuldig wegen all der schlechten Dinge, die ich getan hatte, aber ich hatte zu keiner Zeit Selbstmordgedanken. Ich verspürte nicht den Drang, mich selbst zu verletzen. Ich wusste, dass es irgendeinen Ausweg gab. Hier sehen wir die Natur von *akusala* bei der Vernachlässigung der Meditationspraxis. Mein größter Fehler während dieser Jahre der Depression war, dass ich meine Praxis nicht kontinuierlich aufrechterhielt.

BAGO: LEKTIONEN IM WALDKLOSTER

Etwa um diese Zeit war ich sehr mit dem Führen des Familienbetriebs beschäftigt, sodass es äußerst schwierig war, Zeit für ein Retreat zu finden. Aber ich wollte das unbedingt. Shwe Oo Min Sayadaw plante einen Besuch im Waldkloster von Kyauk in Bago, und er lud mich ein, ihn zu begleiten, aber ich konnte mir nur vier Tage freinehmen. Die Stadt Bago liegt etwa 80 Kilometer nordöstlich von Rangun. Es gibt dort viele berühmte Tempel und Klöster. Eines ist das weithin bekannte Shwethalyaung Paya, das die berühmte Statue des liegenden Buddha beherbergt. Es heißt, sie zeige den ruhenden Buddha während der letzten Tage seiner Erkrankung vor seinem Tode. Bago kann also ein sehr inspirierender Ort für ein Retreat sein. Diese vier Tage mit Sayadawgyi veränderten mein Leben völlig und markierten einen Wendepunkt in meinen Problemen mit der Depression. Während meines Aufenthaltes dort lernte ich ein paar sehr wichtige Lektionen.

Am ersten Tag im Kloster saß ich Betelblätter kauend in der grünen Hügellandschaft und beobachtete die Welt um mich herum, als mir plötzlich bewusst wurde, dass mein Geist voller Gedanken an all das war, was ich wollte und nicht haben konnte, und was ich nicht wollte, aber weiterhin bekam. Ich konnte das Chaos in meinem Geist sehen, und durch dieses Chaos wurde für mich offensichtlich, dass Verlangen und Abneigung einfach ein- und dieselbe geistige Verunreinigung waren. Sie waren ein Kontinuum, man konnte sie nicht voneinander trennen: rückwärts und vorwärts, auf und ab, eine kontinuierliche Bewegung hin zu den Extremen dieser einen Verunreinigung. Jetzt konnte ich erkennen, dass der Schlüssel zu meiner geistigen Stabilität der Gleichgewichtspunkt war, an dem es keine Bewegung gab, sondern nur das Gewahrsein der Bewegung in Richtung der Extreme. Das war eine sehr wichtige Lektion für mich. Mir kam, als ich dort saß, in den Sinn, dass ich nicht sterben wollte, ohne ein gutes, heilsames Leben geführt zu haben. Mit diesem Gedanken kam eine Menge Angst hoch. Ich war entschlossen, meinem Leben eine andere Richtung zu geben und mich noch intensiver um eine kontinuierliche Praxis zu bemühen.

Am Abend des darauffolgenden Tages schickte mich Sayadawgyi auf die andere Seite des Klosters hinüber, um etwas Medizin für ihn zu holen. Es war eine ziemlich dunkle, mondlose Nacht, aber ich kannte den Weg gut und dachte deshalb, es sei nicht nötig, meine Taschenlampe zu benutzen. Auf dem Rückweg hatte ich plötzlich intuitiv das Gefühl, dass irgendetwas nicht stimmte. Ich knipste meine Taschenlampe an und sah direkt vor mir eine Kobra mit aufgerichtetem Oberkörper, bereit, nach vorne zu schnellen und zuzubeißen. Es gibt in dieser Gegend viele Schlangen, aber kein Krankenhaus und keine Ärzte in der Nähe, sodass es, wenn man gebissen wird, nicht viel Hoffnung gibt – es kann tödlich sein. Ich war schockiert und blieb zuerst vor Angst wie angewurzelt stehen, aber schließlich fand ich den Mut, rückwärts zu gehen und mich in eine sichere Distanz zu begeben. Wieder kam mir in den Sinn, dass ich nicht sterben wollte, ohne ein gutes und heilsames Leben geführt zu haben. Mir war sehr wohl bewusst, wie viel Negativität es zu dieser Zeit in meinem Leben gab, und die Angst, die ich damals verspürte, bestärkte mich in meinem Entschluss, die Dinge voranzutreiben und meine Lebensweise zu ändern.

An einem anderen Tag – es kann sein, dass es der letzte des Retreats war – praktizierte ich für eine Weile *Samatha* und war sehr achtsam. Ich beschloss, zu einer der weiter entfernten Quellen zu gehen, um zu waschen. Während ich wusch, tauchte ein Landstreicher hinter einem kleinen Hügel auf, er schien aus dem Nichts zu kommen und stolperte auf mich zu. Er bat darum, trinken zu dürfen. Er war sehr schmutzig und sein Teint war extrem dunkel und sonnenverbrannt. Ich erinnere mich nicht sehr gut an sein Gesicht, sondern nur an seinen zerlumpten *Lunghi* (ein traditionelles burmesisches Gewand). Ich war abgestoßen, aber ich füllte die Schöpfkelle mit Wasser, das er hastig trank. Dann rannte er weg und verschwand so schnell, wie er aufgetaucht war. Nachdem er nicht mehr zu sehen war, spürte ich, wie schockiert ich war, und bekam Angst. Furchtsame Gedanken tauchten in meinem Geist auf. »Was, wenn er mich angegriffen und ausgeraubt hätte?« Mir wurde bewusst, dass ich dort ganz allein war. Ich hätte überfallen oder sogar ermordet werden können. Ich trug eine teure Uhr und einen Ring und hatte Bargeld bei mir. Das alles hätte er mir leicht wegnehmen können.

In jenem Moment realisierte ich erneut, dass ich nicht sterben wollte, solange sich mein Geist noch in diesem Chaos befand. Ich erkannte, dass noch eine Menge Arbeit vor mir lag. So war also dieses Retreat für mich mit viel Angst vor dem Sterben verbunden. Das war ein bedeutsamer Wendepunkt in meiner Praxis. Ich kehrte mit der Entschlossenheit und Dringlichkeit nach Hause zurück, kontinuierlich Achtsamkeit zu praktizieren, egal, wie ich mich fühlte. Ich wusste, dass eine Depression kein guter geistiger Zustand ist und dass ich, wenn ich nun sterben würde, kein gutes Leben gelebt hätte. Das rief wiederum viel Angst aber auch ein bisschen Weisheit wach. In meinem Leben gab es eine Menge Leid, aber gleichzeitig versuchte ich, achtsam zu sein und zu glauben, dass ich die Situation umkehren könnte. Ich dachte nicht an Erleuchtung, sondern wusste einfach nur, dass, wenn ich kontinuierlich achtsam wäre, *Dhamma* mir den Weg zeigen würde und ich mein Leiden schließlich lindern könnte. Dieses Retreat war meine erste große Motivation, mich stärker um Kontinuität in meiner Praxis zu bemühen.

Etwa drei Monate nach dem Retreat erlebte ich für eine sehr kurze Zeit einen Zustand des totalen, tiefen inneren Friedens, aber fast unmittelbar danach kehrte das Leiden zurück. Gleichzeitig war in mir dieses enorme Vertrauen, dass die Praxis der Achtsamkeit der einzige Ausweg war. Ich sah mich in eine Ecke gedrängt, ohne dem entfliehen zu können, es sei denn, ich würde meine ganze Energie in die Praxis stecken – kontinuierliches Praktizieren, jeden Augenblick. Punkt! Das war der einzige Weg. So viel wusste ich. Das Leiden kam in mein Leben zurück, aber jetzt war ich motiviert, alles auf Meditation zu setzen. Und von da an begannen sich die Dinge allmählich zu verändern: Ich sammelte jeden Tag ein bisschen Goldstaub, bis er sich zu einem umfassenderen Verstehen verdichtete. Zu dieser Zeit hatte ich Schwierigkeiten mit feineren

Ebenen der Meditation, also benutzte ich immer noch den Inhalierstift, um mich überhaupt konzentrieren zu können. Wenn es mir möglich war, nutzte ich auch *Ānāpāna* und das Heben und Senken des Solarplexus. Den Solarplexus zu beobachten ist eine sehr subtile Methode, die ich viele Jahre anwandte. Ich passte meine Praxis immer dem an, wozu ich zum jeweiligen Zeitpunkt in der Lage war. Das Momentum der Verunreinigungen begann sich endlich zu verlangsamen. Drogen zu nehmen oder schlechte zu Dinge tun, war mir nicht mehr möglich, denn ich konnte jetzt sehen, welches Leiden dies mit sich brachte. Das Heilsame begann allmählich das Unheilsame zu verdrängen, aber es war ein sehr langsamer Prozess, und an den meisten Tagen befand ich mich immer noch in einem Zustand der Depression. Ich wusste, dass sich die Dinge schließlich zum Besseren wenden würden, wenn ich meine ganze Energie in die Praxis hineingab und geduldig war und abwartete.

HOLZ HACKEN

Und es kam schließlich eine Zeit, in der ich anfing, die unheilsamen Geisteszustände zugunsten der heilsamen hinter mir zu lassen. Ich war achtundzwanzig Jahre alt, als ich diese zaghaften Schritte hin zur Stabilisierung meines Lebens machte. Dieser Prozess zog sich über zwei bis drei Jahre hin. Mein Geist wurde zunehmend ruhig und friedvoll, aber es gab immer noch Phasen, in denen ich angespannt und leicht depressiv war. Mein Vater schickte mich oft zu Hochzeitsfeiern, um unsere Familie zu vertreten und gleichzeitig unsere geschäftlichen Kontakte zu pflegen, aber ich hatte immer einen inneren Widerstand dagegen und fühlte mich angespannt, wenn ich dorthin gehen musste. Ungefähr alle zwei Wochen sprach ich mit meinem Lehrer über meine Praxis. Dabei beklagte ich mich auch über meine erzwungene Teilnahme an diesen Hochzeiten und erklärte ihm, wie angespannt ich mich dabei fühlte. Gewöhnlich sagte er dann: »Anspannung ist nicht das richtige Objekt;

du solltest dieser geistigen Verunreinigung keinen Glauben schenken.« Er ermutigte mich, mit anderen in Beziehung zu treten und zu diesen gesellschaftlichen Anlässen zu gehen, und manchmal sagte er: »Mehr Urwald, mehr Bäume, also mehr Feuerholz. Geh los und fang an, Holz zu hacken.« Diese Hochzeitsfeiern wurden zu meiner *Dhamma*-Halle.

Chinesische Hochzeiten sind immer große Ereignisse, bei denen viel Alkohol getrunken wird und es sehr laut zugeht. Die Angehörigen des Bräutigams gehen von Tisch zu Tisch, um mit den Gästen anzustoßen und einen Toast auszubringen, aber ich beobachtete das Ganze immer nur und verschwand auf die Toilette, wenn sie sich meinem Tisch näherten. Wenn sie weitergegangen waren, kehrte ich an meinen Platz zurück. Bei einer Feier gelang es mir nicht, mich einer betrunkenen Person zu entziehen, die mich zum Trinken nötigen wollte. Ich blickte ihm in die Augen und sagte, dass ich nichts trinken wolle. Er schien plötzlich wieder ein bisschen nüchterner zu werden, warf mir einen seltsamen Blick zu und zog sich zurück. Ich begann Strategien zu entwickeln, um mit solchen Situationen umgehen zu können und mich ihnen gewachsen zu fühlen, und mein Geist verstand allmählich, dass es keinen Grund gab, sich von Objekten verunsichern zu lassen. Da ich mich sehr bemüht hatte, in meinem lärmigen Arbeitsumfeld auf dem Markt kontinuierlich zu praktizieren, hatte mein Geist die Gewohnheit entwickelt, automatisch sehr achtsam zu werden, wenn ich mit Situationen außerhalb der Arbeit konfrontiert wurde, in denen ich von vielen Menschen und viel Lärm umgeben war.

Indem es mir gelang, bei solchen gesellschaftlichen Anlässen mehr Achtsamkeit und *Samādhi* zu entwickeln, wurde ich zuversichtlicher und begann wiederum auch an meinem Arbeitsplatz effektiver zu praktizieren. Ich erkannte einmal mehr den Wert kontinuierlicher Praxis, und das trat nun bei allem, was ich in meinem Leben tat, in den Vordergrund.

Bevor ich lernte, bei gesellschaftlichen Zusammenkünften oder von Menschen umgeben zu praktizieren, verbrachte ich so viel Zeit wie möglich allein und praktizierte Konzentrationsmeditation. Ich war stabil, aber weil ich Widerstände hatte, fand ich es sehr schwer, innerlich ruhig zu werden. Es gelang mir nicht sehr gut, aber ich versuchte es immer und immer wieder. Und während ich über einen langen Zeitraum hinweg lernte, auch dann zu praktizieren, wenn Menschen um mich herum waren, begannen sich die geistigen Gewohnheiten allmählich zu ändern. Meine Achtsamkeit nahm zu, und nach und nach stellte sich das Gewahrsein automatisch ein. Als ich erkannte, dass mein Widerstand auf Konditionierung beruhte, fing ich an, ganz bewusst in Situationen zu praktizieren, in denen ich unter Menschen war, um diesen inneren Widerstand zu überwinden.

Ich suchte absichtlich Orte auf, die mich irritierten oder in Unruhe versetzten, weil ich wusste, dass das meine Schwäche war. Manchmal ging ich in eine Bar und meditierte dort, nur um mich selbst herauszufordern. So lernte ich, mit offenen Augen zu meditieren, was praktischer ist, wenn man im Alltag praktiziert. Die Leute in meinem Umfeld waren manchmal betrunken und lärmten, und ich wollte wissen, wie das meinen Geist beeinflusste. Indem ich diesem Interesse nachging, wuchs meine Zuversicht in Bezug auf die Praxis. Ich suchte diese Orte immer wieder auf, um zu beobachten und dem auf den Grund zu gehen, was meinen Geist durcheinanderbrachte. Allmählich erkannte ich den Vorteil des Praktizierens im Alltag: Es gibt unzählige Objekte, mit denen man arbeiten kann, um die Konzentrationsfähigkeit zu verbessern und zu einem ausgeglicheneren und stabileren *Samādhi*-Zustand zu gelangen.

DRAUSSEN UND UNTERWEGS

Einmal ging ich zu einem Boxkampf. Ich wollte versuchen, dort den ganzen Abend über achtsam zu sein. Während des gesamten Kampfes wollte ich die Reaktionen in meinem Geist beobachten und schauen, wodurch sie ausgelöst wurden. Die Sache hatte mein Interesse geweckt, weil ich vor dem Match einen Werbespot gehört hatte, bei dem der Klang der

Glocke zu hören war, mit dem jede Runde eingeläutet wurde – kling! Das rief eine Erinnerung wach, und plötzlich war da der Wunsch, den Kampf zu sehen. Früher hatte ich gerne Boxkämpfe besucht, und so war ich gespannt darauf, was passieren würde, wenn ich diesem Impuls folgte. Ich nahm den Bus und lief dann achtsam inmitten der Menschenmenge, die immer größer wurde, je näher ich dem Veranstaltungsort kam. Ich musste mich erst einmal durchkämpfen und drängeln, um eine Eintrittskarte zu kaufen, und dann noch einmal, um einen Platz zu ergattern, von dem aus ich eine gute Sicht hatte. Es war sehr laut und im Stadion herrschte eine erdrückende Hitze. Ich schwitzte inzwischen stark, und mein Geist war erschöpft von der ganzen mentalen Aktivität, die auf meinen Wunsch, hierherzukommen, gefolgt war. Die Drängelei in der Menge machte es nicht besser und ich nahm aufgrund der Hitze die Körpergerüche der Umstehenden intensiv wahr.

Einige Zeit später machten die Boxer eine zweiminütige Pause, und weil ich so müde war, beschloss ich, während dieser Zeit zu meditieren und mich in mich selbst zu versenken, um alle meine Empfindungen und Reaktionen zu beobachten, die durch den Aufenthalt in dieser Umgebung ausgelöst wurden. In weniger als zwei Minuten wurde ich total ruhig und friedvoll und war mir meiner selbst vollkommen bewusst. Weil ich so erschöpft war, drängte sich das Objekt meiner Meditation von selbst auf, und der Geist wurde sehr schnell davon absorbiert: Meine Umgebung und mein Gefühlszustand bildeten bald nur noch den Hintergrund für das, was der Geist erlebte. Bald erklang wieder die Glocke und die Boxer nahmen erneut ihren Kampf auf. Das brachte mein Gewahrsein zurück zu dem, was um mich herum geschah. Mein Geist hatte sich in diesen zwei Minuten komplett erholt und war sehr ruhig geworden, und ich fragte mich, warum ich überhaupt hierhergekommen war. Ich konnte das ganze Leiden um mich herum sehen: die Boxkämpfer, das Publikum und mich selbst eingeschlossen. Ich konnte sehen, dass der Geist, wenn er etwas will, alles daran setzt, dieses Verlangen zu stillen; und um das zu erreichen, muss man allen Impulsen des Geistes folgen, und das kann enorme Energie kosten – für eine minimale Belohnung. Die Erfahrung, die ich an diesem Abend machte, verhalf mir zu einem ziemlich guten Verständnis der Natur des Verlangens, und ich entschied im selben Augenblick, dass es nicht nötig war, noch einmal an einer solchen Veranstaltung teilzunehmen.

Es gibt nichts Interessanteres, als im täglichen Leben mit *Dhamma* zu arbeiten. Viele Leute kennen oder verstehen nicht die Qualität, den Wert und die tiefe Bedeutung von *Dhamma*. Menschen, die die Praxis als Teil ihres Alltagslebens (und all dessen, was sie tun) ausüben, werden den Wert dieser Praxis als etwas erkennen, auf das sie unmöglich verzichten können. Es ist unbedingt notwendig, dass wir unser Heim, unseren Arbeitsplatz und unser soziales Umfeld als unser »Retreat-Zentrum« betrachten. Wenn wir von zu Hause fort sind, in der Ruhe und unterstützenden Umgebung eines Meditationszentrums, steht das Aufrechterhalten von Gewahrsein im Vordergrund. Außerhalb des Zentrums werden wir mehr vom Gefühl von »mich« und »mein«, »mein Zuhause«, »meine Familie« bestimmt – das ist es, was uns antreibt. Wenn wir unsere Perspektive ändern können, sodass wir unser Zuhause als Meditationszentrum sehen, wird unsere Praxis viel fließender. Es ist so wichtig, im täglichen Leben kontinuierlich die eigenen Einstellungen, Sichtweisen, Gedanken und unterschwelligen Vorstellungen zu überprüfen. Hier gibt es so viel ergiebiges Material, mit dem wir in unserem Alltag arbeiten können, wodurch unsere Weisheit wachsen kann. Der Buddha hatte, als er uns das *Satipatthāna-Sūtra* als Weg zur Achtsamkeit und Weisheit gab, Laien im Sinn, die es bei ihren alltäglichen Aktivitäten anwenden sollten. Er wollte, dass wir lebendig werden, dass wir aufwachen und praktizieren, um erleuchtet zu werden. Wenn wir die Motivation finden können, es auf diese Weise zu nutzen, erkennen wir, was für ein besonderes Geschenk er uns damit gemacht hat.

ZWEITE MOTIVATION/VIPASSANĀ-ÑĀNA (STUFEN DER EINSICHT)

Den zweiten großen Motivationsschub weiterzumachen und meine Praxis voranzutreiben, erlebte ich, als mein Geist mit *Vipassanā Ñāna* in Berührung kam. Wow! Das war so besonders, so fantastisch! Ich hätte nie gedacht, dass so etwas jemals passieren könnte. Mein Verstehen ging so viel tiefer als je zuvor. All das geschah, weil ich mir tieferes Verstehen wünschte; mein Geist war sehr neugierig und interessiert und wollte mehr wissen. Ich arbeitete wirklich hart dafür. Vorher war meine Motivation, zu praktizieren, eher der Angst und Anspannung sowie dem Wunsch entsprungen, das Leiden der Depression zu beenden, aber gleichzeitig bemühte ich mich sehr, meinen Geist zu beobachten und zu versuchen, zu verstehen, was hinter diesen Geisteszuständen steckte. Als ich dann *Vipassanā Ñāna* erfuhr, veränderte sich meine Motivation hin zu Interesse und dem Wunsch, mehr wissen zu wollen. Jetzt konnte ich wirklich sehen, welches Potenzial unserem Bemühen um eine kontinuierliche Achtsamkeitspraxis innewohnt. Das ist ziemlich seltsam, denn wenn die Verunreinigungen unsere Art zu denken bestimmen, dann ist der Zustand der Verunreinigung sehr stark, und dann sehen wir die Welt genau so. Wenn Verunreinigungen abnehmen und Weisheit zunimmt, wird die Welt, die wir sehen, eine völlig andere sein. So hatte ich noch nie zuvor gedacht. Als also diese besondere Einsicht aufkam, war ich völlig überrascht: Sie kam so plötzlich und weckte mein Interesse, und das gab mir alle Motivation, die ich brauchte, um in meiner Praxis weiterzugehen und ein noch tieferes Verstehen zu entdecken.

Es ist ganz offensichtlich, dass wir mehr sehen, wenn wir uns für etwas interessieren – was auch immer. Wenn etwas für längere Zeit in Ihrem Blickfeld ist, beginnen Sie es zu sehen und dann erkennen Sie Muster: Sie verstehen allmählich, was vor sich geht. Sie müssen dem, was da geschieht – was es auch sein mag – so, wie es ist, seinen Lauf lassen. Wenn Sie sich in den mentalen Prozess einmischen – ja, vielleicht können Sie ihn dann stoppen, aber werden Sie etwas über seinen natürlichen Zustand lernen? Nein! Lassen Sie den natürlichen Lauf der Dinge zu. Ihr Job ist nur, zu beobachten, zu wissen, zu lernen, Informationen zu sammeln und erfahrener zu werden. Je mehr Sie an Erfahrung gewinnen, umso tiefer wird Ihr Verstehen. Sie wollen mehr Interesse an diesem Geist und Körper entwickeln: »Was geschieht im Geist? Was geschieht im Körper? In welchem Verhältnis steht ein geistiger Zustand zu einem anderen?« Schieben Sie die »Erzählung« beiseite, wenn Sie Geist und Körper studieren. Versuchen Sie nicht, Lösungen für diese Geschichten zu finden, wenn sich die Dinge nicht so entwickeln, wie sie das Ihrer Meinung nach sollten. Das zu versuchen ist, Habgier oder Verlangen. Wenn die Weisheit zunimmt, fallen die Verunreinigungen ab, dann wird der Geist nicht so sehr von Verlangen und Wollen bestimmt. Sie werden dann sehen, dass es tatsächlich gar nicht so viele Probleme in Ihrem Leben gibt. Wenn wir die Dinge nicht akzeptieren, wie sie sind, brennen wir aus und erschöpfen uns durch den ständigen Wunsch, unsere Erfahrung möge eine andere sein. Stattdessen ist es viel besser, sich zurückzulehnen, zu beobachten und sie so sein zu lassen.

In den folgenden paar Jahren wurde ich in meiner Praxis gefestigter und versierter darin, den Geist einfach zu beobachten »wie er ist«. Das wurde zum Motto, das ich fortwährend wiederholte, wenn die Dinge schwierig wurden: »Wie er ist … wie er ist.« Ich hatte bereits diese Einsicht und wusste, dass ich aus meinem Schlamassel herauskäme, wenn ich auf diese Weise praktizierte. Von Zeit zu Zeit kehrte das Leiden in mein Leben zurück, und so wusste ich, dass ich es mir nie leisten könnte, mit dem Praktizieren aufzuhören. Ich praktizierte entweder zu Hause oder auf der Arbeit und wenn ich (manchmal) ausging. Die einzige formelle Praxis, an der ich in diesen Jahren teilnehmen konnte, war ein Retreat bei einer Gemeinschaft von Leuten, die die Lehren von Satya Narayan Goenka anwendeten. Ich hatte zehn Tage zur Verfügung, und das war das einzige Retreat, das in meine Terminplanung passte. Ich machte mit, aber ich folgte nicht ihren Anweisungen. Goenka-Lehren können sehr strikt sein. Wenn man eine Anhängerin ist, muss man sie befolgen. Ich machte es auf meine Art. Ich stellte fest, dass sie viel redeten, und mein Geist folgte einfach den Klängen. Die Reaktionen meines Geistes auf Klang interessierten mich sehr. Mir gefiel das Prinzip der Achtsamkeit auf das Hören, aber ich mochte nicht, wie mein Geist auf Klänge und Geräusche reagierte.

Ich nutzte Klänge und Hören täglich in meiner Praxis und bemerkte die Tendenz des Geistes, Geräuschen zu folgen. Wenn mein Geist in Richtung der Klänge abdriftete, sagte ich zu mir: »Oh, okay ...« ... und dann kam ich zurück und beobachtete die Reaktion. Auf den chinesischen Hochzeiten, die ich besuchte, hörte ich dem Orchester zu und richtete meine Aufmerksamkeit dann manchmal auf ein einzelnes Instrument als Objekt, lauschte einfach nur der Lead-Gitarre, und wenn das sehr aufdringlich wurde, lenkte ich die Aufmerksamkeit auf den Bass. Ich hörte ein ganzes Orchester, aber ich wählte ein Instrument aus, um meine Fähigkeit zur Fokussierung zu trainieren. Wenn wir auf diese Weise damit arbeiten, hören wir einfach nur den Klang, ohne aktiv zu lauschen, wir hören ohne Anhaftung, nehmen nur Klänge wahr, laut oder leise – das spielt keine Rolle. Etwas mehr und wir haften daran, und wenn Sie achtsam sind, werden Sie Vorlieben oder Abneigungen in Ihrem Geist wahrnehmen. Da machen dann die Verunreinigungen ihren Job, sie sind ständig in der Nähe.

SAMMĀ-VĀCHĀ (RECHTE REDE)

Als ich ein paar Jahre vor meiner Teilnahme am Goenka-Retreat im Waldkloster in Bago war, fing ich an, rechte Rede als Form der Praxis zu üben. Das war ein bedeutsamer Wendepunkt in meiner Praxis und half mir enorm, die Verunreinigungen in meinem Geist zu reduzieren. Ich fokussierte mich darauf, nicht zu lügen, nicht zu tratschen, kein belangloses Geplapper von mir zu geben und keine grobe Sprache zu benutzen. Als ich begann, mich um Kontinuität in meiner Praxis zu bemühen und mich in rechter Rede übte, veränderte sich mein Verhalten. Ich wollte nicht mehr lügen oder andere Menschen betrügen. Dadurch wurde ich viel ruhiger. Wenn ich sprach, dann tat ich das ernsthaft und meinte, was ich sagte. Auch meine Angehörigen bemerkten die Veränderung. Bevor ich ernsthaft zu meditieren begonnen hatte, wurde ich immer als das schwarze Schaf der Familie betrachtet und meinen Worten wurde nicht viel Beachtung geschenkt; die Meinungen aller anderen galten als wertvoller. Aber jetzt, da ich so wenig sprach, hoben die anderen den Kopf und lauschten, weil das, was ich sagte, einen Wert für sie hatte. Sie wussten, dass meine Worte, wenn ich denn sprach, durchdacht waren und Gewicht hatten. Manchmal wurden sie dadurch aufgerüttelt, denn ihnen war bewusst, dass das, was ich sagte, der Wahrheit entsprach. Mein älterer Bruder, ein erfolgreicher Geschäftsmann, lächelte viel, wirkte stets freundlich und zugänglich und Leute, die ihn zum ersten Mal trafen, wollten immer mit ihm befreundet sein. Eines Tages sagte ich zu ihm: »Ich kann sehen, dass du leidest, und ich weiß, dass du nicht wirklich glücklich bist.« Sein Gesichtsausdruck wurde ernst, und es sah aus, als hätte er eine Maske abgenommen. Er fragte: »Woher wusstest du das?« Als Familie kamen wir uns alle viel näher aufgrund dieser Veränderung meines Verhaltens und meiner Art zu praktizieren.

Wenn wir auch nur einen Aspekt des edlen Achtfachen Pfades in unsere Praxis aufnehmen, wird das alle anderen Menschen um uns herum beeinflussen und unterstützen. Als ich begann, rechte Rede zu praktizieren, hatte das eine unmittelbare und dauerhafte Auswirkung auf meinen Umgang mit anderen. Auch meine Sicht auf das Leben und die mich umgebende Welt veränderte sich tiefgreifend. Ich wollte nicht länger das Leben führen, das mir in der Vergangenheit so viel Leid beschert hatte, und ich wünschte mir nichts anderes als Einfachheit und Freiheit, um ein gutes, heilsames Leben führen zu können. Es ist eine Sache, einen der Aspekte des Pfades aufzunehmen und zu praktizieren, und eine andere, wirklich zu verstehen, wie einem das in der Praxis hilft. Wir können aus blinder Gewohnheit praktizieren, ohne wirklich zu verstehen, wie uns das konkret hilft. Nur indem man auf heilsame Art und Weise praktiziert und dann beobachtet, was tatsächlich im Geist passiert und wie es sich auf unser Selbst und andere auswirkt, können wir ein echtes Verständnis für den Wert unseres Tuns entwickeln. Rechte Rede als moralische Disziplin muss rechte Absicht und rechte Ansicht einschließen, wenn sie überhaupt zu einem Verstehen der unheilsamen Aspekte unseres Geistes und unserer Art des Leidens führen soll. Die Motivation, auf diese Weise zu praktizieren, entspringt immer dem Weisheitsaspekt unseres Geistes und legt das Fundament für Einsicht. Wenn wir diese stabile Grundlage haben, wird zu der Weisheit, die wir bereits haben, mehr Weisheit hinzukommen.

An den meisten Sonntagen fand ein Familientreffen mit einer gemeinsamen Mahlzeit statt, und ich führte eine 15-minütige Meditation vor dem Essen ein. Nachdem alle mit dem Essen fertig waren, fragte ich sie, wie sie ihr Leben empfanden und ob sie zufrieden seien. Ich erinnere mich, dass ein Bruder antwortete, er sei zufrieden, während ein anderer meinte, »Oh, so ungefähr 50/50.« Und wieder ein anderer sagte: »Etwa 60 zu 40«. Ein andermal begann eine Schwägerin zu weinen, als sie mit uns teilte, wie sie sich innerhalb der Familie fühlte. Wir sprachen nun also jeden Sonntag über *Dhamma*-Themen und tauschten uns dann darüber aus, was in unserem Leben passierte und wie wir uns fühlten. Von da an schienen sich die Situation und mein Ansehen in der Familie zu verbessern.

Wenn Weisheit da ist, weiß man automatisch, wie man anderen helfen kann; es wird einem zur zweiten Natur. Was aus dem Geist der Weisheit gesagt wird, beruht immer auf Wahrheit und Verstehen. Wenn wir innerhalb der Familie nicht miteinander sprechen, werden wir zu Fremden. Zu entscheiden, ob es angemessen ist, etwas Bestimmtes zu sagen oder nicht, erfordert ebenfalls viel Weisheit, denn man muss den Zeitpunkt, den Ort und andere Faktoren in Betracht ziehen, die Teil dieses speziellen Moments und dieser Situation sind.

Warum ist es oft so, dass wir achtsam sein können, wenn wir still sind, die Achtsamkeit aber sofort auf der Strecke bleibt, wenn wir anfangen zu reden? Wenn ich die Leute auffordere, still zu sein, sind sie achtsam und hören auf zu sprechen, doch wenn ich sage: »Okay, jetzt könnt ihr sprechen, aber tut es bitte achtsam, sind sie dazu anscheinend nicht in der Lage. Es scheint einfacher zu sein, Menschen dazu zu bringen, ohne zu reden achtsam zu sein. Im *Satipatthāna-Sūtra* spricht der Buddha über Achtsamkeit beim Reden (rechte Rede), aber viele Praktizierende scheinen das einfach nicht hinzubekommen; es ist einfach zu schwer. Die Achtsamkeit hat kein Momentum, sodass es sehr schwer zu vermitteln sein kann. Wir brauchen Training. Mit Training ist die Schulung des Geistes gemeint, und dabei sollte folgender Grundsatz im Vordergrund stehen: Rede, wenn es notwendig ist, und rede nicht, wenn es nicht nötig ist. Das ist so einfach und doch so schwer in der Umsetzung – es erfordert eine Menge Übung und Weisheit, um zu verstehen, wann es notwendig ist, zu sprechen und wann nicht. In einem Retreat ist das kein Problem, aber sobald wir in unseren Alltag zurückkehren, ist die Achtsamkeit beim Reden wieder verschwunden, und all unsere alten Gewohnheiten machen sich sofort wieder breit. Mit kontinuierlichem Gewahrsein aller Objekte, während sie auftauchen, werden wir bald die Fähigkeiten entwickeln, Achtsamkeit in diesen wichtigen Aspekt unserer Praxis zu bringen.

EIN UNGLEICHES PAAR

Als ich 33 Jahre alt wurde, kamen meine Eltern zu dem weisen Schluss, dass es eine gute Idee wäre, wenn ich heiraten würde. Die Beziehung zwischen mir und meiner Frau war das Ergebnis einer Vereinbarung meiner Eltern und wurde von einem Heiratsvermittler arrangiert. Weil ich so ein »wilder Junge« gewesen war, hatte vorher niemand daran geglaubt, dass ich »ehefähiges Material« sei. Als meine Depression in den Hintergrund trat und mein Leben sich allgemein stabilisierte, schnitten meine Eltern das Thema »Heirat« an, weil sie sahen, dass ich nun in der Lage war, Verantwortung zu übernehmen. Ich zögerte keinen Moment und stellte ihre Entscheidung auch nicht infrage, denn ich dachte, das sei etwas, was man eben in einer bestimmten Lebensphase tut. Und ich glaubte, es sei eine gute Möglichkeit, in dieser Welt ein friedvolles, glückliches Leben zu führen. Aber die Ehe brachte neue innere Konflikte mit sich. Meine neuen Verpflichtungen führten zu einer stärkeren Selbstwahrnehmung als Person, bei der es viel um »mich«, »mein« und »ich« ging: »Mein Zuhause«, »meine Familie«, »meine Kleidung« (sogar »meine Schuhe«) und »mein neues Leben«. Vorher hatte ich in unserer Familienwohnung gelebt und musste mich im Grunde kaum um etwas kümmern; mir wurde alles abgenommen. Jetzt verstärkten diese neuen Verantwortlichkeiten mein Selbstgefühl. Bei früheren Retreats hatte ich kleine Einsichten in die Natur des Nicht-Selbst oder *Anattā* gewonnen. Im Rahmen meiner Praxis erkannte ich also bald, dass das Identitätsgefühl, das ich innerhalb meiner Ehe entwickelte, bloß aus Begriffen und Ideen bestand, aus Vorstellungen, denen ich anhaften konnte. Ich konnte klar den Kreislauf von *Samsāra* sehen und war folglich in der Lage, meinen Geist so zu schulen, dass das Gefühl für mein »Ich« schwächer wurde.

Zum Zeitpunkt meiner Heirat hatte ich meine Praxis schon sehr verfeinert und praktizierte ständig Achtsamkeit im Alltag. Ich übte sie sogar noch unter dem Moskitonetz, wenn ich mich abends schlafen legte. In diesem Lebensabschnitt veränderte sich meine Motivation in Bezug auf die Praxis. Früher hatte ich praktiziert, um meine Depression loszuwerden; diese Zusammenhänge hatte ich inzwischen verstanden und sie bereitete mir keine Probleme mehr. Jetzt praktizierte ich ausschließlich, um Weisheit zu realisieren. Ich war inzwischen fasziniert von diesem Aspekt meiner Praxis. Das Wissen und die Lektionen, die sich mir nun erschlossen, erzeugten in mir einen Hunger nach noch tieferem Verstehen. Ich war wahrhaftig im Bann von *Dhamma*.

Zwei Jahre nach unserer Hochzeit brachte meine Frau unseren Sohn zur Welt. Als man mir das Kind zeigte, erkannte ich, wie sehr mein Gefühl eines Selbst in den Hintergrund getreten war. Als ich ihn das erste Mal sah, hatte ich keine starken Gefühle für ihn oder für seine Ankunft auf dieser Welt. Ich dachte: »So, nun ist also ein weiterer Mensch geboren worden.« Ich hatte in Bezug auf ihn kein starkes Gefühl der Anhaftung. Ich dachte nicht: »Oh, das ist mein Sohn, schaut, was ich hervorgebracht habe.« Ich war nicht stolz, sondern empfand nur tiefe innere Ruhe und Gleichmut. Diese Haltung mag manchen recht hart erscheinen, aber wenn unsere persönliche Identität oder unsere Identifikation mit einem Selbst reduziert ist, dann ist unsere Haltung gegenüber anderen so, dass wir sie einfach als Natur betrachten, ohne unmittelbare emotionale Anhaftung, abgesehen von Empathie, Mitgefühl und anderen heilsamen Geisteszuständen, wenn diese auftauchen. Wir sehen allmählich alle Erfahrungen einfach als ein natürliches Werden – keinerlei Identität. Wenn der Geist gereinigt ist, können wir das verstehen; wir verstehen dann, dass Werden Vergänglichkeit bedeutet, Werden ist *Dukkha*, Werden ist Ursache und Wirkung: *Anattā*, niemand ist da.

Ich verstand in dieser Zeit vieles, und mein Verstehen war ziemlich außergewöhnlich. Einmal überquerte ich eine Straße und ein Auto kam auf mich zu; es musste ausweichen, um mich nicht zu erfassen. Der Fahrer hielt ganz in der Nähe. Mein Geist war sehr friedvoll, sehr ruhig, ich verspürte keinerlei Ärger auf den Fahrer. Ich ging ein paar Schritte weiter und dachte dann: »Warum bin ich nicht wütend darüber? Er hätte mich fast angefahren. Er hätte mich töten können. Ich sollte total wütend sein.« Aber ich ging einfach weiter: Ich sah, hörte, beobachtete und war total im Reinen mit der Welt.

Wir können im Laufe eines Tages viele solche Erfahrungen machen, stets kommen neue auf uns zu. Aber wenn unser beobachtender Geist gereinigt ist, wenn Gewahrsein und Verstehen vollständig sind, werden simple Erfahrungen außergewöhnlich. Wir hatten immer die falsche Sichtweise, wenn wir mit Erfahrungen konfrontiert wurden, und jetzt haben wir rechte Sichtweise und rechtes Verstehen, unsere Sichtweise ist nun unserer früheren entgegengesetzt. Wir regen uns nicht mehr über Erfahrungen auf; ein Objekt ist einfach ein Objekt, und wir verstehen das auf einer sehr tiefen Ebene. Selbsttäuschung, Verblendung, Gier oder Abneigung sind verschwunden – wir sind vollkommen im Reinen mit uns selbst.

Zu Hause gab es nicht nur Frieden und Harmonie. Weil ich so lange rechte Rede praktiziert hatte, hatte ich mich in mich selbst zurückgezogen. Ich war ziemlich introvertiert geworden. Es gab kein unnützes Geplauder zwischen meiner Frau und mir, zumindest nicht von meiner Seite. Sie war über diesen Mangel an Kommunikation verstört und vergoss deswegen viele Tränen. Während der Schwangerschaft meiner Frau beschloss ich, von nun an zölibatär zu leben. Ich wollte das ein Jahr lang ausprobieren, um mich selbst zu testen, denn ich begann insgeheim darüber nachzudenken, wieder ins Kloster einzutreten, und ich wollte mir im Hinblick auf meine Entscheidung sicher sein. Ich erwähnte dies aber weder meiner Frau noch meiner Familie gegenüber, denn das hätte alle zu sehr aufgeregt.

Meine Frau hatte also einige Gründe, aufgebracht zu sein; wir führten in keinster Weise eine normale Ehe. Für sie hatte es sich sehr unglücklich gefügt, dass die Eheschließung genau zu dem Zeitpunkt erfolgte, als ich an einem bedeutsamen Wendepunkt in meiner Praxis angelangt war. Meine Depression war abgeklungen, und ich drang allmählich immer tiefer in die Zusammenhänge dessen vor, was mein Leiden verursachte.

Ich hatte inzwischen ein recht gutes Verständnis in Bezug auf die Verunreinigungen entwickelt und nahm einen objektiveren Standpunkt zu ihnen ein. Mein Arbeitsumfeld störte mich nicht mehr, ich konnte gut mit den Menschen und dem Lärm umgehen. Ich hatte eine Ebene erreicht, auf der meine Praxis aufgrund meiner kontinuierlich aufrechterhaltenen Achtsamkeit so viel Schubkraft hatte, dass ich für mich den einzig möglichen Fortschritt darin sah, wieder ins Kloster einzutreten.

Am 7. April 1996, meinem Geburtstag, sagte ich zu meiner Frau und meiner Familie: »Ich werde für eine Weile ins Kloster gehen.« Ich ging und kehrte nie mehr zurück. Seitdem bin ich dort. Ein paarmal kam meine Familie ins Kloster, um mich zu überreden, wieder nach Hause zu kommen, aber ich blieb fest in meiner Überzeugung, die richtige Entscheidung getroffen zu haben.

MEDITATION/MEDIKATION

Ich werde oft gefragt, welchen Rat ich einem Menschen geben würde, der unter Depressionen leidet. Sollte er Medikamente nehmen? Das hängt von den Umständen und der Persönlichkeit der leidenden Person ab. Manchmal kann eine Kombination von Meditation und Medikation helfen. Die Medikamente können vielleicht so viel Erleichterung verschaffen, dass es möglich wird, zu meditieren und so das Momentum der Depression verlangsamt wird. Mit Medikamenten allein wird es allerdings nicht gelingen, eine Depression zu überwinden oder zu heilen. Ja, sie können etwas Linderung bewirken, aber werden sie die Krankheit komplett zum Verschwinden bringen? Nein! Die Ursache der Krankheit muss verstanden werden, und dieses Verstehen kann nur durch ein Erforschen des Geistes mithilfe der Meditationspraxis erreicht werden.

Ich habe allerdings nie Pillen gegen meine Depressionen genommen und habe deshalb auch keine Erfahrung damit. Ich nahm meine eigene

Art der »Medizin« in Form von Opium zu mir. Damit hatte ich eine Menge Erfahrung gesammelt, und ich nehme an, dass sie nicht nur zur Verschlimmerung der Depression beitrug, sondern mir hin und wieder auch etwas Erleichterung von meinen Gefühlen verschaffte, sodass ich meditieren und tatsächlich das Gesamtmuster meines Lebens beobachten konnte. Ich würde diese Methode jedoch niemandem empfehlen. Bei mir war die Ursache der Depression ziemlich simpel, und ich bin sicher, dass das bei den meisten Leuten, die an dieser Krankheit leiden, ebenso ist.

Einfach ausgedrückt: Wenn Schwierigkeiten in unserem Leben auftauchen, werden wir deprimiert. Wir verlangen dann nach etwas, das uns ablenkt und die Niedergeschlagenheit lindert. Normalerweise haben wir dann ein Verlangen nach etwas Unheilsamem, und wenn wir nicht genug von dem, was wir wollen, bekommen können, setzt die Depression ein. Wenn wir dagegen ankämpfen, gewinnt sie an Kraft und setzt sich langfristig fest, ihre Dynamik wird stärker. Und dann fühlt es sich an, als müssten wir sterben. Wir empfinden einen großen Verlust.

Wenn sich der Geist nicht gut fühlt, bedeutet das, dass die Verunreinigungen stark sind. Wenn die Dinge auch nur ein bisschen schieflaufen, wird der Geist unruhig. Manchmal erkennen wir das nicht, weil es uns auf der unbewussten Ebene trifft. Sie wünschen sich beispielsweise zehn Dinge und bekommen sie; dann ist der Geist ruhig – kein Problem. Können Sie aber ein oder zwei Dinge von zehn nicht bekommen, wird der Geist unruhig. Können Sie die Hälfte nicht bekommen, wird er depressiv. Können Sie keines der zehn Dinge bekommen, wird er verrückt.

DHAMMA WEIST DEN WEG

Der einzige Weg ist, kontinuierlich zu praktizieren, sich in jedem Moment daran zu erinnern, achtsam zu sein, und die Weisheit, die vorhanden ist, zu nutzen, um das, was den Geist belastet, zu erforschen und daraus zu lernen. Dadurch wächst unser Vertrauen in die Praxis. Wenn das Ganze eine Dynamik bekommt und wir geduldig sind, erwächst daraus ein tieferes Verstehen und die Depression klingt ab. Darum geht es: *Dhamma* zu erlauben, uns den Weg zu zeigen, den Geist dafür zu öffnen; dann werden wir lebendig wie Buddha es wollte, als er uns diese wunderbare Lehre des *Satipatthāna* anbot. Dann sehen wir das Leben durch eine völlig andere Brille, unsere Einstellungen und Gewohnheiten verschieben sich in Richtung der heilsamen Aspekte unseres Geistes, was sich letztlich nicht nur in unserer allgemeinen Haltung zum Leben und unserem Umgang mit Objekten, sondern auch mit allem und allen widerspiegelt, mit dem oder denen wir in Kontakt kommen.

Dhamma ist allgegenwärtig, ist überall. Die Natur kommuniziert in jedem Augenblick mit uns; sie lehrt uns, aber manchmal sind wir nicht in der Lage, zu hören. Wir können *Dhamma* aufgrund unserer geistigen Verunreinigungen nicht erkennen und unser Verstehen und unsere Weisheit sind nicht groß genug, um das zu durchschauen. Wenn wir die Natur der Dinge sehen können, so wie sie wirklich sind, wird sich der Geist von selbst reinigen und somit von den Verunreinigungen befreien.

Jetzt haben Sie eine ungefähre Vorstellung davon, wie viel Bemühen und Engagement notwendig sind, um Weisheit zu entwickeln. Wie Sie wissen, setzt die Verwirklichung von allem, was lohnend und wertvoll ist, harte Arbeit und Beharrlichkeit voraus. Beim Praktizieren von *Vipassanā* haben wir das langfristige Ziel im Blick und müssen an vielen Fronten kontinuierlich arbeiten. Zuallererst muss unser Bemühen auf das Entwickeln von Achtsamkeit und rechter Ansicht ausgerichtet sein. Das sind die Fundamente unserer Praxis, die uns dabei unterstützen, das Momentum des verunreinigten Geistes zu verlangsamen und dadurch zur Weisheit zu gelangen. Dieses Momentum wird vom Gewicht eines ganzen Lebens oder sogar mehrerer Leben in Gang gehalten. Wir müssen forschen, Strategien entwickeln und mit jedem Aspekt unseres Lebens experimentieren, müssen uns anschauen, wie wir unsere Praxis handhaben, müssen dieses oder jenes ausprobieren und tun, was nötig ist, um herauszufinden, wie unser Geist funktioniert und zu erkennen, auf welch hinterlistige Art die Verunreinigungen uns zum Narren halten und in einem falschen Glücksgefühl wiegen können. In welchem Maße Sie das Momentum der Verunreinigungen auch verlangsamen, das Momentum vom reinen *Dhamma* wird in gleichem oder sogar noch höherem Maße zunehmen.

Sie sind Ihr eigener Lehrer, Ihre eigene Lehrerin; Sie haben eine einzigartige Persönlichkeit, und deshalb wird auch Ihre Art zu praktizieren ganz individuell sein. Buddhas Lehren sind allgemein und exemplarisch, sie beziehen sich nicht auf einen bestimmten Persönlichkeitstyp, sondern beziehen alle ein und sind als Leitlinien gedacht, mit denen Sie arbeiten können und die Sie so an Ihre Praxis anpassen können, wie es Ihrer Persönlichkeit entspricht. Das gilt auch für die Arbeit mit Ihrem *Dhamma*-Lehrer: Er oder sie kann Ihnen nur raten, Ihren Weg zu gehen und die Lehren auf Ihre eigene, individuelle Art und Weise anzuwenden. Nur Sie können Ihren Geist wirklich kennen und wissen, welche Art des Praktizierens Ihnen Resultate bringt.

Manche von Ihnen praktizieren seit vielen Jahren und haben alle Informationen gesammelt, die sie brauchen, um zu tiefer Weisheit zu gelangen, und trotzdem werden Sie immer noch vom Momentum des verunreinigten Geistes erfasst. Was ist nötig, um diesen Schub zu verlangsamen und schließlich umzukehren? Mit dem Wissen und den Informationen, die Sie bereits gesammelt haben, vielleicht gar nicht so viel! Hoffentlich finden Sie in diesem Buch genügend Informationen und Inspiration, um Ihrem Wissen noch mehr Gewicht zu geben. Das könnte dann vielleicht den Ausschlag geben und dafür sorgen, dass sich das Momentum in Richtung Weisheit bewegt. Es wird dazu führen, dass Sie die Welt mit anderen Augen sehen und Ihnen die Tür zu einem ursprünglicheren, dauerhafteren Glück öffnen. Wenn Ihr natürlicher Impuls in Richtung Weisheit drängt, wird Ihnen *Dhamma* immer den Weg zeigen. Dann wird das Leben sehr viel einfacher.

TEIL DREI

Sich der Weisheit verpflichten

6

Der Geist der Praxis

Rückblickend ist offensichtlich, dass mein Lehrer, Shwe Oo Min Sayadaw, Pläne mit mir hatte, die mir in den Anfangsjahren nicht bewusst waren. Erst ungefähr ein Jahr nachdem ich endgültig das Mönchsgewand angelegt hatte, offenbarten sich seine Pläne allmählich und wurden realisiert. Er wollte, dass ich lehre, da er plante, damit aufzuhören, das heißt, er wollte, dass ich seine Rolle als Lehrer einnahm.

Bei einem gemeinsamen Besuch des Waldklosters in Bant Bway Goun, im Bundesstaat Mon, bat er mich, Frage-und-Antwort-Stunden mit Praktizierenden und Mönchen zu leiten. Jeden Nachmittag um vier Uhr kamen bis zu 200 Laien und Mönche für diese Sitzungen ins Kloster. Nach der ersten Sitzung fragte ich ihn, wie es seiner Meinung nach gelaufen war, aber er sagte nichts – was ich als Zeichen des Einverständnisses betrachtete. Meine Laufbahn als Lehrer hatte also begonnen.

Kurz darauf bat er mich, eine Gruppe von Mönchen im alten Shwe-Oo-Min-Zentrum zu unterrichten, was bei einigen von ihnen nicht gut ankam, da sie älter und ranghöher waren. Ich hatte nie daran gedacht, Lehrer zu werden; eigentlich hatte ich nur in irgendein Waldkloster eintreten und meditieren wollen. Aber mein Lehrer sagte: »Warum willst du in den Wald gehen? Was wirst du da machen? Du kannst überall praktizieren.«

Er hatte also folgenden Plan: Er wollte aufhören, Meditation zu lehren, und wenn er sah, dass ich in der Lage war, zu lehren, konnte er aufhören. Er war ein sehr intelligenter Mann und ein ganz besonderer Mensch, der einen großen Einfluss auf mein Leben hatte. Er kannte mich besser als ich mich selbst. Er allein verstand mich, nicht einmal meine eigene Familie verstand mich so gut wie Sayadwagyi. Ich vermisse ihn sehr.

Eigentlich habe ich mich nie als Lehrer oder Guru gesehen. Ich bin ein Meditierer und teile einfach gerne meine Erfahrungen mit anderen Meditierenden, damit sie ihrer Wege gehen und auf ihre eigene Art und Weise in ihrer Praxis anwenden können, was sie hier von mir gehört haben. Wie kann ein/e Praktizierende/r wirklich wissen, was ich erfahren habe? Für ihn oder sie ist meine Erfahrung eine Vorstellung. Wenn sie sich aber an bestimmten Leitlinien orientieren können, die ich ebenfalls angewendet habe und die für mich funktioniert haben, werden sie unweigerlich vorankommen. Das heißt nicht, dass das Bemühen und Vertrauen, das man aufbringen muss, für alle Praktizierende gleich ist. Es hängt davon ab, an welchem Punkt die betreffende Person in ihrer Praxis angelangt ist.

Anfangs kommen das Bemühen und Vertrauen hauptsächlich von einer persönlichen Ebene, der Ebene des Selbst. Für die meisten Praktizierenden beginnt das Verstehen an diesem Punkt: auf das zu vertrauen, was sie von mir hören, und es dann mit Hilfe der Werkzeuge der Achtsamkeit und des rechten Bemühens anzuwenden, die dann zur rechten Sichtweise führen. Von dieser Warte der rechten Ansicht aus wird sich, wenn genügend Interesse da ist und man gründlich forscht, mehr Weisheit offenbaren. Das Bemühen speist sich dann mehr aus dem Weisheitsaspekt des Geistes, was die Meditierenden dazu inspiriert, mehr wissen zu wollen und ihrer Praxis weitere Impulse gibt.

7

Der meditierende Geist

Warum leidet der Geist? Warum ist der Geist verblendet? Und wie funktioniert der verblendete Geist? Diese Fragen können nur beantwortet werden, indem man die Merkmale der geistigen Zustände und der Natur von *Nāmarūpa* (Körper/Geist-Bewusstsein) untersucht und dann versteht. Nur dann kann der Geist *Aniccā*, *Dukkha* und *Anattā* in ihrer Tiefe verstehen: Wenn Sie also mit der Praxis fortfahren, werden sich Gewahrsein und das Verstehen dieser Geisteszustände ganz von selbst einstellen. Bei *Vipassanā* geht es weniger um die Vorstellung »Ich meditiere« als um »Meditation geschieht ganz natürlich«. Immer wenn der Geist in ein Gleichgewicht kommt, folgt das Verstehen ganz von selbst. »Ich meditiere nicht – Meditation geschieht.« Dann vertieft sich das Verstehen. Als *Vipassanā Ñāna* meinen Geist durchdrang, veränderte sich meine Sicht auf die Realität völlig; ein sehr tiefes Verstehen stellte sich ein. Und aufgrund dessen wurde mein Interesse an Meditation noch stärker, ich wollte mehr wissen. Es war eine große Motivation für mich, mit der Praxis fortzufahren. Man kann diesen Zustand nicht aktiv herstellen, es geschieht einfach: Die Bedingungen haben gestimmt, sodass dieses Verstehen möglich war.

Der Geist war ohne den Versuch, ihn zu kontrollieren, ins Gleichgewicht gekommen, es war kein»Selbst« da; es war vollkommen unpersönlich. Solches Verstehen hängt von vielen Faktoren ab: Natur, Konditionierung, Objekt, Gewahrsein (schärfer oder schwächer), aber vor allem hat der Geist zu einem Gleichgewicht gefunden und die Vorhänge wurden beiseite gezogen: Weisheit wird offenbar.

Einmal machte ich einen Ausflug zur Shwedagon Pagode. Auf dem Weg dorthin hielt ich an und betrachtete die Pagode aus einiger Entfernung. Das war noch, bevor ich *Vipassanā Ñāna* erlebt hatte, aber ich bemerkte nun, dass mein Geist sie auf eine ganz neue, andere Art wahrnahm. Nachdem ich dann einige Zeit bei der Pagode verweilt hatte, machte ich mich auf den Rückweg und hielt noch einmal an derselben Stelle an, um die Pagode wieder aus der Ferne zu betrachten. Wieder war der Anblick so ganz anders als beim ersten Mal; das war ziemlich sonderbar. Wieso geschah das? Dann erkannte ich, dass hier eindeutig *Saññā* am Werk war: Es wählte nur aus, woran es interessiert war, ohne jegliche Kontrolle durch das Selbst. Das war eine neue Erfahrung. Hier nahm Natur sich selbst wahr; Meditation geschah ganz natürlich. Jedes Mal, wenn Verstehen aufkommt, wird Interesse geweckt und wird stärker.

Ein andermal schaute ich fern. Die Aufmerksamkeit war zwar da, aber nicht so scharf, es war nur ein beiläufiges Gewahrsein. Plötzlich nahm mein Geist Sehen und Wissen auf eine neue Art wahr: Durch diese Erfahrung verstand ich das Wesen der Vergänglichkeit mit einem Mal sehr gut, und der Weg, der vor mir lag, wurde plötzlich sehr deutlich. Mein Geist nahm wahr, dass das, was ich sah, völlig neu war. Ich machte keine bewusste Anstrengung, zu meditieren, Meditation geschah ohne Zutun von irgendeinem Selbst, und das passierte, weil ich einfach mit beiläufigem Gewahrsein ferngesehen hatte. Wenn die Bedingungen stimmen und der Geist ausgeglichen ist, wird Verstehen auf ganz unerwartete Weise möglich.

Ein Praktizierender in unserem Zentrum kam zu einem Einzelgespräch und berichtete, dass sein meditierender Geist sich abhängig von den äußeren Bedingungen veränderte. Wenn er allein in seinem Zimmer war, war sein Geist ziemlich still und ruhig, und es war nur ein beiläufiges

Gewahrsein nötig, um im Gleichgewicht zu bleiben. Wenn er aber sein Zimmer verließ und an einer Geh-Meditation teilnahm oder sich mit einem anderen Meditierer unterhielt, begann sein meditativer Geist unruhig zu werden, sodass er sich etwas mehr darum bemühen musste, das Gewahrsein aufrechtzuerhalten und innerlich im Gleichgewicht zu bleiben. Weil er durch die kontinuierliche Praxis inzwischen achtsamer und wacher geworden war, konnte er diese subtilen Veränderungen in seinem Geist wahrnehmen.

Doch das ist sehr oft nicht der Fall. Manche Praktizierende verlassen ihr Zimmer oder die *Dhamma*-Halle, ohne auch nur den Übergang vom Gewahrsein zum Nicht-Gewahrsein wahrzunehmen. Unversehens befindet sich der Geist in einem Zustand der Unruhe und die Verunreinigungen haben die Kontrolle übernommen. Es ist so wichtig, dass wir bei allem, was wir tun, achtsam und bewusst bleiben. Wenn Sie bemerken, dass der Geist zu einer bestimmten Vorstellung neigt und unruhig wird, dann nehmen Sie das wahr, ohne die Vorstellung als gut oder schlecht zu bewerten, und richten Sie Ihre Aufmerksamkeit dann auf Ihr Gefühl oder damit verbundene körperliche Empfindungen. Wenn Sie das oft genug praktizieren, wird es bald zu einer automatischen Reaktion, zur zweiten Natur; Meditation geschieht von selbst.

Wenn wir diese Arbeit tun und uns darum bemühen, kontinuierlich wach und bewusst zu sein, wird Gewahrsein selbst zur zentralen geistigen Qualität, denn das ist es ja, was wir kultivieren möchten. Gefühle und Gedanken sind ebenfalls offenbar, weil unser Gewahrsein schärfer ist und wir sie wahrnehmen. Wenn wir nicht im Retreat, sondern zu Hause sind, ist der Geist meistens mit irgendetwas beschäftigt, er ist unruhig. Es herrscht dieser ständige Druck, Dinge erledigen zu müssen. Etwas treibt den Geist an. Das können Sie spüren; Sie können wahrnehmen, ob der Geist entspannt oder angespannt ist. Wenn er entspannt ist, ist er weniger kontrahiert, hat mehr Weite. In diesem Zustand fällt es leichter, Objekte zu beobachten; dann wird klar, dass die Objekte nicht »Ich« sind, aber wir halten immer noch die Identifikation mit dem, der das weiß, aufrecht, denn »Ich bin achtsam«, »Ich meditiere«. Nur wenn wir anfangen, Gewahrsein zu kennen, verstehen wir, dass das Gewahrsein seine eigene Arbeit tut, »Ich« bin es nicht. Weil in Ihrem Geist Gewahrsein ist, werden Sie bald anderer Ebenen des Geistes gewahr. Man stimmt sich auf den Geist ein, und dadurch kann man aller anderen Dinge gewahr werden, die sich im Geist abspielen, was uns Gelegenheit gibt, jene Bereiche des Geistes zu verstehen, über die wir zuvor wenig wussten.

Indem wir des Gewahrseins gewahr sind, sind wir auf eine andere Weise gewahr als beim Gewahrsein von Objekten; wir wenden weniger Energie auf. Bevor das geschehen kann, müssen wir durch einen Prozess gehen, bei dem wir zu einem Verständnis darüber gelangen, wodurch eigentlich Gewahrsein des Gewahrseins zustande kommt. Heilsame Praxis bedeutet im Grunde, diesen Prozess zu kennen, ihn sehr gut zu kennen. Dazu gehört das Annehmen vieler kleiner, scheinbar unbedeutender Momente der Achtsamkeit, bis wir wissen, was dem Geist Gewahrsein und Klarheit bringt. Das bezieht sich sowohl auf die »Zurück-zu-den-Wurzeln«-Achtsamkeit als auch auf die »guten Momente« der Achtsamkeit, die nicht andauern. Diese Lektionen werden immer und immer wieder gelernt, bis Achtsamkeit ein stabilerer Zustand geworden ist. Wenn wir Gewahrsein verstehen, müssen wir uns nicht einmal anstrengen; es geschieht automatisch. Wir können uns nicht auf Gewahrsein fokussieren oder konzentrieren. Warum nicht? Weil es nirgendwo ist; es gibt keinen Ort dafür. Wenn Sie Gewahrsein also einmal verstanden haben, ist es nicht nötig, sich darauf zu konzentrieren; wenn Sie sich konzentrieren, bedeutet das, dass Sie ihm einen Ort und eine Zeit zugewiesen haben, einen Raum, auf den Sie sich fokussieren können, und das bedeutet, dass ein Konzept oder eine Vorstellung damit verbunden ist.

Ich muss es noch einmal betonen: Ich möchte nicht, dass Sie sich zu sehr auf ein Objekt konzentrieren: einfach ein unangestrengtes, beiläufiges Gewahrsein, nicht in Bezug auf ein Objekt, sondern auf jedes Objekt, das sich in jedem beliebigen Moment an irgendeiner Sinnespforte bemerkbar macht – und zu wissen, dass Sie gewahr sind. Wir halten nicht nach Objekten Ausschau. Jede/r Meditierende wird anders mit Objekten umgehen. Für manche, je nachdem, an welchem Punkt ihrer Praxis sie stehen, kann es die richtige Methode sein, sich anfangs tatsächlich auf ein Objekt zu fokussieren – vergessen Sie aber nicht, dass es, wenn andere wahrgenommen werden, wesentlich ist, sie zu erkennen. Ich möchte betonen, dass es äußerst wichtig ist, nicht an einem Objekt anzuhaften, wenn andere wahrgenommen werden.

Wenn wir allmählich erfahrener werden und das Gewahrsein stabiler wird, besteht die Gefahr, dass Sie denken, Sie verstünden nun genug. Das ist ein Problem, mit dem sich viele Praktizierende auseinandersetzen müssen, wenn sie in ihrer Praxis Fortschritte machen; es ist eine Form der Selbsttäuschung. Es ist einfach, sich in Bezug auf die Praxis in einem Zustand des Desinteresses oder der Verdrossenheit einzurichten. Obwohl sie wach und bewusst sind und auch etwas Gleichmut vorhanden ist, sind Sie einfach nicht besonders an dem interessiert, was im Geist vorgeht. Es herrscht Stillstand, nichts bewegt sich, die alten Methoden der Ablenkung sind nicht mehr interessant und die Praxis selbst ist ebenfalls uninteressant geworden. Also lauern die Verunreinigungen auf einer subtilen Ebene und *Dukkha* macht sich breit. *Dukkha* wird allerdings bereits bis zu einem gewissen Grad verstanden, und das ist eben Weisheit – also können wir diese Weisheit nutzen, um unseren Weg zu finden.

Die Wirklichkeit zu kennen sollte nie uninteressant sein, denn das ist die Arbeit dieses unseres Lebens. Wie können wir also diese Weisheit nutzen, um Interesse zu wecken und die Motivation zu finden, um in unserer Praxis weiterzugehen? Wir beginnen, indem wir mit dem Gewahrsein an sich arbeiten. Wenn Sie untersuchen, was in Ihrem Geist vorgeht, stellen Sie vielleicht fest, dass Sie in Bezug auf Ihr Gewahrsein ein bisschen zu entspannt geworden sind, also möchten Sie dem Ganzen vielleicht wieder etwas mehr Gewicht geben. Ich muss aber darauf hinweisen, dass man dabei nicht übertreiben sollte: Halten Sie nicht nach Objekten Ausschau, versuchen Sie nicht, die Dinge sehr zu forcieren; bringen Sie für Ihre Praxis des Beobachtens einfach ein bisschen mehr Energie oder Interesse auf. Im Laufe der Zeit gewöhnt sich unser Geist daran, mit diesem schärferen Gewahrsein zu arbeiten; es wird dann ganz natürlich und erfordert weniger Bemühen, so wie sich der Körper beim Training im Fitnessstudio an zusätzliche Gewichte gewöhnen kann. Dann beginnt der Geist Dinge zu sehen, die er vorher nicht gesehen oder gekannt hat, wodurch weiteres Interesse geweckt wird und der Wunsch entsteht, noch mehr zu wissen. So kann sich das Verstehen vertiefen. Wenn man auf diese Weise mit Achtsamkeit arbeitet, ist es wichtig, sich von der Weisheit führen zu lassen, sich von ihr zeigen zu lassen, was nötig ist, um Interesse zu wecken und die Dinge am Laufen zu halten. Wenn Sie schon ein gewisses Verständnis erlangt haben, seien Sie nicht faul: Bitte halten Sie es lebendig, nutzen Sie es. Es ergibt keinen Sinn, mit zugezogenen Vorhängen in einem Penthouse zu leben. Ziehen Sie sie auf und genießen Sie die Aussicht.

Oft fragen mich Praktizierende nach meinen Erfahrungen mit der Praxis und was wohl auf sie zukommen wird, wenn sie in ihrer eigenen Praxis weitergehen. Dann bin ich immer vorsichtig mit dem, was ich ihnen sage. Wenn ich eine Erfahrung gemacht habe, die sie direkt nachvollziehen können (beispielsweise meine Erfahrungen mit der Depression), dann ist das kein Problem. Es kann oft nützlich sein, ihnen davon zu berichten. Wenn ich aber zu viel über Dinge spreche, die sie noch nicht erfahren haben, verstehen sie nicht: Das kann Furcht und Zweifel auslösen oder sogar die Erwartung, dass sie dieselben Einsichten haben werden. Deshalb versuche ich, nicht zu viel über meine eigenen Erfahrungen zu sprechen. Jeder Praktizierende kommt auf seine ganz eigene Weise zu seinen Erkenntnissen; die Bedingungen und Voraussetzungen für ein tieferes Verstehen sind unterschiedlich. Deshalb kann ich nicht sicher sagen, was für jeden Meditierenden als Nächstes kommt. Ich kann bestimmte Elemente in seiner oder ihrer Praxis erkennen, die ich auch erlebt habe, aber ich kann nicht sicher sein, was als Nächstes kommt. Für mich kann ich sagen: »Es geschah so oder so.« Aber was Sie betrifft, hängt es von Ihrer Bewusstseinsqualität und Ihren Eigenschaften ab, also kann ich hier keine sichere Aussage treffen. Wir wissen, dass das letztendliche Ziel die vollständige Reinigung des Geistes ist, aber wie und in welcher Geschwindigkeit wir dorthin gelangen, ist für jede von uns anders.

In seiner Weisheit gab uns der Buddha wunderbare Leitlinien, mit denen wir arbeiten können, um dieses Ziel zu erreichen, aber sie sind nicht mehr als das: Leitlinien. Die Erfahrungen, die Sie möglicherweise innerhalb dieser Leitlinien machen, werden einzigartig sein und Ihrer Art des Praktizierens entsprechen. Nehmen wir beispielsweise an, Sie und Ihre Nachbarin beschließen, sich einen Kasten mit Tomatensetzlingen zu teilen. Nehmen wir weiter an, sie erzielt eine Rekordernte und Sie selbst eine gute Ernte – aber nicht so gut wie ihre. Es hängt von den Bedingungen ab, was für eine Ernte Sie erzielen: Sonne, Wasser, Qualität der Pflanzerde, Schatten, Kompost und so weiter. Und natürlich wachsen die Pflanzen in ihrem eigenen Tempo. Dasselbe gilt für den meditierenden Geist, schließlich ist auch er Natur. Wenn wir für die richtigen Bedingungen sorgen, kommen die Einsichten von selbst; das geschieht, wenn der Geist ausgeglichen ist und die Voraussetzungen stimmen.

BEDINGUNGEN FÜR WEISHEIT/VERSTEHEN

Wir können tausend Worte lesen oder versuchen, durch Denken und Logik zu einem ausgeglichenen Geist und tiefem Verstehen zu gelangen, aber letztendlich müssen wir die Arbeit tun und für die Bedingungen sorgen, die das möglich machen. Der meditierende Geist ist jenseits von Worten, jenseits von Logik, jenseits des Selbst; er ist Stille und Ruhe. Die konzeptuelle Realität muss bis zu einem gewissen Grad verstanden werden; nur dann können wir sagen, dass wir wirklich meditieren: »Die Meditation geschieht.« Die Natur ist ihrer selbst gewahr. Bis jetzt haben wir uns wiederholt mit der Frage beschäftigt, was es braucht, um die Bedingungen für wahre Meditation herzustellen. Nur wenn wir unser eigenes Leiden und wie es zustande kommt, bis zu einem gewissen Grad verstehen, können wir die Bedingungen schaffen, unter denen sich Weisheit offenbaren kann. Als ich die schlimmsten Phasen der Depression durchmachte, konnte ich mich an niemanden wenden, und mir blieb nichts anderes übrig, als mich mit meinem eigenen Leiden zu konfrontieren. Erst dann wurde das Interesse des Geistes geweckt, und er fing an, nach der Ursache für dieses Leiden zu suchen. Manchmal braucht es genau das, um den Geist vom Verlangen und den Fesseln der Anhaftung zu befreien. Ziemlich oft ist die Meditationspraxis die letzte Zuflucht, weil alles andere nicht funktioniert hat.

Wenn wir endlich erkennen, dass die konzeptuelle Realität und die höchste Wirklichkeit zusammenwirken, dass sie koexistieren und tatsächlich eine Wirklichkeit sind, kommt der Geist allmählich ins Gleichgewicht und bereitet so den Boden für das Verstehen. Allein das Anhaften am konzeptuellen Aspekt des Geistes lässt uns leiden. Wenn wir das erkennen, verstehen wir allmählich, was wahre Meditation eigentlich ist. Dann sind die Bedingungen für Einsicht gegeben. Es kann sein, dass wir viele Male auf eine Idee oder ein Konzept stoßen, aber wenn wir zum jeweiligen Zeitpunkt nicht im richtigen Bewusstseinszustand oder aus irgendeinem Grund nicht empfänglich dafür sind, werden wir es nicht aufnehmen. Ein Beispiel: Wir riechen täglich Dinge, also betrachten wir das Riechen als selbstverständlich. Wir riechen vielleicht denselben Geruch Tag für Tag und achten nicht besonders darauf. Aber dann kommt der Geist ins Gleichgewicht, weil die Bedingungen stimmen und plötzlich nehmen wir es wahr. Ah! Einsicht!

Das Objekt kann sehr einfach sein, aber das Verstehen kann sehr tief gehen. Einmal praktizierte ich auf der Arbeit wie gewöhnlich und fuhr dann heim, um zu duschen. Zu diesem Zeitpunkt versuchte ich nicht aktiv zu praktizieren, aber ich war ruhig und empfänglich. Beim Duschen nahm ich die Seife in die Hand und roch daran, und plötzlich traf es mich wie ein Blitz: »Wieso kann die Nase den Geruch erkennen?« Ich hatte diese tiefe Einsicht, dass das ein Ursache-Wirkung-Verhältnis ist und dass es nur so und nicht anders sein kann. Die *Anattā*-Natur dieser Situation traf mich so unvermittelt, dass ich ganz erstaunt war. Nach dem

Duschen ging ich zu meinen Brüdern und sagte: »Wisst ihr, dass man nur mit der Nase riechen kann?« Als ich meinem Lehrer davon erzählte, sagte er: »Wenn du etwas verstehst, dann lauf nicht rum und erzähle es allen, sonst werden sie dich für verrückt halten.« Warum war es also so erstaunlich? Wir alle wissen, dass wir nur mit der Nase riechen können. Wir alle wissen das, aber wir verstehen es auf unterschiedlichen Ebenen. Die Objekte, die wir wahrnehmen, sind genau die gleichen – sechs Sinnesobjekte, immer gleich – aber wenn der Geist bereit ist und etwas erkennt, kann das Verstehen auf eine völlig neue Ebene hochschießen.

Wenn ich sage: »Tun Sie die Arbeit«, dann meine ich eigentlich, treten Sie einfach zurück und erlauben Sie dem Geist, seine Arbeit zu tun – das heißt, zu meditieren. Das ist es, was der Geist tut; es ist seine Natur. Als ich duschte und dabei diese Einsicht über das Riechen hatte, machte der Geist einfach nur seinen Job. Wenn wir Gewahrsein hineinbringen, erlauben wir dem Geist, seiner eigenen Tätigkeit nachzugehen; wir schaffen den Raum, damit das geschehen kann. Wenn wir die rechte Haltung haben, das heißt, keine Erwartungen in Bezug auf den Ausgang der Dinge und nicht versuchen, unsere Erfahrung zu kontrollieren – nur dann kann der Geist seinen Job machen. Außerdem ist innere Klarheit (*sampajañña*) erforderlich: Der Geist muss wissen, was er tut. Weisheit ist aktiv und versteht jegliche Erfahrung, was uns erlaubt, von Moment zu Moment heilsame Entscheidungen zu treffen. Wir können achtsam sein, aber Gewahrsein allein bedeutet noch nicht, dass wir verstehen, es ist nicht genug. Weisheit muss aktiv sein und mit dem Gewahrsein zusammenwirken (*Sati-sampajañña*). Die Aufgabe des Praktizierenden besteht also darin, Gewahrsein hineinzubringen und die rechte Haltung zu haben. Ich habe bereits genug über Gewahrsein gesprochen, aber über rechte Haltung können wir nie genug sagen, weil sie sich immer wieder ändert, bis der Geist vollkommen klar ist. Wenn wir korrekt praktizieren, ist das Leben immer neu und interessant, weil wir immer mehr sehen und verstehen. Wir beobachten den natürlichen Lauf der Dinge so gründlich und sorgfältig wie möglich. Das ist Natur, erfahrende Natur.

8

Die Praxis in den Alltag bringen

Wenn wir *Dhamma* in unser tägliches Leben bringen – bei allem, was wir tun – werden wir echte Fortschritte in unserer Praxis machen. Natürlich wird es Probleme geben, weil nicht alle Leute um uns herum meditieren und wir mit dieser kontemplativen Lebensweise eigentlich gegen den vorherrschenden Strom schwimmen. Gerade im Hinblick auf Freunde und Familie können wir in unserer Praxis auf die größten Schwierigkeiten stoßen. Ich erinnere mich daran, dass ich sehr wütend und aufgewühlt war, als mein Bruder starb und die Leute einen Bogen um mich machten, weil sie Angst vor mir hatten. Meine Tante, mein Schwager und mein ältester Bruder versuchten mit mir zu sprechen, aber ich wurde einfach nur wütend. Sie hielten mich für einen verrückten Kerl, aber innerlich praktizierte ich: verrückt nach außen, aber innerlich beobachtete ich meinen Geist. Es war auch ein bisschen Weisheit vorhanden, aber sie war nicht sehr stark – doch stark genug, um die Praxis aufrechtzuerhalten. Andere verstehen aber nicht, was in Ihrem Geist vor sich geht. Damals verstand ich, dass sie mir zu helfen versuchten, aber sie wussten nicht, was ich durchmachte und hatten keine Ahnung von meiner inneren Arbeit. Ich hatte also nicht unrecht und sie auch nicht. In einer solchen Situation ist es sehr leicht, zu verstehen und zu vergeben.

Im Laufe der Zeit passte sich meine äußerlich wahrnehmbare Persönlichkeit allmählich meiner inneren, meditativen Seite an, und ich wurde aufgrund dessen viel ruhiger. Als dieser Prozess einsetzte, waren die anderen ein bisschen schockiert. Was war mit dieser wütenden, verrückten Person passiert, die sie gekannt hatten? Irgendwann begannen nicht nur die Leute vom Markt, sondern auch Freunde und Angehörige bei mir um Rat zu fragen. Früher hatte ich es nicht einmal für nötig gehalten, ihnen zuzuhören oder mit ihnen zu sprechen, wenn sie mit mir zu reden versuchten. Jetzt kamen sie zu mir und teilten sehr private Informationen mit mir, die sie mit niemand anderem besprechen wollten. So erwarb ich mir ganz langsam ihren Respekt. Das ist der einzige Weg: Mach die harte Arbeit selbst, dann werden die Leute bald sehen, dass das, was du tust und praktizierst, funktioniert. Es gibt keinen Grund, zu versuchen, andere von dem Weg, den man geht, zu überzeugen, und es ist noch nicht einmal nötig, viel darüber zu sprechen. Praktizieren Sie einfach kontinuierlich weiter und schon bald wird sich die Situation ändern: Ihr Verhältnis zu den Menschen in Ihrer Umgebung wird sich verbessern.

Als mein Leben allmählich besser wurde, fingen meine Angehörigen an, mich respektvoll zu behandeln. Mein Vater war, solange ich denken kann, hinter mir her gewesen. Als ich jünger war und öfter in Schwierigkeiten geriet, sperrte er mich zur Strafe manchmal in die Toilette ein oder er schlug mich und sagte: »Wie oft muss ich dir noch sagen, dass du damit aufhören sollst?« Und dann schlug er mich noch etwas mehr. Ich war immer aufsässig und trotzig, reagierte nicht auf die Schläge und zeigte nicht, dass ich den Schmerz fühlte. Er sagte dann immer: »Du hast ein dickes Fell, wie ein Büffel.« Ich war sehr willensstark. Alle meine Brüder fürchteten sich vor meinem Vater, ich jedoch nie. Damals verstand ich schon ein wenig, was Vergänglichkeit bedeutet: Alles konnte kommen und gehen. Ich vergaß schnell und hegte keinen Groll. Im Laufe der Zeit begann ich meinen Vater zu verstehen: Er tat nur, was seiner Meinung nach das Beste für mich war, auch wenn es aus einem Zustand der Verblendung heraus geschah.

Ich fing an, das Wesen und die Mechanismen der Verblendung zu verstehen, weil ich sie in meinem eigenen Geist beobachtete. Also verzieh ich meinem Vater, wie er mich behandelte, und allmählich veränderte sich unsere Beziehung. Nachdem ich geheiratet hatte, änderte sich seine Haltung mir gegenüber grundlegend, weil er überzeugt war, dass ich nun Verantwortung für mein Leben übernehmen würde. Obwohl es also nicht immer so scheint, als sei die Haltung unserer Familie und Freunde in unserem Interesse, wollen sie normalerweise das Beste für uns, auch wenn es oft aus Unbewusstheit geschieht. Es ist sehr wichtig, dass man versucht, ihre Motive zu verstehen und die Reaktionen im eigenen Geist auf die Interaktionen zwischen sich und anderen beobachtet. Als ich mich zu verändern begann, wurde mein Vater stolz auf mein verändertes Verhalten. Ich erinnere mich, dass er, wenn ich ihm ein Geschenk oder ein Kleidungsstück, beispielsweise ein Hemd, mitbrachte, dieses dann ständig trug und stolz darauf war, dass ich es ihm gekauft hatte. Ich begann meinen Vater zu verstehen und liebte ihn sehr, weil ich nun wusste, dass er immer mein Bestes im Sinn gehabt hatte.

Ein Praktizierender fragte mich einmal, ob man nur erleuchtet werden könne, wenn man Single sei. Nein! Jede und jeder kann erleuchtet werden! Ihr Partner oder Ihre Partnerin könnte die Bedingung sein, die Sie ins Erwachen katapultiert. Manchmal kann es so scheinen, als sei die Grundlage einer Beziehung nur Verlangen und Anhaftung. Aber wir können diese Grundlage verändern; wir werden nicht immer von Abneigung oder Verlangen bestimmt. Unsere Praxis kann darin bestehen, die Anhaftung wahrzunehmen. Jedes Mal, wenn Sie mit Ihrem Partner oder Ihrer Familie in Kontakt treten, können Sie lernen, das mit Weisheit und Gewahrsein zu tun. Wenn wir mit Achtsamkeit und Weisheit leben, werden diese Menschen, unsere Familie, zur Quelle unserer wachsenden Einsicht und Weisheit. Wenn wir das rechte Verständnis haben, werden gerade sie in uns Gefühle der liebenden Güte, des Mitgefühls, der Mitfreude und des Gleichmuts wecken. Warum müssen wir in ein Retreat kommen, um diese Gefühle wachzurufen? Wir können sie zu Hause haben.

Familienmitglieder sind normalerweise die engsten Bezugspersonen in unserem Leben, sie sollten also solche Gefühle in uns wachrufen können. Wenn wir jedes Objekt nutzen können – wenn irgendeine Person oder alle Menschen in unserem Leben – wenn also der Kontakt mit Situationen oder Menschen heilsame Qualitäten in uns wachruft – sind wir tatsächlich auf dem Weg zum Erwachen. Wir haben ja gar nicht mit so vielen Leuten einen Austausch; nur mit Angehörigen, Arbeitskollegen und Freunden und wir sind fast jeden Tag zusammen. Auch wenn wir wütend werden, gilt es, dies zu bereinigen; reinigen Sie Ihren Geist davon; Sie haben die Fähigkeit und die Werkzeuge dazu. Warum daran festhalten, es unhinterfragt, unterschwellig brodeln lassen? Alle automatischen Reaktionen sind schlicht unheilsame Geisteszustände, also nutzen wir diese Objekte, um in Gewahrsein und Weisheit zu wachsen.

SAMMĀ-SANKAPPA (RECHTES DENKEN/RECHTE ABSICHT)

Rechtes Denken ist der zweite Schritt auf Buddhas Edlem Achtfachen Pfad. Wenn wir den Edlen Achtfachen Pfad praktizieren, unterstützt jedes Element alle anderen. Mit der rechten Ansicht sind wir dessen gewahr, was im gegenwärtigen Moment geschieht. Wir erfahren den natürlichen Lauf der Dinge. Da ist keine Person, niemand. Wenn wir diese Haltung einnehmen und des Geschehens gewahr sind, haben wir die rechte Sichtweise und das rechte Denken. Während der Retreats werden wir in unseren Bemühungen, zum rechten Denken zu gelangen, unterstützt; wir werden in fast jedem wachen Moment daran erinnert. In unserem Zentrum sind immer viele Klänge und Geräusche zu hören: Gongs, Gesänge über Lautsprecher, bellende Hunde und schreiende Katzen. Die meisten Praktizierenden scheint das nicht zu stören, Klänge sind einfach Natur, gehören zum Leben. Diese Klänge und Geräusche erinnern uns irgendwie daran, wach und bewusst zu sein und damit rechtes Denken hineinzubringen. Wenn man das Meditationszentrum verlässt und ins Alltagsleben zurückkehrt, scheint es umgekehrt zu funktionieren: Bei jedem Geräusch oder jeder Interaktion mit einer anderen Person kann einem der Versuch, achtsam zu bleiben und nicht von Verunreinigungen überwältigt zu werden, wie ein Kampf vorkommen. Dort findet also die eigentliche Arbeit statt, im täglichen Leben, außerhalb des unterstützenden Umfelds eines Retreat-Zentrums.

Es gibt zwei Arten des Denkens, die der Buddha als logisches oder geführtes Denken (*Vitakka*) einerseits und zerstreutes, abschweifendes Denken (*Vicāra*), in welchem wir uns verlieren, beschreibt. Bei vielen Praktizierenden scheint der Trott der täglichen Aufgaben und Aktivitäten das abschweifende Denken zu fördern, mit einem geringen zeitlichen Anteil an geführtem Denken. Mit jeder Art des Denkens gehen bestimmte Gefühle und körperliche Empfindungen einher – angenehme, unangenehme und neutrale. Es ist also äußerst wichtig, in jedem Augenblick gewahr zu sein, was in unserem Innern vor sich geht. Unserer Vorstellungen, Ängste und Wünsche und des gesamten Prozesses des Denkens und Fühlens gewahr zu sein führt zum Verstehen der Bedingungen unserer Existenz. Dadurch gewinnen wir die geistige Freiheit, die uns erlaubt, das Leben zu sehen, wie es wirklich ist.

Das Beobachten des denkenden Verstandes kann zur Einsicht führen. Es denkt – deshalb ist es Geist. Das ist die Definition des Geistes. Wenn wir versuchen, unsere Gedanken zu beobachten, werden wir anfangs nur die »Erzählung« oder Vorstellung sehen, über die der Geist nachdenkt. Aber wenn wir »dranbleiben« und weiter über längere Zeit die Gedanken und den Körper beobachten, werden wir bald den Geist erkennen, der denkt, wir werden sehen, dass etwas geschieht, und dieses etwas ist der Geist. Sie verstehen allmählich seine Natur. Dann werden Sie den Unterschied erkennen zwischen der Vorstellung, die die Erzählung innerhalb der Gedanken ist, und der Realität des Geistes, der denkt. Wenn wir in der Lage sind, den denkenden Geist zu beobachten, können wir unser Denken handhaben, was uns wiederum Gelegenheit gibt, jede unserer

Erfahrungen zu erforschen und zu verstehen. Dadurch haben wir die Möglichkeit, still im natürlichen Gewahrsein zu ruhen.

Während eines Retreats erzählte eine Praktizierende bei einem Einzelgespräch, wie ein Gedanke an ihr Kind, das eine schwere Zeit mit einer Depression durchgemacht hatte, alle möglichen negativen Reaktionen wie Angst, Sorge und Trauer ausgelöst hatte. Diese Reaktionen ebbten im Lauf der Zeit schließlich ab, und sie fand bis zu einem gewissen Grad wieder zu einem inneren Gleichgewicht und einer Gelassenheit. Dann rief sie sich bewusst die Erinnerung an ihre Tochter und deren Schwierigkeiten ins Bewusstsein. Diese Erinnerungen waren begleitet von Gedanken des Bedauerns und der Reue wie »Ich hätte anders handeln sollen«. Das geschah ungefähr drei Mal, und sie hatte wirklich das Gefühl, etwas zu verstehen, aber als sie die Meditationshalle verließ, hatte sie das Gefühl, überhaupt nichts verstanden zu haben, und war voller Zweifel, Abneigung und Angst. Sie beschrieb den Zustand als »Abneigungsexplosion«. Als sie an diesem Abend zu Bett ging, dachte sie, dass sie am nächsten Tag weder meditieren, noch sonst irgendetwas tun würde. Doch am folgenden Morgen wachte sie mit einem Gefühl völliger innerer Klarheit auf und spürte, dass etwas »ausgemerzt« worden war. Sie wusste im tiefsten Innern, dass eine Erinnerung eine Erinnerung ist und dass der Moment des Handelns, der diesen Eindruck in ihrem Gedächtnis hinterlassen hatte, lange vorüber war und nicht mehr geändert werden konnte. Sie wusste: »Das ist Weisheit«, aber später darüber zu sprechen erschien ihr banal, und sie fragte sich, ob dieses Verständnis immer noch da sein würde, wenn sie nach Hause zurückkehrte.

Diese Frau hatte eine Einsicht. Später darüber zu sprechen kann banal sein, aber die Erkenntnis kann sehr tief gehen. Einsichten werden in dem Moment erfahren, indem sie auftauchen, und dann sind sie vorüber. Manchmal kann ein solches Verstehen noch eine Weile nachwirken, aber wir müssen etwas dafür tun, um es lebendig zu halten. Das tun wir, indem wir Achtsamkeit praktizieren und Weisheit hineinbringen, sodass es frisch bleibt. Wir müssen das Feuer weiterschüren, um eine schöne

Flamme aufrechtzuerhalten. Lassen wir die Achtsamkeitspraxis immer wieder längere Zeit schleifen, haben wir keinen Zugang mehr zur unmittelbaren Kraft der Einsicht. Der Verstand dieser Meditierenden sagte: »Alles ist in Ordnung, wenn mit den Kindern alles in Ordnung ist.« Aber sie wusste natürlich, dass sie das nicht kontrollieren kann. Und trotz dieses Wissens machte sie sich weiterhin Sorgen, hatte Ängste und war traurig.

Diese Art zu denken ist Verblendung. Es ist falsches Denken, wenn man denkt »Ich bin okay, wenn die Kinder okay sind.« Es ist eine starke Selbsttäuschung und impliziert, dass die eigene Stimmung von jemand anderem abhängt; das nimmt unserem Geist die Freiheit. Bei rechtem Denken ist der Geist immer okay, unabhängig von Personen, Situationen oder Orten. Wenn Weisheit da ist – wenn der Geist nicht glaubt, dass er wegen einer anderen Person oder einer Situation oder einem Ort leidet, dann ist das rechtes Denken. Dann ist der Geist frei.

Rechtes Denken lässt uns immer in die richtige Richtung gehen. Buddha hat beschrieben, dass sich der Geist immer in Richtung der Gedanken neigt, die im Geist vorherrschend sind. Dominieren Gedanken der (Hab-)gier, dann wird sich das im Geist halten. Haben wir Gedanken der Losgelöstheit, Dankbarkeit, Großzügigkeit oder ähnlich positive Gedanken, dann bewegt sich der Geist in diese Richtung. Als ich jung war und mit meinem Vater auf dem Markt arbeitete, konnte ich an nichts anderes denken als an Vergnügen und auf welchem Weg ich es mir verschaffen könnte. Ich nahm damals jede Menge Drogen, wodurch ich fokussiert und aktiv wurde, sodass ich eine Menge Energie und Mühe in die Arbeit steckte. Das freute meinen Vater, bis er bemerkte, dass Geld von den Ladeneinnahmen fehlte. Da wurde ihm bewusst, was mit mir los war. Gedanken der Gier und des Verlangens beherrschten also meinen Geist, und das trieb mich dazu, alles zu tun, was nötig war, um zu bekommen, was ich wollte. Das führte zu großen Schwierigkeiten zwischen meinem Vater und mir. Bis wir diese Tendenzen in unserem Geist erkennen können, werden wir immer Probleme haben.

Die Selbsttäuschung wird diese Gewohnheiten und Muster so lange verdecken, bis wir uns unserem Leiden stellen und uns darum bemühen, heilsames Denken in unserem Geist zu entwickeln und zu fördern. Oft erkennen wir, was für unser Wohlergehen heilsam ist, scheinen aber außerstande, dementsprechend zu handeln. Die Weisheit ist noch nicht gefestigt und hat deshalb nicht genügend Kraft, um das unheilsame Denken zu überwinden. Beharrlichkeit und kontinuierliche Praxis sind der Schlüssel zur Konsolidierung dieser Weisheit. Das Momentum wird den Geist dann in Richtung heilsamer Aktivitäten tragen. Beim Praktizieren im Alltag gibt es keine Graubereiche; *Dhamma* muss bei allem, was wir tun, präsent sein, um uns daran zu erinnern, in welche Richtung wir uns bewegen. Wenn nicht, geben wir den Verunreinigungen immer wieder Raum.

RECHTE ZIELSETZUNG (RECHTES DENKEN/RECHTE ABSICHT)

Die Absicht und Motivation zu haben, die Praxis in den Alltag zu integrieren ist eine Sache, sie richtig anzuwenden aber eine andere. Eine meiner Hauptaufgaben in Bezug auf Praktizierende sehe ich darin, sie mit ihrer Praxis »in der Spur zu halten«. Wenn man mit dem Motorrad fährt, muss man wissen, wohin die Reise geht. Man muss ab und zu auf der Karte nachschauen. Manchmal sind die Absicht und Entschlossenheit nicht stark genug, dann lassen wir uns leicht ablenken und verlieren unser Gewahrsein. Leben und *Dhamma* müssen immer Hand in Hand gehen, sonst kann unser Ziel kein echtes sein; das Motorrad kurvt einfach ziellos durch die Gegend. Manche Praktizierende können sehr gut praktizieren; sie machen das seit Jahren, aber sie sind nicht entschlossen genug. Sie geben sich immer noch gerne den Vergnügungen des Lebens hin, da ist noch eine Menge Verlangen; sie haben je einen Fuß in beiden Lagern.

Diese Praktizierenden fürchten, dass es in ihrem Leben überhaupt keine Freuden mehr gäbe, wenn sie mehr Energie für ihre Praxis aufwendeten.

Wenn sie sich dann stärker bemühen, tritt Weisheit in den Vordergrund, wodurch der Kontrast zwischen Weisheit und Verlangen deutlicher und fordernder wird. Das kann eine sehr starke Erfahrung sein und zu Zweifeln führen. Das Leben erscheint uninteressant, es gibt kein Ausleben von Vergnügungen, aber auf der anderen Seite besitzen sie nun genügend Weisheit, um zu wissen, dass sie leiden werden, wenn sie ihrer Gier und ihrem Verlangen nachgeben. Das ist für viele Praktizierende ein Dilemma und der einzige (Aus)weg besteht darin, *Dhamma* vollständig in ihr Leben hineinzubringen – neben der Praxis des Erforschens des eigenen Geistes; dort werden sie den ganzen Spaß und das Vergnügen finden, das sie sich nur wünschen können. Praktizieren Sie also richtig und entwickeln Sie die rechte Ansicht: Dann entfaltet sich das Leben auf eine ganz natürliche Weise. Dann bewegen sie sich in die richtige Richtung.

Ein Leben als Lehrer kann ziemlich hektisch sein, und man kann sich sehr leicht in der ganzen, damit verbundenen Geschäftigkeit verlieren: »Komm und lehre hier bei uns«, »Halte dort einen Vortrag«. Das ist oft mit aufwendigen Reisen ins Ausland und nach Übersee verbunden, was sehr anstrengend sein kann. Deshalb kann auch ich leicht einmal das Ziel aus den Augen verlieren. Und deshalb ist es wichtig für mich, manchmal eine Pause zu machen und innezuhalten, um mich wieder zu fokussieren und darüber nachzudenken, in welche Richtung ich gehen muss. Jedes Jahr sage ich meinen Schülern, dass ich eine Auszeit nehmen werde – aber es passiert nie – vielleicht demnächst! An meiner Motivation zu praktizieren und zu lehren hapert es nicht; jeden Tag begegnen mir neue und interessante Probleme, von denen meine Praktizierenden mir berichten und die mein Interesse wecken. Als ich Mönch wurde, tauchte ich völlig in *Dhamma* ein: es gab eine Menge Gespräche, ich las Texte, dachte über *Dhamma* nach – jeder Augenblick war *Dhamma*. Heutzutage nehmen viele Dinge Raum in meinem Leben ein, die nicht direkt mit *Dhamma* zu tun haben. Auch wenn Weisheit da ist, bin ich in Gedanken viel mit Planungen und administrativen Problemen beschäftigt, die mich auf Trab halten. Es ist also wichtig, das richtige Ziel vor Augen zu haben. Nehmen Sie sich kleine Auszeiten, um ein wenig Raum in Ihrem Geist zu schaffen, damit Sie sich darüber klar werden können, in welche Richtung Sie sich bewegen wollen. Wenn Sie kontinuierlich Achtsamkeit in jede Aktivität Ihres Lebens bringen, praktizieren Sie richtig, dann wird Weisheit Ihnen den Weg zeigen. Achtsamkeit plus Weisheit sind die tragenden Säulen unserer Praxis. Diese geistigen Qualitäten unterstützen einander und bringen unser Leben ins Gleichgewicht, was uns wiederum hilft, in die richtige Richtung zu gehen und auf dem Weg, *Dhamma* zu verstehen, voranzuschreiten.

SAMMĀ-KAMMANTA (RECHTES HANDELN)

Rechtes Handeln bezieht sich auf eine innere Verpflichtung: Wir verpflichten uns unserer Praxis und unserer Absicht, unser Leben auf die rechte Weise zu leben. Viele Praktizierende haben sehr lange nach der Stopp-und-Start-Methode praktiziert. In dieser Hinsicht ist es nie zu spät, das eigene Handeln anzuschauen und *Dhamma* voll in Ihr Leben zu bringen. Wir können uns fragen: »Wie behandle ich andere und mich selbst? Wie ist meine Lebensqualität und die der mir nahestehenden Menschen?« Wenn wir von rechtem Handeln sprechen, meinen wir damit die gesamte moralische und ethische Grundlage unserer Art des Praktizierens und unserer Lebensführung. Am Anfang dieses Buches haben wir das Thema »Moral« untersucht und uns mit der Frage beschäftigt, dass Moral entweder der Weisheit oder mentaler Konditionierung entspringen kann. Moral, die aus der *Vipassanā*-Praxis hervorgeht, entspringt dem Geist der Weisheit; sie schließt Mitgefühl für uns selbst und andere ein. Wir erkennen: Wenn die Intention zu handeln nicht mit Gewahrsein und Weisheit einhergeht, haben diese willentlichen Handlungen das Potenzial, Schaden anzurichten und Leiden zu verursachen. In diesem Sinne sprechen wir in Bezug auf rechtes Handeln vom *Kamma*: Eine heilsame Entscheidung führt zu einer Handlung, die eine positive Konsequenz für uns und die Menschen in unserer Umgebung nach sich zieht. Wenn wir im Rahmen dieser Prinzipen des Nicht-Verletzens leben, tun wir das aus Mitgefühl gegenüber allen lebenden Wesen. Im Alltag müssen wir unser Leben so führen, wenn wir auf dem Weg des Erwachens voranschreiten wollen.

Können Sie ohne *Sīla* meditieren? *Sīla*, *Paññā* und *Samādhi* sind das Ergebnis einer guten Meditationspraxis. Wenn diese Qualitäten nicht vorhanden sind – warum praktizieren Sie dann? Wie kann man dann meditieren? Wenn es nicht möglich wäre, würde niemand meditieren. Manchmal ist kein *Sīla* vorhanden oder es ist schwach ausgeprägt, aber Sie praktizieren trotzdem. Langsam, langsam tritt Weisheit in den Vordergrund und Sie nehmen Veränderungen in Ihrem Leben vor. Dann haben Sie Hoffnung und Vertrauen in die Praxis. *Sīla* wird stärker und gefestigter. Im Buddhismus sprechen wir vom *Kammā-sakata Sammā-Ditthi*; das ist rechte Sichtweise mit einer Einsicht in Bezug auf eigenes *Kamma* oder das Verstehen von Ursache und Wirkung. Sie tun schlechte Dinge – Sie erhalten ein schlechtes Resultat. Auf gute Dinge folgt ein gutes Resultat. Das ist eine grundlegende Einsicht, aber den meisten Praktizierenden mangelt es daran, wenn sie sich auf die Reise der Meditation begeben. Anfangs glauben wir nichts von diesem ganzen Unsinn. Erst wenn wir Fortschritte in der Praxis machen und vielleicht ein paarmal »eins auf den Deckel« bekommen haben, glauben und erkennen wir allmählich, dass ein Mangel an *Sīla* uns selbst und andere verletzt. Zu Zeiten Buddhas gab es viele zweifelhafte Charaktere, die schließlich *Arahants* (Erleuchtete) wurden; sie hatten bereits ein gewisses Weisheitsniveau erreicht, das sie veranlasste, *Dhamma* in der Praxis zu erforschen. Anfangs muss *Sīla* also nicht vollkommen sein, damit wir meditieren können. Seien Sie einfach geduldig und achtsam in Ihrer Praxis, dann folgt Weisheit unweigerlich.

Wenn wir unseren alltäglichen Aktivitäten nachgehen, sind unsere Sinne einem ständigen Strom von Objekten ausgesetzt, die es den Verunreinigungen leicht machen können, unsere moralischen und ethischen Prinzipien einer echten Prüfung zu unterziehen. Gewohnheiten und Süchte, die scheinbar überwunden und im Retreat-Zentrum bearbeitet worden waren, kehren mit Macht zurück. Um mit diesen Schwierigkeiten voranzukommen, muss der Weisheitsaspekt des Geistes den konditionierten, verunreinigten Geist zuerst einholen oder überholen. Und das kann nur durch die fortgesetzte, beharrliche Praxis der Achtsamkeit zustande kommen, welche durch die Weisheit, die wir jetzt bereits haben, unterstützt wird.

Ich erinnere mich an einen Meditierenden, der schon seit Jahren praktizierte und noch viele Süchte hatte: verschiedene Drogen, Zigaretten, Marihuana, Alkohol und manchmal Kokain und Ecstasy. Obwohl sein Drogenkonsum ziemlich hoch war, versuchte er, so gut und kontinuierlich zu praktizieren, wie es ihm möglich war. Allmählich drang etwas Weisheit durch, er begann an der Zigarettensucht zu arbeiten und gab diese Gewohnheit schließlich auf. Dann saß er eines Abends mit ein paar Freunden zusammen, die eine »Sitzung« abhielten, bei der eine Menge Kokain konsumiert wurde. Wenn der Praktizierende diese Droge nahm, rauchte er normalerweise danach etwas Marihuana, um eine »sanfte Landung« zu haben, wenn die Wirkung des Kokains nachließ. An diesem Abend war kein Marihuana vorhanden, und als er von seinem Kokain-Trip herunterkam, fiel er in einen sehr schweren depressiven Zustand und konnte deshalb die ganze Nacht nicht schlafen.

Er erklärte es so:

»Als ich da lag und zu schlafen versuchte, ging es mir so schlecht, dass mein Geist tatsächlich das Leiden losließ und ich klar sehen konnte, wie einfach und unkompliziert das Leben ohne diese Gewohnheiten und Süchte sein könnte. Ich wiederholte für mich immer wieder das Wort »einfach«, um zu versuchen, fokussiert und im Moment zu bleiben. Das Wiederholen dieses Wortes half mir, meiner Gefühle gewahr zu bleiben; das gab mir die Hoffnung, dass ich all das, was ich gerade erlebte, überwinden und einen besseren Weg finden würde. Als ich so am Boden war, dass ich kaum mehr hätte ertragen können, erlebte ich einen Zustand des Loslassens. Und obwohl ich immer noch unangenehme körperliche Empfindungen hatte, hatte ich mental nun die Hoffnung und eine Gewissheit, einer besseren Realität entgegenzugehen.«

Das bisschen Weisheit, das dieser Meditierende bereits erworben hatte, war genug, um die Sinnlosigkeit seiner Handlungen zu erkennen und zu sehen, in welche Richtung sich sein Leben bewegte.

Manchmal braucht es das, um etwas weiser zu werden und zu entdecken, was sich hinter dem Vorhang der Verblendung verbirgt. Drogen sind kein empfehlenswertes Werkzeug auf dem Weg zur Weisheit, aber manche Leute gehen bis an ihr Limit, bevor sie das Leiden loslassen. Von diesem Tag an nahm dieser Praktizierende keinerlei harte Drogen mehr und verzichtete dann nach und nach auch auf Marihuana, das er täglich geraucht hatte. Heute ist er anscheinend vollkommen drogenfrei und praktiziert kontinuierlich.

Oftmals können wir versuchen, Gewohnheiten und Süchte aufzugeben, aber solange unsere Weisheit nicht genug Gewicht hat, um eine Loslösung von den Verunreinigungen zu bewirken, werden wir wieder in unsere alten Verhaltensweisen hineinschlittern. Wie schwierig das Leben auch wird, wir müssen kontinuierlich praktizieren – das ist der einzige Weg. Irgendwann wird die Weisheit stärker sein als die Verunreinigungen und Sie gewinnen an Momentum. Dann wird die Praxis interessant; neue Bewusstseinsebenen tun sich auf. Dann erkennen Sie allmählich eine einfachere, unkompliziertere Realität, die Natur an sich, von der Sie nicht getrennt sind. Sie werden Teil davon.

Einige Gewohnheiten und Süchte – beispielsweise Sex und Essen – sind direkt mit unserem Überleben als Menschen verknüpft. Solange wir nicht die Weisheit haben, zu erkennen, was für unser Überleben notwendig ist und was nicht, werden wir weiterhin leiden. Indem wir Weisheit entwickeln, bildet sich ein moralischer Standard heraus, der für uns zum Kompass werden kann, an dem wir unser gesamtes Handeln ausrichten können. Er wird nicht von Konzepten oder Selbstgefälligkeit bestimmt, sondern ist eines der natürlichen Grundprinzipien des Lebens. Er kann uns in unserer Lebensführung leiten. Das ist rechtes Handeln.

Im Alltag können wir zu tieferem Verstehen gelangen, weil wir mit echten Lebenssituationen konfrontiert sind. Wir können uns nicht wirklich selbst betrügen, weil wir die realen Verunreinigungen sehen können, während wir unseren Aktivitäten nachgehen. Wenn nicht genug Weisheit da ist, um die jeweilige Verunreinigung unter Kontrolle zu bringen, dann wird die Verunreinigung uns kontrollieren. Den ganzen Tag über müssen wir die Qualität unseres Gewahrseins überprüfen, müssen unsere Gefühle prüfen: »Warum fühle ich mich so? Was ist die Ursache?« Menschen können in einem Leben voller Selbstbetrug ganz gut funktionieren, doch das ist immer mit viel Leiden verbunden. So muss es nicht sein. Sie können ein unkomplizierteres, einfacheres Leben leben, in dem es viel weniger Leiden gibt. Es sind die geistigen Verunreinigungen, die unser Leben kompliziert machen: Gier/Verlangen, der Wunsch, die Dinge mögen anders oder besser sein, die Versuche, Situationen zu entfliehen, die nicht unseren Erwartungen oder Wünschen entsprechen. Es geht also vor allem darum, aktiv zu werden. Wenn Sie einen Berg besteigen, tun Sie das Schritt für Schritt. Das Erreichen des Gipfels ist nicht so wichtig, wichtig ist der Schritt, den Sie jetzt machen. Eines Tages werden Sie am Gipfel ankommen. Mit dieser Praxis versuchen wir nichts zu gewinnen; wir versuchen loszulassen und eine einfachere Lebensweise anzunehmen. Wenn wir achtsam sind und nicht versuchen, etwas zu erreichen, sondern die Dinge einfach sein lassen, machen wir echte Fortschritte. Werfen Sie also Ihre Praxis nicht über Bord; werden Sie aktiv und leben Sie Ihr Leben im Einklang mit der Wirklichkeit von *Dhamma*.

DIE PRAXIS WIRD REIFER

Schließlich – nachdem wir ein ganzes Stück des Weges in unserer Praxis zurückgelegt haben – gehen wir etwas weiser ans Leben heran. Wenn wir uns die Mühe gemacht haben, kontinuierlich zu praktizieren, sollten wir allmählich die Ergebnisse sehen können. Dinge geschehen von selbst und viel müheloser. Das Praktizieren wird zu unserer zweiten Natur und unser Denken wird im Hinblick auf die Verunreinigungen objektiver.

Manchmal wird es Reaktionen auf bestimmte Objekte geben, und wir werden, weil immer noch ein gewisses Maß an Selbsttäuschung vorhanden ist, auch hin und wieder an etwas festhalten. Aber weil sich ein Momentum aufgebaut hat, ist diese Anhaftung gewöhnlich nur vorübergehend. Schon bald können wir erkennen, wo wir stecken geblieben sind, können mit Gewahrsein und Weisheit auf die Situation antworten und weitergehen. Diese Anhaftungen können auf unserem Weg ziemlich intensiv sein und wir können klar erkennen, welche verheerenden Auswirkungen sie auf unser Leben haben. Eine Praktizierende berichtete, dass sie sehen konnte, wie ein einziger Moment der Unachtsamkeit zu einer Tsunami-artigen Wirkung führte. »Es war, als hätte man einen kleinen Kieselstein in einen stillen Teich geworfen und könnte nun sehen, wie sich die Wellen ausbreiten und immer größere Kreise ziehen.« Die Ursache oder ursprüngliche Handlung mag zu jenem Zeitpunkt unbedeutend erscheinen, aber die Auswirkung kann ziemlich schädlich und überwältigend sein. Manchmal genügt schon ein Wort, eine Geste, um anderen und uns selbst großen Schmerz zuzufügen.

Im *Satipatthāna-Sūtra* rät uns der Buddha: »Wenn du sprichst, sei achtsam, wenn du schweigst, sei achtsam.« Wir haben bereits eingehend untersucht, was »rechte Rede« bedeutet und wie wichtig sie in unserem täglichen Leben ist. Als ich begann, rechte Rede zum Hauptfokus meiner Praxis zu machen, veränderte das meinen Umgang mit anderen Menschen völlig und wurde zum Wendepunkt in meinem Kampf gegen die Depression. Mir wurde bewusst, wie sehr ich andere und mich selbst verletzen konnte, wenn ich beim Umgang mit anderen nicht achtsam war, und beobachtete, was in meinem Geist vor sich ging. Im Alltag ist es fast unmöglich, den Kontakt mit anderen Menschen zu vermeiden, was natürlich Konversationen mit sich bringt. Wenn Sie bemerken, dass jemand auf Sie zukommt, der sich vielleicht mit Ihnen unterhalten möchte, sollten Sie Ihre Aufmerksamkeit eher auf sich selbst richten als auf die andere Person. Was geht in Ihrem Geist vor? Sind Sie eifrig darauf bedacht, zu Wort zu kommen? Beginnen sich in Ihrem Geist Urteile über den anderen zu formen? All diese Dinge können, wenn wir nicht achtsam sind, dazu führen, dass wir leiden. Richten Sie Ihre Aufmerksamkeit bei einem Gespräch also nicht ausschließlich auf die andere Person. Ja, hören Sie zu, nehmen Sie den Klang der Stimme des anderen als Objekt wahr, aber das, was in Ihrem Geist vorgeht, ist viel wichtiger als sie oder er. Wesentlich ist, dass Sie die Qualität Ihres Gewahrseins von Anfang bis Ende auf einem gleichmäßigen Niveau halten. Mit rechtem Verstehen, das der Achtsamkeit und Weisheit entspringt, können wir lernen, zu sprechen, ohne zu verletzen oder Schaden anzurichten.

Wie könnten wir je wissen, was im Geist einer anderen Person vor sich geht? Wir meinen vielleicht, es von ihrem Gesichtsausdruck oder ihrer Körpersprache ablesen zu können, aber in Wirklichkeit wissen wir es einfach nicht. Warum also reagieren, wenn uns jemand ärgert oder verletzt? Ist es nicht besser, die Aufmerksamkeit darauf zu richten, was dabei im eigenen Geist vor sich geht? Die Gefühle und Empfindungen wahrzunehmen, die kommen und gehen? Gehen Sie also Ihrer Wege und bleiben Sie bei dem, was in Ihnen vorgeht; beobachten Sie die Reaktionen und schauen Sie, welche Informationen Sie daraus beziehen können. Die »Erzählung« ist nicht von Bedeutung, außer in dem Sinne, dass sie zu mehr Leiden führt. Wenn Sie zulassen, dass sie an Dynamik gewinnt, wird sie einfach außer Kontrolle geraten und in einen totalen Krieg münden. Wenn Sie sich die geistigen Reaktionen genau anschauen, werden Sie feststellen, dass verschiedene Vorstellungen entstehen und wieder vergehen, wobei jede Vorstellung zur gesamten negativen Energie beiträgt, die im Geist aufrechterhalten und folglich im Körper gespürt wird. Wir arbeiten nun darauf hin, *Nāmarūpa* zu verstehen (physische und mentale Entstehung). Das ist die Realität, mit der wir jetzt konfrontiert sind; *Nāmarūpa* ist das Objekt unseres Gewahrseins. Wenn *Nāmarūpa* als Objekt aufhört zu existieren, sind wir erleuchtet.

Als ich anfing, Meditationen anzuleiten, hatte ich große Schwierigkeiten, mich in der Rolle des Lehrers zu etablieren. Sayadawgyi hatte mir die verantwortungsvolle Aufgabe übertragen, in seinem Zentrum zu lehren, da ich aber jünger und unerfahrener als einige der anderen Mönche war, herrschte eine gewisse Spannung zwischen uns. Zunächst ging es um gemeinsame Verantwortlichkeiten, aber aufgrund von Missverständnissen überschnitten sich die Rollen manchmal, und es entstanden Meinungsverschiedenheiten. Ich sah das als Wachstumschance in meiner Praxis. Wenn mich jemand aus der Fassung brachte, betrachtete ich diese Person als Freund/in, die oder der mir eine Gelegenheit zur Einsicht bot. Anfangs kamen nicht besonders viele Praktizierende ins Zentrum, aber irgendwann wurden es immer mehr. Ich nahm die Haltung ein, dass ich half, wenn eine Praktizierende auf mich zukam und Anleitung wollte, aber wenn niemand auf mich zukam, war das kein Problem: Ich wollte nicht auf »Kundenfang« gehen.

Schließlich spielte sich alles ein und meine Rolle war gefestigt. Im täglichen Leben bieten sich uns so viele Gelegenheiten, um in der Praxis zu wachsen. Wenn Sie jemand aufbringt, dann betrachten Sie das als Lernchance. Ich erinnere mich daran, dass ich einmal beim Spendensammeln den inneren Drang bemerkte, dem Mönch vor mir einen Tritt zu verpassen, weil er mich geärgert hatte. Das war sehr seltsam. Ich nahm wahr, wie dieser Drang in meinem Geist auftauchte und dann wieder verschwand. Ich tat nichts, um ihn zu stoppen, sondern beobachtete nur die Reaktion und die damit verbundenen Gefühle. Ich mag das Sprichwort: »Was dich nicht umbringt, macht dich stärker.« Jede Erfahrung hat das Potenzial, uns etwas zu lehren. Eine gute Erfahrung oder eine schlechte Erfahrung – es spielt keine Rolle, wir können daraus lernen.

Wir achten auf Gewahrsein, um zu verstehen. Das ist der Sinn und Zweck des Ganzen. Wir lernen, indem wir den Geist verstehen: warum er leidet, warum er glücklich ist und warum es uns nicht gelingt, für immer glücklich zu bleiben. Wir wissen es nicht, also wollen wir es verstehen. Nur wenn wir das Wesen oder die Natur des Geistes kennen, konnen wir uns die ganze Zeit über friedvoll und glücklich fühlen. Wenn wir wissen, dass dies oder jenes aus diesem oder jenem Grund geschieht, wird dieser Effekt eintreten, wir können dann aufhören, diese Handlung zu wiederholen, weil wir verstehen. *Vipassanā* ist ein Lernprozess und deshalb setzt dieser wie jeder andere Lernprozess eine gewisse Intelligenz voraus. Und wenn Sie etwas lernen wollen, muss Interesse da sein: »Warum geschieht das? Warum hört das auf? Was kann ich tun?« Wir müssen immer wieder hinschauen, dann beginnen wir allmählich zu verstehen und gelangen zur Einsicht. Wir wollen uns selbst kennen: »Wer bin ich?« Wir sind Natur: ein physischer, mentaler und emotionaler Prozess, der zu diesem Zeitpunkt geschieht. Wir müssen wie ein Wissenschaftler sein, müssen uns selbst erforschen. »Warum bin ich so wütend? Warum bin ich so ängstlich und mache mir ununterbrochen Sorgen?« Wenn Sie das erst einmal wissen, werden Sie immer weniger leiden. Ich habe die unangenehme Erfahrung mit der Depression gemacht; drei Jahre lang war sie sehr schwer. Als ich dann anfing, meinen Geist zu erforschen und einfach beobachtete, was geschah, um herauszufinden, warum ich so sehr litt, gelangte ich allmählich zu einem tieferen Verständnis, und die Depression wurde schwächer. Ich brauchte keine Medikamente, die beste Medizin waren Achtsamkeit und Weisheit, die mir die rechte Sichtweise eröffneten. Die rechte Ansicht lässt uns das Gesamtbild sehen, sie gibt uns einen Überblick über das, was in unserem Leben geschieht. Ohne sie sind wir kurzsichtig und können nicht wirklich sehen.

Zur rechten Ansicht haben wir nur im gegenwärtigen Moment Zugang, so viel ist sicher. Also ist in jedem Moment, in dem wir durch Verunreinigungen abgelenkt sind, die rechte Ansicht abwesend; wir verpassen die Gelegenheit, voll am Leben teilzuhaben. »Woher kommt diese ständige Gier nach Erfahrungen, die uns davon ablenken können, präsent zu sein?« Das ist die Frage, die gestellt werden muss. Selbst wenn wir anscheinend wach und präsent sind und der Geist ziemlich ruhig ist, kann, wenn man genau hinschaut, immer noch ein leichtes Nagen da sein, eine unterschwellige Anspannung, wie eine Art Hintergrundrauschen. Das kann die Form annehmen, dass man weiterkommen und ändern möchte, was im gegenwärtigen Moment geschieht, aber es kann sogar eine Furcht vor zukünftigen Erfahrungen da sein.

Es wird immer notwendig sein, Anpassungen vorzunehmen, um unser Wohlergehen sicherzustellen. Nahrung und Wasser, Hitze und Kälte, angemessener Wohnraum: Das werden immer die Grundbedürfnisse für ein angenehmes Leben sein. Und das soll nicht heißen, dass alles, was über diese Grundbedürfnisse hinausgeht, gemieden werden sollte. Mit der rechten Sicht auf die Dinge treffen wir Entscheidungen, die sich weder auf andere Menschen noch auf die Umwelt noch auf uns selbst negativ auswirken. Weniger Einwirkung bedeutet minimale Auswirkung und folglich minimales Leiden, das heißt, wir neigen weniger dazu, dem auszuweichen, was im gegenwärtigen Moment geschieht. Fassen Sie den Entschluss, von Augenblick zu Augenblick wach und präsent zu sein, treffen Sie weise Entscheidungen, die vom natürlichen Fluss der Dinge unterstützt werden, und finden Sie heraus, was für eine intelligente Lebensweise erforderlich ist: das wird Ihnen einen ruhigen, friedvollen Geist bescheren.

DAS GEWAHRSEIN VERLIEREN

Viele Praktizierende fürchten, sie könnten ihr Gewahrsein verlieren, aber das ist nicht wirklich ein Problem, wenn die Absicht, gewahr zu sein, da ist. Dann kommt man immer wieder darauf zurück. Es ist also die Absicht, achtsam zu sein – also rechtes Denken und rechtes Bemühen – die Sie in Ihrer Praxis weiterbringt. Ist das Fundament der Weisheit stark, sind wir nie weit vom Gewahrsein entfernt. Weisheit weiß, was nötig ist, um gewahr zu sein; Weisheit unterstützt den beobachtenden Geist. Weisheit, Vertrauen und rechtes Bemühen fördern einzeln oder gemeinsam die Präsenz von Gewahrsein – aber Weisheit ist die stärkste Kraft. Vertrauen ist im Grunde ebenfalls ein Aspekt der Weisheit; Zuversicht ist eine Art Weisheit, die automatisch das Bemühen unterstützt. Manchen Leuten mangelt es vielleicht ein bisschen an Weisheit oder Zuversicht, aber sie sind sehr gut darin, ihre Bemühungen voranzutreiben. Sie bemühen sich vielleicht einfach darum, achtsam zu sein, und entwickeln so viel Weisheit, dass ihre Zuversicht genährt wird – und sie bemühen sich weiter darum, gewahr zu sein.

Es ist wie mit dem Geld: Wenn wir den Wert des Geldes verstehen, bemühen wir uns sehr darum, Geld zu erwerben. In dieser Welt kann man nicht ohne Geld leben, also hat man keine andere Wahl, als es zu verdienen, um zu überleben. Wenn wir verstehen, dass Gewahrsein nötig ist, um ein heilsames Leben führen zu können, werden wir uns darum bemühen, Gewahrsein hineinzubringen. Wir können auf zwei Arten Gewahrsein in den Moment bringen: indem wir Energie aufwenden oder indem wir uns daran erinnern, achtsam zu sein. Wir können uns fragen: »Bin ich wach und präsent?« Das wird ebenfalls zum Gewahrsein führen. Widmet man sich diesem Weg, achtsam zu sein, ist ein Aussetzer im Gewahrsein kein Problem mehr, weil man die großen Triebfedern Vertrauen, Bemühen und Weisheit hat, die einen wieder zurückholen.

Wenn man auf Bemühen setzt, gibt es zahlreiche Methoden, die man nutzen kann, um das Gewahrsein während der alltäglichen Aktivitäten aufrechtzuerhalten. Wenn ich mit meinem Lehrer bei einem Gespräch zusammensaß, legte er immer eine Hand auf seine gegenüberliegende Schulter und klopfte beim Sprechen mit dem Zeige- oder Mittelfinger auf die Schulter. Dieses Klopfen war seine Methode, beim Sprechen achtsam zu bleiben. Ich rieb immer meinen Zeigefinger oder Mittelfinger am Daumen (oder klopfte damit auf den Daumen), um bei meiner Arbeit auf dem Markt achtsam zu bleiben. Ich erinnere mich an einen meiner Freunde, einen Moslem, der den Laden nebenan betrieb. Eines Tages sagte ich zu ihm: »Komm, lass uns meditieren.« »Nein, nein!«, antwortete er. Also sagte ich: »Kannst du die Empfindung wahrnehmen, wenn du mit einer Fingerspitze gegen die andere klopfst?« Auf einmal begann ihn die Sache zu interessieren, also fragte ich ihn: »Spürst du das am Zeigefinger oder am Daumen?« Er wurde noch neugieriger und beobachtete das stundenlang, während wir zusammen in unseren Läden saßen und unsere Waren verkauften. Er nannte es nicht Meditation, aber er war aufmerksam und sehr präsent. Wir können alles nutzen, um präsent zu bleiben. Vergessen Sie nicht: Wir folgen dem Objekt nur mit unangestrengtem, beiläufigem Gewahrsein; wir verlieren uns nicht darin.

DIE ENERGIE BEWAHREN

Solange wir achtsam bleiben können, werden wir Energie zur Verfügung haben. Wir werden weniger ermüden, weil unser Handeln effizienter und klüger ist. Es ist wichtig, dass das Gewahrsein auf dem normalen Alltagslevel bleibt. Ich lege großen Wert auf diesen Punkt, wenn Praktizierende zum Retreat kommen, denn wie will man mit dem Tempo des Alltags Schritt halten, wenn man im Retreat-Center alles viel langsamer angeht? Leichtathleten bewegen sich beispielsweise superschnell, aber sie können gleichzeitig ihres Körpers und dessen, was um sie herum geschieht, völlig gewahr sein. Schwimmer sind sich ihres Körpers ebenfalls sehr bewusst, während sie gegen den Widerstand des Wassers anschwimmen, und sie achten auch genau darauf, wie sie ihre Energie einsetzen. Sie alle haben die Fähigkeit zu unmittelbarem Gewahrsein, nur die Objekte ändern sich. Bevor ich Mönch wurde, ging ich jeden Morgen zum Joggen. Ich war immer sehr achtsam, nonstop, von Anfang bis Ende. Der Geist kam zur Ruhe und wurde sehr still. Mein Atem stand als Objekt beim Joggen natürlich im Vordergrund, also blieb ich mit dem Gewahrsein immer beim Atem. Es ist möglich – Sie können achtsam bleiben, während Sie in normaler Geschwindigkeit alles tun, was Sie gewöhnlich tun; aber Sie müssen sich nicht hetzen. Dann werden Sie Ihre Energie bewahren.

Manchmal müssen Sie bestimmte Dinge schnell erledigen, sodass es Ihnen schwerfällt, viele Details achtsam aufzunehmen. Das ist okay. Ein Objekt (wie der Atem beim Joggen) ist genug, solange das Gewahrsein kontinuierlich ist. Wenn Sie Ihr Gewahrsein aufrechterhalten können, kann der Geist ruhig und friedvoll sein, sodass Sie in der Lage sind, zu überlegen, wie Sie das, was Sie zu tun haben, gut machen können. Sie müssen darauf achten, Ihrer Gedanken gewahr zu bleiben. Manchmal müssen wir im Alltag viele Dinge gleichzeitig tun, also das, was wir manchmal »Multitasking« nennen. Um zum Multitasking in der Lage zu sein, muss das Gewahrsein sehr stabil sein. Am Anfang ist es genug, sich auf eine Sache zu fokussieren, und dann wird Gewahrsein allmählich mit jedem Tag mehr zur Gewohnheit. Es ist wie bei den Kampfkünsten: Zuerst wird nur ein Schlag geübt, bis er oder sie mehrere Schläge auf einmal ausführen kann. Der Geist ist siebzehn Mal schneller als der Körper. Ganz gleich, wie schnell der Körper sich bewegt, der Geist kann leicht folgen. Üben Sie, bis es zur Gewohnheit wird.

Jetzt können Sie vielleicht nur ein Objekt auf einmal beobachten. Wie können Sie also mehrere Objekte beobachten? Die Geschwindigkeit, in der der Geist die Objekte verarbeitet, steigert sich. Der Geist wird agiler, weil er trainiert wurde. Kontinuierliches Gewahrsein wird dann zu einem Teil unseres Lebens, und der Geist erlangt allmählich die Fähigkeit, viele Dinge bewusst wahrzunehmen; alles, was wir tun, tun wir achtsam, und das gibt der Weisheit Raum und Freiheit zur Entfaltung, die dann bei all unseren Aktivitäten präsent ist.

Wenn wir kontinuierlicher achtsam sind und auch Weisheit vorhanden ist, sind wir der Verunreinigungen, die im Geist auftauchen können, logischerweise mehr gewahr. Es sind die geistigen Verunreinigungen, die Ihre Energie absaugen. Sind Sie heute müde und erschöpft? In welchem Zustand war Ihr Geist dann gestern? Wenn Sie angespannt oder besorgt waren und Ihr denkender Verstand gestern sehr aktiv war, ist Ihre Energie heute auf einem niedrigen Level. Sind Sie mit der rechten Sichtweise zu Bett gegangen? Gehen Sie mit der rechten Sichtweise zu Bett, dann werden Sie auch mit der rechten Sichtweise aufwachen. Der denkende Verstand ist wie der Prozessor eines Computers: je mehr Sie ihn benutzen, desto mehr Daten nutzen Sie, er ist programmiert, also muss er einen Speicher benutzen, um funktionieren zu können, und es kann viel Energie verbrauchen, in diesen Speicher einzutauchen.

Ein Preisboxer, der um einen Titel kämpfte, war von seinem Gegner vor und während des Kampfes beleidigt worden. Das machte den Champion sehr wütend. Er sagte: »Ich spürte, wie meine Wut mir während des Kampfes Energie raubte. Bereits nach vier Runden war ich erschöpft, und normalerweise kann ich locker zehn Runden durchstehen.« Sein denkender Verstand war sehr aktiv und das beeinträchtigte sein Gewahrsein. Sein Gegner war also sehr schlau: Er wusste, dass das, was er sagte und tat, den Champion Energie kosten würde, was schließlich dazu führte, dass Letzterer den Kampf und seinen Titel verlor. Ihr Gewahrsein muss stark und allzeit bereit sein; wenn dann Emotionen oder Wut hochkommen, können Sie damit umgehen, sodass sie schnell vorbeigehen. Lassen Sie Ihre Gedanken nicht einfach umherschweifen; seien Sie achtsam und nutzen Sie den denkenden Verstand vernünftig. Ich versuche, meinen Geist im Alltag auf diese Weise zu nutzen. Wenn er ruhig und frei ist, kann ich ihn auf eine Aufgabe richten, diese achtsam erledigen und dann weitergehen und für die nächste Erfahrung bereit sein.

Als ich zu Beginn meiner Praxis noch auf dem Markt arbeitete, musste ich jedes Mal, wenn eine Emotion hochkam, zur Toilette rennen, um mich zu beruhigen und »herunterzukommen«. Das beeinträchtigte meine Fähigkeit, an meiner Arbeitsstelle adäquat zu funktionieren. Wenn Sie Ihr Gewahrsein aufrechterhalten können, wird die Qualität Ihrer Arbeit immer besser. Wenn Sie sich abhetzen, machen Sie vielleicht Fehler, aber wenn Sie achtsam sind – ja, es könnte sein, dass die Dinge dann langsamer erledigt werden, aber Sie werden allmählich effizienter arbeiten. Tag für Tag lernen Sie, wie man praktiziert, lernen, dessen, was geschieht, gewahr zu sein, und nach und nach sind Sie in der Lage, die Praxis im täglichen Leben aufrechtzuerhalten. Denken Sie daran: Das Objekt ist einfach nur das Objekt. Es ist weder gut, noch schlecht; es ist einfach nur ein Objekt, das Ihnen helfen kann, bewusst zu sein, oder das Ihnen, wenn Sie es zulassen, Energie rauben kann. Wenn wir fähig sind, den denkenden Verstand zu beobachten, können wir das Wesen der Dinge verstehen; wir können dann *Aniccā*, *Dukkha* und *Anattā* verstehen. All das kann verstanden werden, indem man den denkenden Verstand beobachtet. Warum sollten wir also versuchen, die Gedanken zu stoppen? Wenn wir nicht denken, können wir überhaupt nichts tun. Man wüsste nicht einmal, wie man Nahrung zu sich nimmt. Wir lernen, den denkenden Verstand auf eine Weise zu nutzen, die nicht zu einem Energieverlust führt, die nicht dazu führt, dass wir angespannt oder besorgt werden – wir nutzen ihn mit Gewahrsein und Weisheit.

Wir können Energie verlieren, ohne es überhaupt zu bemerken. Subtile Objekte können dazu führen. Der Geist kann ziemlich ruhig wirken, aber es kann trotzdem ein kaum wahrnehmbares Hintergrundrauschen des Unbehagens vorhanden sein. An diesem Punkt muss die Wahrnehmung schärfer werden, damit man diese subtilen Objekte beobachten kann. Sie müssen also weiterhin achtsam sein, um Ihr Gewahrsein zu schärfen. Manche Praktizierende kennen nur physische Objekte und sind sich mentaler Objekte nicht bewusst. Das physische Objekt hat sich beispielsweise erledigt und der Geist ist ruhig. Sie realisieren nicht, dass ein ruhiger Geist ebenfalls ein Objekt ist, es ist ein mentaler Zustand, also ein Geistesobjekt. Ruhe oder Stille ist auch ein Geisteszustand, aber manche Praktizierende wissen nicht, wie man auch diesen beobachtet. Sie schauen nur nach physischen Objekten. Um Ruhe zu beobachten, beobachten Sie das Gewahrsein der Ruhe. Wenn wir den Zustand der Ruhe beobachten, scheint es, als würde er sich nicht verändern. Aber wenn Sie das Gewahrsein der Ruhe kennen, verstehen Sie, dass Gewahrsein nichts Statisches ist. Sie erleben einen Moment des Gewahrseins, und dann sehen Sie, dass Sie ihn immer und immer wieder erneuern müssen. Wenn Sie Gewahrsein kennen und sehen, dass es sich erneuert, wird ganz klar, dass sich auch das Objekt immer wieder erneuert. Überprüfen Sie also Ihren geistigen Zustand, wie sich der Geist fühlt und ob Gewahrsein da ist. Auf diese Weise geben wir nicht unnötigerweise Energie an diese subtilen mentalen Objekte ab.

Wir praktizieren Meditation nicht, um einen besonderen geistigen Zustand zu erreichen oder um den Geist dazu zu bringen, seine Funktion einzustellen. Wenn wir auf diese Weise praktizieren, werden wir sehr schnell Energie verlieren. Wir beobachten und kennen die Grundlagen der Achtsamkeit, sodass wir die Wirklichkeit von Körper und Geist erkennen können. Das ist simples Beobachten, was nur sehr wenig Energie kostet. Wahres *Vipassanā* setzt voraus, dass wir Körper und Geist aus drei Perspektiven sehen (vergänglich, leidend und als Nicht-Selbst). Wenn wir einfach nur achtsam auf den Körper und den Geist sind, ist das noch nicht *Vipassanā*. Wenn Meditierende praktizieren, sind sie gewöhnlich nicht so sehr daran interessiert, die Realität von Körper und Geist zu ergründen. Sie versuchen hauptsächlich, Körper und Geist zu kontrollieren. Vielleicht versuchen wir zum Beispiel, bestimmte Körperhaltungen einzunehmen, um Schmerzen zu vermeiden, oder wir versuchen, über eine Schmerzphase hinauszugehen. Wir legen vielleicht die ideale Sitzhaltung fest, damit wir längere Zeit entspannt sitzen können, um still und friedvoll zu sein – vielleicht für mehrere Tage. Wenn wir auf diese Weise praktizieren, wird in gewissem Maße Kontrolle ausgeübt. Und immer wenn Kontrolle ausgeübt wird, führt das zu einem Energieverlust, Sie ermüden sehr schnell. Bleiben Sie einfach bei Ihrer Erfahrung, so wie sie ist, beobachten Sie sie und lernen Sie daraus. Indem Sie auf diese Weise praktizieren, werden Sie sehr bald die Wahrheit von Körper und Geist verstehen, so dass *Dhamma* voll und ganz Eingang in Ihr Leben findet.

SAMVEGA (SPIRITUELLE DRINGLICHKEIT)

Wenn wir anfangen, *Dhamma* in unserem Leben zuzulassen, können wir logischerweise davon ausgehen, dass wir weniger leiden werden. Aber können wir, auch wenn wir nicht leiden, dennoch ein Gefühl der Dringlichkeit in unserer Praxis verspüren? Ja! Die Dringlichkeit kann dem Wissen und der Weisheit entspringen, die aus der Praxis selbst hervorgehen. Vielleicht praktizieren wir aus anderen, profaneren Gründen. Vielleicht gefällt es uns einfach, zu praktizieren, möglicherweise haben wir das Gefühl, praktizieren zu müssen, weil wir es als einzigen »Ausweg« betrachten. Aus welchem Grund wir auch meditieren, wenn wir ernsthaft praktizieren, werden wir Einsichten haben, die uns einen Anstoß geben. Irgendetwas öffnet uns eines Tages die Augen, und wir bekommen das Gefühl, dass es wirklich wichtig ist, mit unserer Praxis voranzukommen. Jede Einsicht in Bezug auf die Natur von *Aniccā*, *Dukkha* oder *Anattā* kann ebenfalls zu einem starken Gefühl der Dringlichkeit führen. Dringlichkeit (*Samvega*) ist auch eine Art Weisheit, die durch das Verstehen der grundlegenden Beschaffenheit von Erfahrung hervorgehen kann. Wenn wir beispielsweise verstehen, dass es unmöglich ist, Erfahrung als solcher zu entfliehen, und wenn die Bedrückung, die wir dadurch ständig empfinden, als *Dukkha* wahrgenommen wird, dann zieht es uns natürlich mit einem konkreteren Gefühl der Dringlichkeit auf den Weg. Wir sehen dann die Notwendigkeit und den Wert darin, weiterzukommen, uns für ein noch tieferes Verstehen öffnen zu können.

Abschließende Worte

Falls Sie das Buch bis hierher einigermaßen aufmerksam gelesen haben, sollten Sie, wie ich meine, nun ein etwas tieferes Verständnis für die korrekte Art des Praktizierens entwickelt haben. Mit dem rechtem Bemühen werden Sie ein gewisses Momentum und eine geistige Stabilität erreicht haben, auf der Sie in Ihrer weiteren Praxis aufbauen können. Es ist jetzt, wie stets, sehr wichtig, mit anderen auf eine Weise umzugehen, die keinen Schaden anrichtet. Wir haben von rechter Rede gesprochen und von verschiedenen Möglichkeiten, diese Qualität zu entwickeln. Mit dem Verständnis, zu dem wir bereits gelangt sind, ist es äußerst wichtig, nur über das zu sprechen, was wir wissen und kennen. Wenn wir aus diesem Verständnis heraus sprechen, fließt *Dhamma* ganz natürlich, denn Wahrheit ist seine Basis – wir haben etwas erkannt. In diesem Punkt war mein Lehrer sehr strikt. Oft sagte er zu mir: »Sprich nur über das, was du kennst und weißt. Wenn du dir unsicher bist, sei still.« Einige von Ihnen arbeiten als Lehrer, also wissen Sie aus erster Hand, wie leicht es ist, über *Dhamma* zu sprechen, wenn es aus dem eigenen Verstehen kommt: Es fließt natürlich, ganz mühelos. Es kann leicht passieren, dass man *Dhamma* falsch repräsentiert, wenn man nicht voll und ganz verstanden hat, was *Dhamma* ist.

Diese Praxis wird durch eine sehr reine und uralte Tradition unterstützt, die einfach dadurch vollkommen intakt geblieben ist, dass Praktizierende und Lehrende diese Prinzipien über all die Jahre seit Buddhas Zeiten hochgehalten haben.

Dinge zu sagen, die man nicht sagen sollte, oder viel mehr als nötig zu reden, kann den Geist sehr unruhig werden lassen, aber still zu bleiben kann andererseits auch problematisch sein. Wenn man nicht sicher ist, ist es viel besser, einfach mit der eigenen Praxis fortzufahren, anstatt über etwas zu predigen, von dem man selbst wenig verstanden hat. Wenn Einsicht da ist, kann es allerdings sehr hilfreich für die eigene Praxis sein, Erfahrungen mit anderen Praktizierenden auszutauschen. Werden Sie also darum gebeten, dann teilen Sie unbedingt Ihre Erfahrungen oder Erkenntnisse mit anderen, fragt Sie aber niemand, dann lassen Sie andere ihren eigenen Weg finden. Am besten lernt man durch eigene Erfahrung. Nur Sie selbst können Ihren Geist kennen. Wenn Sie Ihre Erfahrungen oder Ihr Wissen auf diese Weise teilen, ist das ein Akt der Großzügigkeit, (*Dāna*) und mit jedem Akt der Großzügigkeit tritt Habgier automatisch in den Hintergrund, sodass Weisheit ihren natürlichen Platz in Ihrem Leben einnehmen kann.

Jetzt, da Ihre Praxis an Schubkraft gewinnt, möchte ich noch ein paar Worte sagen, die Ihnen etwas Vertrauen in das, was Sie tun, vermitteln sollen: das Vertrauen, dass diese Praxis, wenn Sie die richtigen Methoden anwenden, Sie tatsächlich auf Ihrem gesamten Weg von Anfang bis Ende führen kann. Sie wird Ergebnisse bringen! Manche Praktizierenden glauben nicht, dass es möglich ist, die Praxis ins Alltagsleben zu integrieren, aber ich sage Ihnen: Es ist möglich! Wenn Sie korrekt praktizieren, ist es möglich, zur Weisheit und nötigen Motivation zu finden, um Sie aus diesem Kreislauf des Leidens zu befreien. Es ist im Bereich des Möglichen, Erleuchtung zu finden, indem Sie praktizieren und Ihren alltäglichen Aktivitäten nachgehen.

Alles, was Sie brauchen, um zur Erkenntnis zu gelangen, umgibt Sie in diesem Augenblick. Es ist alles direkt auf der Türschwelle: Familie, Freunde, Arbeitskollegen und andere Beziehungen, die Sie vielleicht pflegen, können starke Katalysatoren bei Ihrer inneren Arbeit sein. Auch die Natur und die Tierwelt sind bei sorgfältiger Beobachtung eine reichhaltige Quelle der Inspiration und Erkenntnis. Wenn Sie sich eine Auszeit für ein Retreat nehmen, können Sie innerlich zur Ruhe kommen und in Ihrem Geist Raum schaffen, der Ihnen ermöglicht, die Muster und Reaktionen, die Teil Ihres Alltagslebens sind, genauer zu beobachten und zu untersuchen. Aus diesen Beobachtungen erwächst und konsolidiert sich Weisheit/Verstehen. Dann haben Sie einige sehr nützliche Werkzeuge, die Sie bei Ihrer fortgesetzten Arbeit an den Verunreinigungen – Gier, Abneigung und Verblendung – gebrauchen können. Die Natur oder Beschaffenheit dieser Verunreinigungen zu erkennen ist tatsächlich alles, was bei Ihrem unermüdlichen Streben nach Weisheit nötig ist.

Ich hoffe, dass manche dieser Worte ins Schwarze getroffen haben und Sie von hier aus anfangen können, korrekt zu praktizieren. Wenn Sie in Ihrer Praxis Sorgfalt und Stabilität erreichen können, indem Sie Gewahrsein entwickeln und die rechte Sichtweise hineinbringen, gelangen Sie in ein inneres Gleichgewicht und das letztendliche Ziel wird unweigerlich erreicht. Im Moment sind wir noch nicht »erleuchtet« aber wir sind »im Erleuchten begriffen«, wir sind auf unserem Weg und gelangen zu Einsichten. Wir dürfen jedoch nicht vergessen, dass der Geist in jedem Augenblick ein Prozess des Werdens und Vergehens ist, und wir diese Qualität oder Einsicht nicht aufrechterhalten können, wenn wir sie nicht kontinuierlich im Laufe der Zeit entwickeln. Die Einsicht wird ein Vermächtnis hinterlassen, aber Sie müssen es aufnehmen und damit loslaufen – immer und immer wieder, sonst wird es verblassen. Deshalb sage ich, dass wir »im Erleuchten begriffen« sind: Es ist ein fortwährender Prozess, der sich in jedem Augenblick verändert. Einsicht ist die Kraft, die Sie inspirieren und Ihnen in Bezug auf Ihre Praxis ein Gefühl der Dringlichkeit vermitteln wird. Weisheit wird immer den Weg aufzeigen; sie kennt nur einen Weg, und das ist der, der zur höchsten Realität führt – *Nibbāna*.

Praktizieren Sie also bitte weiter – kontinuierlich! Hören Sie nicht auf! Dieser Moment ist Ihre Realität. Ihre Arbeit besteht darin, sich unangestrengt dessen gewahr zu sein, was in diesem Moment an allen Ihren Sinnespforten aufgenommen wird. Das ist alles! Die Vergangenheit ist vorbei und die Zukunft muss erst noch kommen; beide sind Vorstellungen und bergen potenzielles Leiden, aber sie sind nicht real. Jetzt, in diesem Augenblick kann alles kommen und gehen – sogar der Tod! Kein Problem!

Namo tassa bhagavatto arahato samma sambuddhassa.
Ehre sei dem Gesegneten, dem Würdigen, dem vollkommen Erleuchteten.

Glossar ausgewählter Pali-Begriffe

Im Folgenden finden Sie einige der Pali-Begriffe, die in diesem Buch häufig verwendet werden. Dieses Glossar erhebt keinen Anspruch auf Vollständigkeit aber die hier gegebenen Erläuterungen sollten für Ihre Zwecke ausreichend sein. Umfassendere Definitionen finden Sie in buddhistischen Texten und Wörterbüchern.*

Adhitthāna: Entschlossenheit, Entschlusskraft.

adosa: ohne Hass, anhaftungsfrei.

akusala (siehe auch *kusala*): unheilsam, unnütz.

ānāpānasati (ānāpāna): achtsam auf den Atem.

Anattā (siehe auch *Attā*): a) Nicht-Selbst, Nicht-Ego; Unpersönlichkeit; es gibt keinen festen Wesenskern (oder ein Ego, ein Selbst oder eine Seele); keine aus sich selbst heraus existierende Wesenheit. b) Nichts kann von selbst aus einer einzigen Ursache entstehen und nichts kann unabhängig existieren oder sich bewegen. c) Eines der drei universalen Merkmale der Existenz (siehe *Dukkha* und *Aniccā*); das Verstehen von **Anattā** ist eine befreiende Einsicht (*Paññā*).

Aniccā: a) Vergänglichkeit; alle bedingten Phänomene sind vergänglich; alles, was entsteht, verändert sich und vergeht. b) Eines der drei uni-

* Aus Gründen von Konsistenz und Texttreue verwenden wir auch in der deutschen Ausgabe durchgehend Pali-Begriffe, so z. B. *Dhamma*, statt der im deutschen Sprachraum geläufigeren Sanskrit-Begriffe, wie z. B. *Dharma* (Anm. d. Lekt.)

versalen Merkmale der Existenz (siehe *Dukkha* und *Anattā*); das Verstehen von **Aniccā** ist eine befreiende Einsicht (*Paññā*).

Anusaya: potenzielle oder latente Verunreinigungen.

Appamāda: Aufmerksamkeit/Achtsamkeit, Gründlichkeit, Selbstgewahrsein (wörtlich »Nichtvergesslichkeit«).

Arahant: befreiter Mensch; der Erwachte, jemand, der das Ziel erreicht hat.

Asammoha-sampajañña: klares Erkennen; Nicht-Verblendung; das Verstehen von *Aniccā*, *Dukkha* und *Anattā*.

atapi: bezieht sich auf Bemühen, durchdringend, brennend.

Attā: Selbst, Ego.

Avijā: Synonym für *Moha*.

ayoniso Manasikāra: a) Falsche Einstellung, falsche Geisteshaltung, fehlerhafte Aufmerksamkeit. b) Unkluge Betrachtung (Gegenteil von *yoniso Manasikāra*).

Bhāvanā: geistige Entwicklung, Meditation.

Bhāvanāmaya Paññā: Weisheit oder Wissen, die/das durch direkte Erfahrung erworben wurde, durch geistige Entwicklung.

bhava-Tanhā: Lebensgier.

Bhikkhu: voll eingeweihter Mönch, ein Mitglied des *Sangha*.

Bojjhañga: die sieben Faktoren der Erleuchtung, auch als sambojjhanga bezeichnet.

Cetanā: Wollen, Absicht.

Cetasika: Geistesfaktoren; bezieht sich auf die 52 geistigen Faktoren, die im Abhidhamma aufgeführt werden; einige sind neutral, einige sind heilsam und einige sind unheilsam.

Chanda: heilsame Absicht, Bestrebung, Begeisterung, heilsames Verlangen.

Cintāmayā Paññā: Weisheit oder Wissen, die/das durch Denken und logische Ableitung oder intellektuelle Analyse gewonnen wurde.

Citta: Geist.

Cittānupassanā: Kontemplation über den Geist.

Dāna: Geschenk, Gabe, Großzügigkeit.

Dhamma: a) Bedingtes Objekt, Ding, Phänomen, Naturgesetz, Gesamtzusammenhang der Natur. b) Lehren des Buddha, Meditationspraxis.

Dhammānupassanā: Kontemplation über *Dhamma*.

Dhamma-vicaya: das Erforschen von Phänomenen, das Erforschen von **Dhamma**.

Ditthi: Ansicht, Überzeugung/Glaube, spekulative Meinung: *Micchā-Ditthi* (falsche Sichtweise oder Ansicht), *Sammā-Ditthi* (rechte An sicht oder Sichtweise).

Domanassa: jeder unangenehme geistige Zustand, schmerzhaftes Gefühl.

Dosa: Hass, Wut, jede Art von Aversion oder Abneigung (einschließlich Traurigkeit, Angst, Widerstand etc.).

Dukkha: a) Unzulänglichkeit, Schmerz, Leiden. b) Das Leiden an der Veränderung. c) Die unbefriedigende Natur jeglicher Existenz, aller bedingten Phänomene. d) Eines der drei universalen Merkmale der Existenz (siehe **Aniccā** und **Anattā**); das Verstehen von *Dukkha* ist eine befreiende Einsicht (**Paññā**).

Dukkha-Dukkha: Unzulänglichkeit, Schmerz, Leiden.

Gocara-sampajañña: klares Erkennen oder Verstehen der Tatsache, dass es nur geistige und physische Prozesse gibt.

Indriya: die fünf spirituellen Qualitäten/Fähigkeiten: *Sati, Samādhi, Vīrya*, saddha und *Paññā*.

Jhāna: meditative Versenkung.

Kamac-chanda: sinnliches Verlangen.

Kamma: willentliche Aktion (des Körpers, der Rede und des Geistes).

Kamma-sakata (Ñāna, Sammā-Ditthi): das Wissen darum, dass man aus seinem eigenen *Kamma* heraus lebt.

Kāyānupassanā: Kontemplation über den Körper.

Khandha: fünf Kategorien: *Rūpa, Vedanā, Saññā, Sankhāra* und *Viññāna.*

Kilesa (pali, sanskrit: *Klesha*): geistige Verunreinigungen, unheilsame Geistesqualitäten, jede Manifestation von Gier, Wut/Hass und Verblendung (siehe *Lobha, Dosa* und *Moha*).

kusala (siehe auch *akusala*): heilsam, nützlich.

Lobha: Gier, jede Art von Sucht oder Verlangen (Synonym für *tanha*).

Magga-Ñāna: Kennen des Weges (das zur Erleuchtung führt).

Magga-phala: wörtlich »Weg und Frucht«, (Synonym für Erleuchtung).

Mettā: liebende Güte, selbstlose Liebe, bedingungslose Liebe.

Mettā-Bhāvanā: das Kultivieren von liebender Güte.

Micchā-Ditthi: falsche Ansicht oder Sichtweise.

Moha: Verblendung, Nicht-Wissen, Nicht-Verstehen, die Realität nicht sehen (Synonym für *avijjā*).

Muditā: altruistische Freude oder Mitfreude.

Nāma: geistige Prozesse, Geist (Sammelbegriff für *Vedanā, Saññā, Sankhāra* und *Viññāna*).

Nāmarūpa: geistige und physische Prozesse.

Ñāna: Synonym für *Paññā.*

Nekkhamma: Entsagung/Lossagung, »Freiheit von Verunreinigungen«.

Nibbāna: höchste Realität, die endgültige Auslöschung von *Lobha, Dosa* und *Moha.*

Nirodha: Auslöschung.

Pali: Name der Sprache, in welcher die buddhistischen Schriften (Pali-Kanon) zuerst aufgezeichnet wurden.

Paññā: Weisheit, Verstehen, Wissen, Einsicht (Synonym von *Ñāna*).

Paññātti: relative (konzeptuelle) Realität, Konzepte.

Paramattha: höchste Realität.

Pāramī: Vollkommenheiten, potenzielle »Talente«: Vollkommenheit im Geben, in Tugendhaftigkeit, Entsagung, Weisheit, Energie, Geduld, Wahrhaftigkeit, Entschlossenheit, liebender Güte und Gleichmut.

Pariyutthāna: wird verwendet, um *Kilesas,* die im Geist auftauchen, zu beschreiben.

passaddhi: innerlich ruhig.

pīti: freudig interessiert, begeistert, entzückt.

Putthujjana: wörtlich »Einer aus dem gemeinen Volk«, ein Weltlicher, einer, der noch nicht Erleuchtung erfahren hat.

Rūpa: physische Prozesse, materielle Realität.

Sacca: Wahrheit (viele Bedeutungen).

Saddha: Glaube, Zuversicht, Vertrauen.

Samādhi: Ruhe, Stille, Sammlung oder geistige Stabilität.

Samatha: Stillemeditation, Konzentrationsmeditation.

Samma-Ājīva: rechter Broterwerb/Lebensunterhalt.

Sammā-Ditthi: rechte Ansicht/Sichtweise.

Sammā-Kammanta: rechtes Handeln.

Sammā-Samādhi: rechtes *Samādhi.*

Sammā-Sankappa: rechtes Denken.

Sammā-Sati: rechtes Gewahrsein.

Sammā-Vāchā: rechte Rede.

Sammā-Vāyāma: rechtes Bemühen.

Samsāra: Kreislauf des Leidens, Kreislauf der Wiedergeburten.

Samudaya-Sacca: Wahrheit vom Ursprung des Leidens.

Samvega: Gefühl der Dringlichkeit.

Sankhāra: geistige Formationen.

Sankhāra-Dukkha: die unbefriedigende Natur aller Existenz, aller bedingten Phänomene.

Saññā: Erkennen, Erinnerung, Wahrnehmung.

Sappāya-Sampajañña: klares Erkennen von Angemessenheit.

Sati: Achtsamkeit oder Gewahrsein.

satima: Gewahrsein betreffend.

Satipatthāna-Sūtra: Buddhas Lehrrede über die vier Grundlagen der Achtsamkeit; siehe *Kāyānupassanā, Vedanānupassanā, Cittānupassanā* und *Dhammanupassanā*.

Sati-Sambojjhanga: der erleuchtende Faktor der Achtsamkeit.

Sati-Sampajañña: Achtsamkeit und klares Verständnis.

Satisampayutta: gemeinsames Erscheinen aller *Kusala*.

Sātthaka-Sampajañña: klare Erkenntnis, ob eine mentale, verbale oder physische Aktion heilsam ist oder nicht.

Sīla: Moral, ethisches Verhalten, Tugend.

Somanassa: jede Art angenehmer emotionaler und mentaler Zustände, Wohlgefühl.

Sukha: Freude, Glück.

Sutamayā Paññā: Weisheit oder Wissen, die/das durch Lesen oder Hören erworben wurde.

Sutta: Lehrrede des Buddha.

Tanha: Synonym für *Lobha*.

Upekkhā: a) Neutrales Fühlen und Empfinden (*Vedanā*). b) Gleichmut, ein heilsamer geistiger Zustand (sankhara, cetasika).

Vedanā: angenehme, unangenehme oder neutrale Gefühle oder Empfindungen.

Vedanānupassanā: Kontemplation über Gefühle, Fühlen.

Vicāra: Nachdenken, Betrachtung, prüfende Überlegung.

Vicaya: Untersuchung.

Vijāna: Bewusstsein, Kognition, der wissende Verstand.

Vipāka: Konsequenz, Resultat.

Viparināma-Dukkha: das Leiden an der Veränderung.

Vipassanā: Einsicht, Einsichtsmeditation.

Vipassanā-Ñāna: Erkenntnis, durch Einsicht gewonnenes Wissen, verschiedene Stufen von *Vipassanā*-Einsicht.

Vīrya: Bemühen, Energie, Weisheitsenergie, Fleiß, sich in heilsamen Aktivitäten engagieren.

Vitakka: logisches Denken, geführtes Denken.

Vītikkama: beschreibt *Kilesas*, die verbal oder physisch ausgedrückt werden.

Yoniso Manasikāra: a) Rechte Einstellung, rechte Geisteshaltung, rechte Aufmerksamkeit. b) Weise Betrachtung.

Danksagung

Die Entstehung dieses Buches ist den gemeinsamen Bemühungen von Sayadaw U Tejaniya, Ma Thet (Moushumi Sasiraj), Toni Reardon, mir selbst und vielen anderen Praktizierenden zu verdanken. Das Material, welches die Grundlage dieses Textes bildet, stammt aus verschiedenen Quellen: hauptsächlich aus Einzelgesprächen, die Sayadaw persönlich führte, und aus Übersetzungen und Transkriptionen der verschiedenen Interviews und Reden, die er im Rahmen der vielen Retreats hält, welche er jedes Jahr weltweit möglich macht. Der Text wurde in der Ich-Form niedergeschrieben, um den Leserinnen und Lesern einen besseren Einblick in Sayadaws einzigartigen Weg mit der *Vipassanā*-Meditationspraxis zu ermöglichen.

Ich möchte den folgenden Personen für ihre hervorragenden Beiträge zu diesem Buch danken.

Redaktion und Übersetzung: Ma Thet (Moushumi Sasiraj).

Transkription und Extraktion: Tony Reardon, Martin Kaminer, Chan Lai Fun und Chiu Shen Bin (SB).

Lektorat: Laura Zann, Ma Thet (Moushumi Sasiraj), Steve Armstrong, Hor Tuck Loon und Thomas John.

Gespräche über Depression: Hakon Solarin, Mia Bittlestone, Zach Hessler, (Bihikkhu Obhasa) und Christopher La Due (U Vimala).

Gespräche über den Geist der Praxis: Hor Tuck Loon, Chan Lai Fun, Jiri Pavlik, Ilona Fiserova, Vance Pryor, Hakon Solarin,

Christian Mercier (U Viveka), Raúl Saldana (U Dhammasara), Heidi Ché und Evie Hirsch.
Vertrag: Laura Zann und die Wisdom Streams Group.
Fotos: Zach Hessler (Bhikkhu Obhasa).
Für ihre Unterstützung: Christine French und Timothy Wynn-Harris.
Anonymen Praktizierenden für das Teilen ihrer Erfahrungen.

Voller Dankbarkeit
ROBERT FRENCH
Autor, Redakteur und Herausgeber

Weitere Literatur aus dem Arbor Verlag

Jason Siff

Die Gedanken sind nicht der Feind

Wie Sie eine entspannte und wirkungsvolle Meditationspraxis entwickeln

Jason Siff nimmt sich in diesem Band einer der vielleicht schwierigsten, aber zentralen Praktiken aktueller Spiritualität an: der Meditation. Er blickt dabei auf über 25 Jahre persönliche Meditationserfahrung zurück – sowohl auf die eigene als buddhistischer Mönch als auch als Psychotherapeut und Medi-tationslehrer seiner Recollective-Awareness-Meditation. Mit durchgängig höchsten Ansprüchen an die persönliche Ehrlichkeit, ethische Integrität und kritische Selbstdistanz verarbeitet er Tausende von Erfahrungsberichten seiner Meditationsschüler und seine eigene lebenslange Praxis zu einem Blick auf Meditation von erfrischender Nüchternheit, Aufrichtigkeit und Bescheidenheit.
Dies ist kein Lehrbuch, wie Sie durch Meditation zu irgendeiner Form von Erleuchtung gelangen. Es ist viel mehr: Es vermittelt Ihnen eigene Kompetenz und Urteilsvermögen darüber, was Meditation leisten kann. Der Autor erläutert, was Sie von einer Meditationspraxis erwarten können und wie diese den einzigartigen Menschen, der Sie sind, auf einzigartige Weise verändern kann – wenn Sie es wirklich wollen. Meditation ist keine Fertigkeit, die Sie durch Anstrengung einüben konnen. Sie ist ein Abenteuer, in das Sie sich hineinziehen lassen können.

ISBN 978-3-86781-179-8

Joseph Goldstein & Jack Kornfield

Einsicht durch Meditation

Die Achtsamkeit des Herzens

Jack Kornfield und Joseph Goldstein – weltweit bekannte und geachtete Meister der Einsichts-Meditation – geben uns in diesem Buch eine klare, für jedermann zugängliche Einführung in die meditative Vipassana-Praxis, die durch Übung der Achtsamkeit zu tieferer Einsicht führt.
In diesem Buch beleuchten sie die theoretischen und praktischen Aspekte der meditativen Praxis, kombiniert mit Anleitungen, die zu einer unmittelbaren Erfahrung dieser Aspekte führen. So gilt dieses nützliche und hilfreiche Werk bereits seit Jahren als eines der Standardwerke der Vipassana-Meditation.

ISBN 978-3-936855-38-8

Ethan Nichtern

In dir selbst zu Hause sein

Buddhas Lehre für die heutige Zeit

Fühlen Sie sich in sich selbst zu Hause? Jetzt, in diesem Moment? Oder spüren Sie eine vage Unruhe oder Unsicherheit, ein unterschwelliges Unbehagen?

In diesem Buch erforscht Ethan Nichtern die Reise, die jeder von uns unternehmen muss, um den eigenen Platz im Leben zu finden. Er beschreibt die existentielle Situation, die zur Suche führt, und bezieht dabei in erfrischend unorthodoxer und verständlicher Weise aktuelle Forschungen über Meditation und Achtsamkeit sowie seine langjährige Erfahrung als Meditationslehrer und Meditierender mit ein.

Nichtern legt dar, wie sich unsere individuelle Suche nach einem bewussten Leben niederschlägt in Beziehungen, Gemeinschaften und der Gesellschaft insgesamt. Er erklärt genau, wie wir unser Gefühl der Verbundenheit mit anderen stärken und gleichzeitig unsere individuellen und kollektiven Verhaltensmuster von Gier, Apathie und Desinteresse zum Besseren verändern können – indem wir unsere Aufmerksamkeit bewusst auf das richten, was in uns und außerhalb von uns geschieht.

In dieser klugen und geistreichen Einladung zur buddhistischen Meditation zeigt uns Nichtern, dass wir bei uns selbst anfangen müssen, wenn wir eine wirklich mitfühlende und erleuchtete Gesellschaft schaffen wollen. Und das heißt, dass wir mit unserem Geist arbeiten müssen – egal, in welchem Zustand wir ihn auch immer vorfinden.

„*Ethan ist die Zukunft des Buddhismus.*“

Sharon Salzberg

ISBN 978-3-86781-143-9

Jason Siff

Meditation verlernen

Was tun, wenn Anleitungen im Weg sind

Wenn wir meditieren, will unser Geist oft etwas ganz anderes tun, als von den Meditationsanleitungen, die man uns lehrte, verlangt wird. Geschieht dies wiederholt, fühlen wir uns vielleicht so frustriert, dass wir das Meditieren ganz aufgeben. Jason Siff lädt uns ein, auf eine völlig neue Art und Weise an die Meditation heranzugehen – eine, die jenen Teil von uns respektiert, der den Anleitungen nicht folgen will. Er lehrt uns, toleranter mit intensiven Gefühlen, Schläfrigkeit, herausfordernden Gedanken und Fantasien umzugehen – dem ganzen Spektrum innerer Erfahrungen, die gewöhnlich als Hindernisse für die Meditation betrachtet werden. Die von ihm in Meditation verlernen vorgestellte Meditationspraxis ist sanft, flexibel, zulassend und ehrlich. Sie ist ein wunderbarer, effektiver „Türöffner" für Menschen, die überzeugt sind, niemals meditieren zu können, und sorgt auch im Leben vieler erfahrener Meditierender für neue Energie in ihrer Meditationspraxis.

„Ein ungemein erhellendes Buch, das Praktizierenden hilft, ihre Meditation auf eine ganz neue Weise zu verstehen: durch achtsames und freundliches Interesse an dem, was tatsächlich passiert – jenseits jeglicher Anleitungen oder Ideale."

Jack Kornfield

ISBN 978-3-86781-128-6

Jon Kabat-Zinns Grundlagenwerke zu Wirkung und Praxis der Achtsamkeit:

DIE KOMPLETTE REIHE:

Meditation ist nicht, was Sie denken
Warum Achtsamkeit so wichtig ist
ISBN 978-3-867-81-250-4

Wach werden und unser Leben wirklich leben
Wie wir Achtsamkeit
im Alltag praktizieren
ISBN 978-3-867-81-251-1

Das heilende Potenzial der Achtsamkeit
Eine neue Art, zu sein
ISBN 978-3-867-81-252-8

Achtsamkeit für alle
Weisheit zur
Transformation der Welt
ISBN 978-3-867-81-253-5

Arbor Verlagsprogramm

Umfangreiche Informationen zu unseren Themen, ausführliche Leseproben aller unserer Bücher, einen versandkostenfreien Bestellservice und unseren kostenlosen Newsletter. All das und mehr finden Sie auf unserer Website.

www.arbor-verlag.de

Mehr von Sayadaw U Tejaniya

www.arbor-verlag.de/sayadaw-u-tejaniya

Arbor Seminare

Die gemeinnützige *Arbor-Seminare gGmbH* organisiert regelmäßig Seminare und Weiterbildungen mit führenden VertreterInnen achtsamkeitsbasierter Verfahren. Zudem informiert sie über aktuelle Entwicklungen in diesem Bereich und trägt Achtsamkeit auf diese Weise nachhaltig in die Gesellschaft. Nähere Informationen finden Sie unter:

www.arbor-seminare.de

Arbor Online-Center

Mit dieser Plattform hat Arbor einen virtuellen Ort der Inspiration und des Lernens rund um das Thema Achtsamkeit geschaffen. Lernen Sie die AutorInnen unserer Bücher und die ReferentInnen unserer Veranstaltungen kennen: in Interviews, Vorträgen, Meditationsübungen, Webinaren, Podcasts sowie Online-Kursen und zahlreichen weiteren Ressourcen.

www.arbor-online-center.de